GUANGFU WENHUA

第3卷

纪德君　曾大兴◎主编

廣府文化

——第3届广府文化论坛文集

·广州·

图书在版编目（CIP）数据

广府文化：第3届广府文化论坛文集／纪德君，曾大兴主编. —广州：中山大学出版社，2016.10

ISBN 978-7-306-05840-9

Ⅰ.①广…　Ⅱ.①纪…　②曾…　Ⅲ.①文化史—广东—文集
Ⅳ.①K296.5-53

中国版本图书馆CIP数据核字（2016）第228788号

出 版 人：徐　劲
策划编辑：曾一达
责任编辑：廉　锋
封面设计：林绵华
责任校对：曾一达
责任技编：何雅涛
出版发行：中山大学出版社
电　　话：编辑部020-84110283，84113349，84111997，84110779
　　　　　发行部020-84111998，84111981，84111160
地　　址：广州市新港西路135号
邮　　编：510275　　传　　真：020-84036565
网　　址：http：//www.zsup.com.cn　E-mail：zdcbs@mail.sysu.edu.cn
印 刷 者：佛山市浩文彩色印刷有限公司
规　　格：787mm×1092mm　1/16　17.5印张　346千字
版次印次：2016年10月第1版　2016年10月第1次印刷
定　　价：48.00元

如发现本书因印装质量影响阅读，请与出版社发行部联系调换。

《广府文化》编委会

目　录

第一辑　广府古村落研究

第二辑　广府民俗研究

第三辑　广府语言文学研究

第四辑　广府音乐与教育研究

第一辑

广府古村落研究

广东传统村落的保护与传承

曹　劲

传统村落承载着中华传统文化的精华，是千年农耕文明的主要载体，而在城镇化飞速发展的背景下，留住乡愁已成为越来越热切的呼声，传统村落的保护迫在眉睫，任重道远。

一、广东传统村落概况

广东传统村落数量众多、价值独特，2003 年以来获得“中国历史文化名村”称号的有 22 处，获得“广东省历史文化名村”称号的有 56 处；另外，获得国家“传统村落”称号的，全省 3 批共有 126 处，这个数字在全国大概在第五位。

这些丰富多彩、形态各异的传统村落，在气候地理、建筑材料、生产方式、家庭结构、宗法观念、阴阳学说等多种因素的影响下，随地域和民系的不同而呈现出不同的类型与风格。按气候、方言、民系，广东古代村落和民居可以大致分为 3 个地区：粤中地区（含粤西、雷州半岛）、潮汕沿海区、客家地区，也就是我们通常所说的广府村落、潮汕村落、客家村落，此外还有少数民族村落等。

以三水大旗头村等为代表的广府村落，即广州及其附近东莞、中山、佛山、顺德、台山等地，也包括粤西的部分县市，处于珠江三角洲地域，具有悠久的经济及文化开发历史，土地肥沃，地少人多，气候潮湿多雨，夏季漫长，时有台风侵扰，所以通风隔热成为这一带村落布局和民居建筑的最大要点，最常见的是以三间两廊形成的梳式布局。

广东的粤北、粤东地区为客家民系聚居区，属丘陵山地区域，地瘠民贫，山多田少。客家人勤劳简朴、崇尚礼仪，家族意识强烈，客家村落与建筑以防御功能和聚族而居为最大特点。梅州客家地区最有特色的是围龙屋，它是在中原的形式非常古老的三堂两横的基础上，加上横屋，再加后面的围龙和前面的月塘，共同形成一个完整的形制。在粤北地区也有很多方楼，河源的林寨镇兴井村，在方圆大概 3 千米的范围内，分布着 20 多座从清代一直到民国时期的方形围楼。这些围楼完整地保留着它们的物质形态，从这些围楼的分布，从它们的不断拓展蔓延，可以看到这个地区整个家族发展的历史；也可以看到经济的开发给这些建筑和空间所带来的种种影响，比如从早期最纯粹的客家围楼逐渐发展到最后中西合璧的形式。

在潮汕地区也有很多保存得非常好的大寨和古村落。粤东潮汕地区地处亚热带，雨量充沛、气候闷热，濒临南海，多台风暴雨。人多地少，同时海风带来的风沙、盐碱对建筑的侵蚀较大，因此造成传统民居建筑注意通风防热，外围以砖墙封闭、封护檐口、硬山屋顶、布局紧凑等为特色。潮汕民居规模各异、样式很多，但具有标准平面布置系列，正是其突出的特点。很多复杂的大寨实际上都是由标准平面构成的，最基本的两种形态，一是各种“爬狮”，它跟三间两廊的平面形态基本相同；二是“四点金”，就是在“爬狮”前面加了两间屋子。以“爬狮”和“四点金”为标准单元，构成规模非常大的府第式民居，其中最有代表性的是两种：一是由“爬狮”和“四点金”组成的“百鸟朝凰”；二是“驷马拖车”，它的中心地带是由“爬狮”和“四点金”组成的“三连壁”或者“五连壁”，在外面由包厝围起来。

在粤北还有少数民族村落。广东清远等地有不少瑶族村寨，比如著名的南岗古排和有800多年历史的油岭村。瑶寨往往依山而建，建筑较为简易，沿着山体等高线来建，一排一排的，所以这一部分的瑶民也叫排瑶。村子里很多老人都还沿袭原有民俗，穿着原来的民族服装，基本按照传统的方式在生活。

二、传统村落保护所面临的困境

众所周知，在现代化、城镇化的进程中，我们的古村落面临着种种困境。

首先是村落的衰败在当下正飞速蔓延。特别是青壮劳力进城务工以后，村落不断空心化，村里只剩垂垂老人和留守妇女与儿童，人们心酸地称之为“993861部队”（“99”指老人，“38”指妇女，“61”指儿童）。人去屋空之后，就是村落的迅速颓败，从“空巢”变成“弃巢”。统计数据表明，从2000年到2010年，全国的自然村落消失了90万个，对于一个农业大国来说，这是一个惊人的数字。

第二是传统村落中乡居环境本身也存在很多问题，比如基础设施滞后，建筑阴暗和潮湿，缺乏现代化的设备，建筑质量相对简陋，不能很好地适应现代生活方式等，所有这些导致人们不愿意继续居住在老房子里。尤其在现在经济发达地区，乡下常常可以看到无人居住的老房子大门紧锁，但是在门旁边屋角插了几炷未燃尽的香。这是一个很有意思的图景，就是村民还觉得这个地方是他的老屋，不会真的抛弃，逢年过节，在重要的时间他们会回来，拜祭祖先，敬神祈福，但做完这些仪式就会离开，而不会在里面生活，他们还是要去住有现代化设施的新房子。

第三是我们在政策方面也有一些局限。比如，《中华人民共和国文物保护法》有一条是“对不可移动文物进行修缮、保养、迁移，必须遵守不改变文物原状的原则，然而，在面对乡村遗产的时候，有时这样的原则会让活化利用工作陷入僵局。有些民居类的文保单位，很大一片古建筑群，国家花很多钱来修，该怎么修，修好以后怎么使用？是否应该充分考虑整体利用以及由此所带来的一些改变？所幸，我们的一些政策现在也开始做出适当的调整。

第四是私有产权和补偿机制。在现有的城乡二元结构体制下，乡村遗产保护和活化利用面临着难以逾越的产权、地权问题。在深圳，我们曾遇到一些很有代表性的案例。一个很大的围屋，属于省级文物保护单位，产权非常分散，几十家人共同拥有。当政府准备投入 2000 多万去修缮的时候，遭到村民的围堵，不许政府来修。有些人觉得政府出钱帮修房子是好事，但是也有很多产权人希望拆了旧屋去盖新房。在深圳这样的地方，如果建起新房，其增值就不是数以倍计，而是数以几十倍计。这个时候，我们的保护工作就面临好心也办不成好事的窘境。所以，涉及私有物产，还必须认真研究补偿机制。

第五是功能性设施选址不当，形式不协调。很多村落在搞旅游开发，做体量巨大的游客中心，做大广场，在村头村里进行很多城市公园化的所谓的景观提升，在村头的水塘修九曲回栏，在村里种植昂贵的观赏性植物，这都属于花大钱办坏事的案例。乡村景观本身就有其独有的魅力，岭南传统村落的村头池塘边、大榕树下，就是一个非常美的传统村落空间。农民种树，通常不会去种城市公园里的苏铁、洋紫荆、罗汉松，而是种岭南传统有花香、有果实的乡土植物。有些地方撬走原有的青石板铺上广场砖，更是让人痛心疾首。

还有就是新农村建设对农村风貌的冲击。在运动式推进的“社会主义新农村”建设中，我们的村子基本上都建成了一个样子，不仅仅造成物质形态、空间形态上的“千村一面”，同时，与此相关的历史记忆、地域文化、宗族祭祀、乡规民约，也一天天地消失在这样毫无特色的空间里。

三、寻找遗产传承和乡村复兴之路

乡土建筑作为活态遗产的特殊性，早已引起国际社会相关领域的关注。1987 年的《华盛顿宪章》就指出，乡土建筑是人类重要的文化遗产，它是活着的世间遗产。1999 年的《国际乡土建筑遗产宪章》进一步明确，乡土建筑是传统和自然的居住方式；它是一个持续的过程，包括必要的改变以及针对社会与环境限制而进行的不断调整。对乡土建筑的改造与再利用，应当在尊重其结构的完整性、特色与形式的基础上，满足适当的生活水准。应尊重乡土建筑随着时间的推移而出现的变化，这些变化也是其重要组成部分。

2014年，国家文物局公布了《全国重点文物保护单位和省级文物保护单位集中成片传统村落乡土建筑保护利用导则（征求意见稿）》（以下简称《导则》），针对乡土建筑的特殊性，对传统村落里的国家级和省级文物保护单位，在保护和利用上提出了更详细的规定与引导，而不再是简单的“不改变原状”。对国保里的公共建筑要求严格按照《中华人民共和国文物法保护法》去修缮；对于国保里的非公共建筑和省级文物保护单位，要求保护其结构体系、基本空间、格局和有特色的内部装修，其他部分允许根据实际需求而适当改变，市县级的文物保护单位则以风貌保护为主。《导则》同时明确指出，合理利用应作为有效保护的一部分，修缮后的乡土建筑不得长期闲置。

伴随着国际国内保护观念的不断更新，近年来广东省内不少地方都开展了村落保育与活化的实践，以下选择有代表性的几个案例进行分享与探讨。

深圳鹤湖新居。深圳是一个城市化进程特别迅速的地方，许多乡村已被城市吞噬，周边高楼林立，而一些价值较高的祠堂和围屋作为文物点被保留下来。鹤湖新居就是一个25000平方米的清代大围屋，属于省级文物保护单位。村民都已经搬入附近的新房，不会再回去住了，经过修缮以后，这么大的一个围屋该怎么利用？当地政府租下来，建成了客家民俗博物馆，而同时建筑中轴线上的宗族祠堂，依然属于村里的族人，他们传统的民俗活动还在这个地方进行，比如逢年过节的春秋二祭、红白喜事等。

深圳的大水田村。大水田村现在是著名的版画村，属于市级文物保护单位。在整体修缮之后，吸引艺术家入驻。这里不仅邀请著名的版画家驻场设立工作室，还为年轻的艺术家提供免费的创作场所，每年举行国际版画界的高峰论坛，同时，它也批量生产和销售各种所谓的艺术行货、复制品，销量还很不错。村落保护下来，艺术活动和生产也进入一个良性循环的产业集群模式。

深圳凤凰古村。古村的老村部分，包括祠堂和成片的三间两廊民居，由政府统租下来，经过保护修缮以后，引入社会资本活化利用，变身为非遗项目的展览平台和社区文化旅游中心。

东莞万江区下坝村。下坝村村民都已经在新的宅基地建屋而居，下坝古村逐渐荒废，几年前一些文艺青年发现了这个地方，租下这些破败的老房子，实施修缮后，再增添一些个性化的时尚元素，改造成酒吧、书店、咖啡馆、小的工作室等。现在这里被称为“东莞798”——文艺青年的新蒲点。这个案例的有趣之处在于它是一个自发行为。下坝村的活化利用在开始的时候是没有政府主导的，是这些文艺青年认识到古村和老房子的价值，对它实施保护和活化利用，可以说是一种文化自觉。这样的活化也给村里带来可观的效益，这些旧房子以前租给外来的打工者，甚至租给拾荒者用来堆破烂，破败不堪。经过修缮与改造，现在的房租已经翻了几十倍。

云浮市郁南县兰寨村。这是以政府为主导、发动村民共同参与的一个模式。村里有很多荒废的老屋，文广新局跟村民沟通之后，以非常便宜的价格租下来，进行修缮和活化利用，现在跟国内几十家高校签订了合同，成为中国高等美术院校的写生基地，比如每年油菜花开的时候，组织高校师生来写生，举办各种艺术交流活动。跟艺术家签约，提供创作场地，要求他们每人每年留下两幅作品，这也是将来村里的一份逐步积累的财产。另外，村里还延续着各种传统的民俗活动，尤其是非物质文化遗产的传承，如禾楼舞等。现在，整个兰寨村村民都非常积极地投入到这个活化利用项目中，他们从一开始的旁观或者不理解，发展到主动地把自己家的老房子修好。

开平仓东村。江门五邑大学组成的团队制订了仓东计划，打造“仓东教育基地”，帮助村民发掘手艺潜能、建立文化自豪感，使他们自觉参与保育工作，能够自信地与来自各地的访客分享生活经验，让本土文化传统得以保存和复兴。村民全程参与仓东建筑的修复和教育活动，随着项目逐渐深入，村民可以逐步获得就业机会并愿意留在村里，安居乐业；同时，访客行走在村里，可以体验到明、清、民国以及当代各个历史时期的建筑元素和活动空间，体验当地的文化传统，感受热情好客的民风。这个项目获得了2015年联合国教科文组织亚太区文化遗产保护奖优秀奖。

四、结　语

各地的乡村保育实践告诉我们，村落的活化没有固定的模式，我们只能根据每一个地区、每一个村不同的经济文化背景和现实状况，做不同的探索。各种模式互有所长，但也有一些基本原则是共通的，是我们必须坚持的。

第一是村居建筑要避免城镇化，一定要有乡土性。

第二是乡村环境要避免园林景观化，村落景观的提升不能去做城市公园化的设施，要保持岭南的地域性。

第三是活化利用要避免同质化，要有文化个性。不要一想到古村落活化利用，就想去搞旅游。古村落活化的路径有很多，而其中最重要的就是要让村民参与进来，让他们受益并成为村落保护与活化利用的主体。在任何情况下，“活态保护”才是最重要的，这包括现有古村落历史资源的保护与延续，也包括人居环境、基础设施的改造和提升，更包括公众参与，必须坚持物质与非物质文化遗产保护相结合、保护与利用相结合、可持续发展的传统村落整体保护方式。

愿乡愁永续，古村安好，焕发生机。

（曹劲：广东省文物考古研究所所长，博士生导师）

广府地区古村落的乡土景观营造策略

黄　莉

一、前　言

改革开放30年，伴随着珠江三角洲地区经济的高速发展，广府地区的古村落正经历着前所未有的城镇化进程，古村落传统的空间形态和结构，特别是古村落的公共空间，受到现行经济活动与生活条件的影响，无论功能或形态都正在发生着巨大的变化。植根于地缘环境和文化土壤的乡土景观，正逐渐地随着我们日常生活的改变而远去。

由于我国在乡村城镇化和古村落保护的理论研究与实践经验方面的不成熟，使得新农村建设中具有地域特色的古村落、乡土文化以及多样化的农村自然空间环境正在被“千城一面”“百村一貌”的小集镇和农民社区所代替，古村落和乡土文化的保护与利用已经成为“文化遗存的最后一道防线”。截至2010年，我国幸存5709个有保护价值的古村落，现如今，很多地方连一座完整的、原汁原味的古村落也没有了。

广府地区是指岭南地区广信府和广州府经历史演变和地域地名变化而形成的一个地域范畴，包括以珠江三角洲为中心及珠三角周边的粤西、粤北部分地区和桂东南地区，是岭南三大民系（即广府、客家、潮汕）中的广府人主要生活地域和民系所在地。广府民系是广东省三大民系中的第一大民系，其人口所占比例近60%，整个珠江三角洲是以粤方言为载体的广府文化分布的核心地带。其中，肇庆是广府文化的发源地，广州、佛山是广府文化的发扬地，香港、澳门是广府文化的扬名地。

二、古村落保护景观营造现状

“广府地区古村落”是指以珠江三角洲为中心，分布于珠三角及周边地区，根源于秦朝遗民，以广府片粤语为母语，以珠玑巷为民系认同，有着自己独特的文化、语言、风俗、建筑风格的汉族民系所聚居的村落。

根据日本学者芦原义信的外部空间理论，“古村落景观”是指村落中各种各样的社会关联与人际交往的结构方式发生的场所，以某种建筑空间形式固定下来而形成的，由各种实体（道路、街区、建筑、构筑物、树木、广场、绿地和其他设施等）之间组成的所有公众可以任意到达的外部空间环境形式的总和。

现阶段，一些地方政府注意到古村落保护的重要意义而开始有意识地对其进行保护，但是保护工作的重点一般都在古村落、古建筑物和构筑物的维护与修缮上，而对于古村落所处的山野河川、农田作物的乡土景观的环境意象及其构成要素，包括路径、边界、地标、区域和节点等，没有做系统的分析、整理、设计和维护，从而使得古村落内作为其物质载体的道路、交通指示、给排水、环卫等主要基础设施的修缮建造技术，与周边山野河川、农田作物的自然环境氛围和传统民居风格非常不协调。

由于民居与聚落、土地利用肌理、水体利用方式、地方性群落文化和生产模式场景、古村落整体空间环境的营造与规划建设等所构成的古村落整体环境意象的组成部分，还未得到足够的重视，还没有形成针对古村落乡土景观的系统营建操作方法、适宜性的设计范式和地方传统修造工艺的集成与示范，很多地方出现了“乡村建设城市化”的倾向，乡村传统的环境肌理和乡土文化意象被严重破坏了，古村落的保护失去了内外空间景观环境的完整性和连续性，人们的乡愁失去了可以依附的空间载体和文化意象。

三、乡土景观的概念和特征

乡土景观是以大地景观为背景，以乡村聚落景观为核心，由经济景观、文化景观和自然环境景观构成的环境综合体。乡土景观可以说是根据土地的自然条件、生产和生活而成为一体的“农业生产景观”和“农民生活景观”的复合景观。

西方国家有关乡土景观的研究起步于20世纪四五十年代，那时它是建筑学和考古学携手并进发展的产物［泰勒（Taylor），1992年］，很多研究隶属于文化景观的范畴。美国学者杰克逊（Jackson）将“乡土景观”列为与“政治景观”（political landscape）相对的概念。他认为乡土景观强调“风俗上的地方性、对环境具实效的适应性以及不可预期的机动性”，属于“自下而上因素驱动的文化景观”。我国学者对乡土景观的关注是20世纪80年代才开始的，到90年代研究队伍逐渐壮大，研究更倾向于传统聚落。北京大学景观规划中心从1997年开始对乡土景观进行研究，当时研究集中在云南、西藏等地，取得了一些理论和实践方面的经验。

古村落的保护应该根据当地的地质（土壤）、地形、植被、水系水利、气候、地理等因素，充分考虑农林渔牧业等生产条件，以及民俗、宗教、纪念活动、历史、文化等生活条件，并且由上述因素综合形成可持续发展的地域社会的农村和具有地域特色的乡土景观。因此，乡土景观应该具有以下基本特征：①按照人性化尺度营造的农村构筑物；②以当地建设材料为主的统一与协调的村落景观；③蕴藏着年代美的景观；④地理上具有典型的地域性景观；⑤具有可以成为地区象征的场所；⑥丰富的水系和植被；⑦各种生物可以生息的生态环境；⑧丰富的四季变化；⑨以植物与土地为主体的温和的景观；⑩使人联想起食物的场所；⑪顺应自然界地形过渡关系的土地利用情况；⑫山脚或者树林的边缘坐落着村落，形成具有稳定感与安全感的居住环境；⑬大地般的宽广感和辽阔感；⑭伸向远方的平原感和深远感；⑮稳重的安定感和安宁感；⑯具有历史性遗产（生活文化遗产）等[①]。

由于我国在古村落保护的理论研究与实践经验方面的不成熟，少数政府官员的政绩工程意识严重，管理和从事乡村建设人员的业务水平有限，村镇受经济利益驱动而急功近利，部分村民的文化水平不高，审美意识薄弱等多方面的原因，我国古村落的保护工作面临诸多问题和困难。通过多地的实地调研踏勘可以发现：有些古村落拆去了原来的青石板或砂岩石的窄小路面，拓宽路面并铺上如城市人行道一般的彩色透水陶砖；有些古村落到处乱牵电线和网线，太阳能照明路灯、不锈钢垃圾箱等基础设施与周边自然环境、传统民居非常不协调；有些古村落的村口被设计成如城市公园一般的样式：地面硬质铺装，花坛整齐规则，绿化植物千篇一律，蜿蜒曲折的河岸被拉直并做成垂直的混凝土驳岸，完全丧失了乡土景观的原生态和多样性。

四、广府地区古村落的景观布局和建筑特点

广东建筑大体上可以分为广府建筑、客家建筑和潮汕建筑三种风格，通常所说的岭南建筑，其实就是广府建筑，主要包括广州、佛山、中山、肇庆等地区的建筑。

广府地区独特的亚热带季风气候，是形成广府文化的重要因素。特别是人们的居住环境决定了其形态布局必须适应其特殊的气候条件。南方气候夏季炎热，台风大雨常至，为防热、防辐射和防风雨，以及便于通风散热，民居一般为小天井、大进深，布局紧凑的平面形式。岭南建筑依据自然条件（包括地理条件、气候特点），呈现防潮、防晒的特点，广府地区古村落主要分布在大珠三角地区及粤西地区，通风与阴凉是它们的共同特点。

①［日］进士五十八、铃木诚、一场博幸编：《乡土景观设计手法——向乡村学习的城市环境营造》，李树华、杨秀娟、黄建军译，中国林业出版社2008年版。

广府民居风格是在南宋以后逐步建立起来，至清中叶已经相当成熟，其主要代表形式是布局整齐的梳式布局村落，或者是介于自由式岭南水乡布局与规整梳式布局之间的过渡聚落，以及三间两廊式的合院。广府地区的大部分古村落都是梳式布局为主（或者称平面网格布局），属于典型的由“侧入式模块”构成的“纵巷布局模式”。村落前方有风水池塘，作为整个村落的构图中心，整个村落以一条垂直于民居朝向的主街（梳把）统领全局作为中轴线，以垂直于该主街的若干条纵巷为支路（梳齿）。中轴线前端布置大祠堂，民居在巷子两侧，多座民居以主街为起点沿纵巷向后排开，由纵巷连接各栋民居侧厢位于山墙面的主入口。纵巷过长时，才会适度增加横巷辅助交通，但纵巷的数量远远多于横巷，整齐通畅的巷道发挥着交通、通风和防火的作用。[①]

其中，宗祠是整个村落的精神核心，祠堂坐落于梳式布局的前排，往往紧邻横向主街并朝向水塘，位于村落中心和地形较高处（如岗地中的岗顶），为其他建筑所拱卫。它们的规模明显比普通民居大，横向三到五间，进深二至三进，大门直接开向横向主街（梳把），独立于普通民居之前，统领其后的一列民居，祠宅分离。建筑群前为广场，作晒谷之用，称为禾坪。坪前挖土成塘，呈半圆形或不规则长圆形，这是排水、养鱼、灌溉、洗衣等所用的水源。土方置于村后坡地，村后和东西两侧则种植果树和竹林，形成绿篱地带。村口有门楼，上刻有村名；多座祠堂与其前面的禾坪、水塘结合在一起，形成开阔的空间，昭示着聚落中最重要的空间所在。村前有水塘是大部分村落的共同特点，水池边种上大榕树是惯例。大榕树——无论是孤植的还是密植的，它总是公共空间的主导树种，而其树龄往往与该村落的年龄相仿；榕树之下的空地，是仅次于宗祠的重要的民间文化传播场所。

广府民居的基本格局为“三间两廊”，一个院落套一个院落。与北方的四合院相比，广府建筑的房子都是三合院，像梳子一样南北向排列成行，两列建筑之间的小巷称为“里”，每家建筑大门开在侧面，大门外是巷道。民居有统一的整体朝向而缺乏核心，所有建筑朝向一致，在统一朝向的基础上，其空间布局、尺度、立面造型、材料构造等都几近一致，民居单元的模块性特征强烈。建筑具有华南地区传统建筑组合的“毗连式”特征，以小型天井组织建筑群体，各进厅堂和厢房在结构、构造以及空间上互有牵涉。建筑以硬山搁檩结构为主。在一般三开间建筑中，仅仅在心间左右两侧使用两列梁架和柱列，山墙使用砖墙承重。砌墙材料有三合土、卵石、蚝壳、砖等，清代以后多用青砖，前檐柱多用石柱，后檐柱有时用后檐墙取代。典型的广府民居还有一个很大的“镬耳”特点，以其屋两边墙上筑起两个像镬耳一样的挡风墙而得名。

①潘莹、卓晓岚：《广府传统聚落与潮汕传统聚落形态比较研究》，载《南方建筑》2014 年第 3 期。

有地位的人家以镬耳风火墙为特色，明、清两代，只要发了财的人家，就会建造一所镬耳屋来显示其富有与气量，镬耳式的山墙此起彼伏，高耸的镬耳山墙与檐口、墀头、脊饰的构造和工艺形成蔚为壮观的广府民居特色。①

五、广府地区古村落的乡土景观营造策略

景观是一个由不同土地单元镶嵌而成的，具有明显视觉特征的地理实体，兼具经济、生态和文化等多重价值。一个场所，一个空间能够体现出一定的场所感和文化意象，一般需要以下构成要素：路径、边界、地标、区域、节点等。

乡土景观营造应涵盖以下构成要素：①农田：耕田、菜地、村头集会地、畦埂、篱笆等；②河流水系：自然河流、小溪、水渠、池塘等；③村落：民房、房前屋后林、聚落等；④道路：农用道路、田间小道、村内道路及巷道等；⑤树林：近郊山林、杂木林、风水林等；⑥其他设施：祠堂、戏台、庙宇（土地庙、关帝庙）、洗衣场所、水井、磨坊、水车、木桥、小木屋、晒谷场、晾晒稻子的架台、石碑、墓地、石墙等。

由于所处的地理环境差异，广府古村落可以分为不同的类型，如江边古村落、山地古村落、平原古村落、山间盆地古村落、河涌水网古村落等。乡土景观是乡土经验的记载，它作为一种持续进化的文化景观形式，其自身的演化仍在进行之中。古村落内外道路、民居建筑、交通指示、照明、给排水、环卫等主要基础设施和古村落所处的山野河川、农田正是古村落保护中乡土景观营造的主要物质载体。因此，对广府地区古村落的乡土景观营造策略，应从以下几个方面入手。

（1）对广府地区古村落周围的山野河川、农田、农作物和乡土植物进行系统分析调查，对影响古村落整体风貌特征的村外山野河川、农田作物，以及村内基础设施和传统巷道进行整体研究，从广府地区古村落保护、乡土景观营造综合现状评价与基础设施内外在需求出发，建立一系列综合评价指标，针对不同古村落的地域特点和建筑景观资源现有条件，系统分析和总结与广府地区古村落的产业发展模式相适应的乡土景观呈现模式和基础设施供给模式。

广府地区位于珠江三角洲，河流支流纷繁，水网错综复杂。广东全省河流、水道共1006条，其中属珠三角河网的水道就有823条。由于乡土景观实质上是一种根据土地的自然条件、生产和生活组合成为一体的“农业生产景观”和“农民生活景观”的复合景观，所以，广府地区古村落的生产性景观

---

①陆元鼎、魏彦钧编：《广东民居》，中国建筑工业出版社1990年版。

应以南方地区传统村落与水密切相关的农业和渔业为主。

①三基鱼塘景观。珠江三角洲地势低洼，夏季台风暴雨，常闹洪涝灾害，威胁着人民的生活和生产。当地人民根据这些特点，因地制宜地挖深低洼的土地为塘，饲养淡水鱼，并将泥土堆砌在鱼塘四周成塘基。在塘基上种植果树、桑树、甘蔗，可以稳固塘基，使其不易垮塌倒伏，由此形成“果基鱼塘”“桑基鱼塘”和“蔗基鱼塘”，合称为三基鱼塘。三基鱼塘既避免了洼地水涝，又营造了十分理想的生态环境，位于珠江三角洲的水乡村落大都属于这种洼地水塘景观的类型。

②海洋沿岸景观。生活在海边的村民利用位于海边潮间带的软泥或砂泥地带加以平整，再筑堤、建坝，进行如紫菜、海带、海虾、海蟹等海水养殖，形成海洋沿岸景观。

基于对古村落的基础设施全面调研与生活、旅游需求，分析古村落产业发展和基础设施内外在需求和供给的切实问题，以生态学的思想和理论为指导，整理出适合古村落发展的产业结构模式和基础设施供给模式，是广府地区古村落的乡土景观营造策略首先要考虑的问题。

（2）完善古村落乡土景观营造技术，合理使用当地特有的建筑材料，将地方传统工艺拓展，技术集成并加以应用，强调应用性与示范推广性，使地方修缮传统工艺得以传承，突出古村落地域的适应性和可操作性。

由于在南方的风水观念中，“水”就是“财”的象征，所以许多村落在水口处修筑水口庙、文峰塔、石桥、炮楼、廊亭等，形成独特的水口园林。根据广府地区古村落的不同地域条件和文化背景，重点研究具有较高历史价值和艺术价值的古建筑、古街巷、古桥梁、古驿站、古关隘等的维修与维护技术，保护与传承传统民间施工工艺和技术，整理出适用于广府地区古村落乡土景观营造的民间工艺技术与维修质量控制方法。

广府地区古村落居民的生活处处离不开水。村民的饮水需要水井，村民的出行需要通过河道、河涌，水不仅是一种重要的生产和生活资源，村民的休闲娱乐以及庆典活动也都围绕着水来进行，因此重点营造岭南水乡的生活性水景观——河道（河涌）景观和湖泊（水塘）景观很重要。

①线性水景——水道、桥梁、驳岸、水埠以及水道旁的水生植物，共同组成南方村落的线形水景。桥梁、驳岸、埠头等有多种形式。桥梁有平桥、拱桥；驳岸有自然式、人工式、混合式；埠头有平行式、转折式、垂直式；南方地区常见的水生植物有水松、水杉。典型的河道景观在珠三角水网地区的村落里最为常见，如番禺小洲村。

②点状水景——湖泊（水塘）景观。有些村落以湖泊为中心，围绕湖泊来布置整个村落。湖泊是整个村落的公共中心，形成村落的面形水景。例如，

东莞南社村以自东南向西北的一个长湖为中心布置，村落的主要巷道垂直湖岸，湖边主要是大大小小的宗祠。除了湖泊，有的村落还筑有人工水塘，水塘和水井构成村落的点状景观。

道路也是古村落保护中的重要基础设施，是乡土景观营建中重要的骨架部分，也是各个组成部分的线性联系纽带。针对不同广府地区古村落的地域特点和资源条件，研究广府地区古村落建立生态化道路和停车场地的建设技术。选取适宜的生态建材，选择具有节能、低污染、可循环等特点的技术对村落道路设施进行生态化设计，如增强路面透水性、改善路面聚热性等，从而改善古村落的微环境。

（3）提升广府地区古村落基础设施使用水平，通过乡土景观所记载的传统乡土经验与场所价值，研究道路、给排水、照明、环卫等主要基础设施，完善建造技术，解决古村落适应现代生活方式与功能拓展的可能性，突出与社会经济发展相适应的特性。

除古村落普遍存在的街巷狭窄、停车空间不足等一般道路交通问题外，解决古村落保护与道路设施更新瓶颈以及和外部交通的衔接问题，完善街巷布局肌理，合理组织交通流线，满足动态交通与静态交通，改善古村落人居环境。

提出道路设施整治的修缮技术，协调解决居民生活与文化旅游发展中的广场及停车场地，以及在材料选择、道路铺装与实施中和古村落风貌保持协调。研发具有新材料、新工艺的古村落道路设施建造技术，关注与道路设施紧密联系的道路铺装形式及材料、停车场地形态、交通站点等与古村落风貌不相协调的问题。合理使用太阳能照明技术，美化照明装置；使用生态化的污水处理技术，增加广府地区古村落的居住适应性，使古村落焕发新的生机，从而实现真正可持续发展。

（4）延续乡土性的“集体记忆”，保护广府地区古村落日常的乡村生活体验和民俗活动。保护与传承地方性的方言——粤语，戏曲——粤剧，服饰，饮食文化——粤菜，婚丧嫁娶等民俗，从土地、当地、此地和本地几个方面进行“地域性”的乡土景观重构，使它们与新的乡土生活、生产活动和行为相联系，避免古村落在保护性开发的商业运营中沦为一个“文化搭台，经济唱戏”的道具。①

六、结　语

当前，全球化、“社会主义新农村建设”和“城乡一体化建设”的浪潮席

①李畅、杜春兰：《乡土聚落景观的场所性诠释——以巴渝古镇为例》，载《建筑学报》2015 年第 4 期。

卷中国，导致传统村镇地域性的社会、生活方式发生了根本性的改变。深入研究乡土景观的构成和特点，针对广府地区的古村落开展系统调查，发展广府地区古村落乡土景观营建理论及地方传统修造工艺研究，是我们古村落保护工作整体成功与否，最终实现地域性和原真性的关键。

（黄莉：广州大学建筑与城市规划学院副教授）

广府地区古村落文化元素探微及其复兴实践

——以佛山顺德碧江古村落为例*

吴彩容

广府文化是岭南文化的一部分，是汉族地域文化之一，可以细分为西江北、西江南和珠三角为地域代表的文化区（此处的珠三角是指如今的江门、佛山、广州、东莞、深圳、珠海及港澳等地），[①]其中珠三角地区通行广府话。[②]珠三角因其独特的地理环境和文化背景而孕育了一大批颇具广府特色的古村落，顺德的碧江村就是其中的典型代表。顺德区历经从以农为纲，到工业立镇，再到工商并举的发展历程，其经济发展良好，但蕴藏其中的古村落则鲜为人知，直至近年才得以发散光芒。实际上，顺德的古村落文化毫不逊色，从其古村落数量就能体现一二，比如杏坛镇的逢简村和马东村，北滘镇的碧江村和林头村，乐从镇的沙滘村，均安镇的豸浦村、上村和沙头村，勒流街道的龙眼村等，这些古村落岭南水乡特征鲜明、水乡文化独特丰厚，兼之经济基础良好，是传承广府文化的根基。其中，碧江古村落更以祠堂文化、岭南民居及水乡特色著称，因村内的古村肌理、传统格局和风貌特色都十分完整，古色古香，独具韵味，由此，本文选取碧江古村落为例，运用田野调查、文献研究、历史分析等方法调研分析碧江古村落现存的问题，并对其文化元素进行细致的探微，并就碧江古村落的物质文化元素、事件文化元素和意境文化元素分别提出复兴措施，希望对进一步做好广府古村落复兴活化工作有借鉴意义。

一、佛山顺德碧江古村落基本概况及存在问题分析

（一）自然环境概况

佛山地区现存一大批历史悠久的古村落，其中古村风貌和街巷肌理保存较

---

* 本文为2014年度佛山市社科规划基金项目，项目编号：2014－sf20。

①刘伟铿：《关于岭南与广府文化形成的讨论》，载《广西民族学院学报》（哲学社会科学版）2001年第9期，第50—64页。

②吕兆球：《广州市余荫山房庭园文化探索》，华南理工大学硕士论文，2013年。

好、书香味浓郁、文化元素遗韵丰满的碧江古村落是其中的典型代表。碧江村位于佛山市顺德区北滘镇镇区东北 5.8 千米处，辖区总面积为 8.9 平方千米，常住人口 28000 人，其中户籍人口 14827 人。[①] 碧江村大规模建村始于南宋初年，距今已有上千年的历史，碧江古称“迫岗”，因村内土岗有二岩石相互挤迫而得名，后用同音字改称碧江，并沿用至今。从古至今，碧江村人才辈出，据《顺德县志》载，自明景泰三年（1452 年）建县至清代中叶，碧江村出了 17 名进士，106 名举人，此外，著名学者及书法家苏珥、苏葵、梁若衡等人籍贯都为碧江。落叶归根，人也一样，村民年轻时在外打拼并赢得一定的社会地位和财富后，告老还乡，并非常热衷建造祠堂和园林宅第，因而在碧江村留下了众多特色十足的祠堂、民宅等古建筑。碧江古村落在祠堂标本、传统宗族文化、近代工商文化、珠三角民居等方面均能提供历史佐证，活像一座历史博物馆，自 2002 年被列为广东省文物保护单位、2005 年被评为“中国历史文化名村”、2013 年被命名为“中国传统村落”。这是一座历史悠久的村落，也是一座活力四射的现代小城，近些年来又先后获得国际卫生村、全国造林绿化千佳村、广东省文明单位、广东省卫生村、佛山市特色文明村、生态示范村等一系列称号。

图 1－3 为碧江古村落区位分析图（来自百度地图和卫星地图）。碧江古村落所在的顺德北滘镇（见图 1）位于珠江三角洲的腹地，位处河口三角洲平原，因该平原是由江河冲积而成的，所以地势西北略高，海拔约 2 米，东南稍低，海拔 0.7 米，有小山丘零散分布其中；东与番禺区钟村镇接壤，北距广州旧城区约 20 千米，西北距禅城 15 千米，与大良中心约 11 千米。目前街区北部为碧江工业区，东部延伸处为赫赫有名的碧桂园，南边为未开发用地，昆岗（一个小山体）位处其中，自然植被覆盖较好，西侧为群力围产业区。境内河流纵横，水网交织，是典型的岭南水乡。碧江古村落就处于北滘东北约 5 千米处。从图 2 至图 3 可以看出，碧江古村落的主要轮廓由东西向的泰宁东路和泰宁西路，金楼西边的碧江大道，北面的承德路，南北向的村心街和泰兴大街等构成；其中南北向的村心街和泰兴大街是串联碧江古建筑群的脊梁，从两者分出数十条的巷道脉络，把一处处的古建筑单体链接起来，形成一个整体，至今保存状态比较好，依然发挥着交通职能。

碧江古村落气候宜人，属亚热带海洋性季风气候，日照时间长，雨量充沛，常年温暖湿润，四季如春，景色宜人。年平均气温为 21.9℃；1 月份最冷，月平均气温 13.1℃；7 月份最热，月平均气温 28.7 ℃。雨水充沛，年平

①北滘人民政府网站：《北滘概况》，http：//www. beijiao. gov. cn/new/bj/page. php？ sid＝1&fid＝1。

均降雨量多达1649毫米，年平均湿度为81%①，是珠江三角洲典型的鱼米之乡。

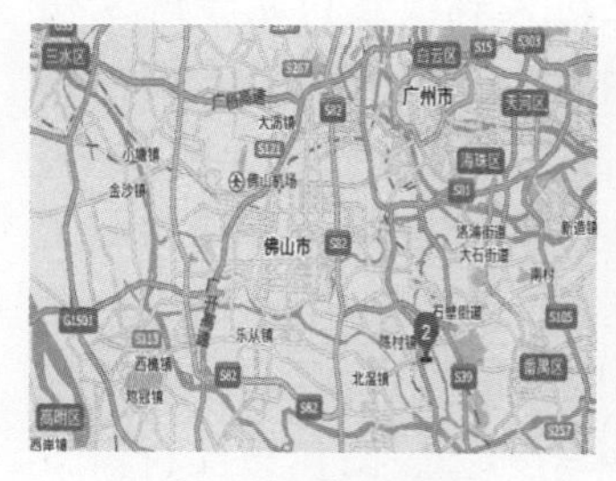

图1　顺德北滘镇

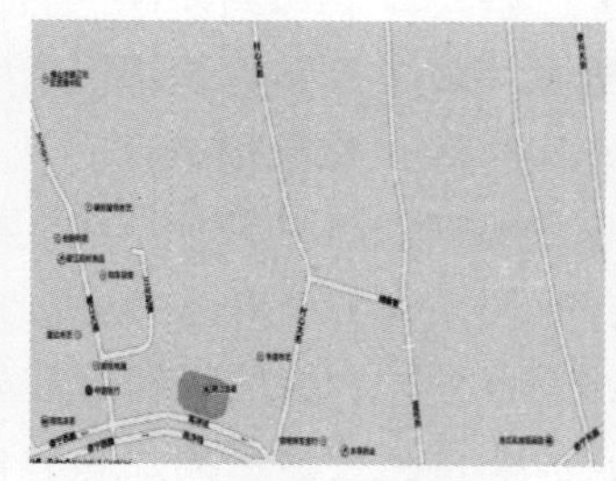
图2　碧江古村落地图

图3　碧江古村落卫星图

（二）碧江古村落现状及存在问题分析

1. 基本概况

碧江古村落经历了近千年的风风雨雨，以其优越的自然环境要素、精致的人工环境要素和深厚的人文环境要素，构筑了一个颇具特色的古村落。碧江古村落的街巷整体肌理清晰；村心西街分支出数十条巷道，有的巷门依然完整，石板路古韵犹存；民居形式以传统的民居建筑为主；泰宁路以南尚有良好的河涌景观，德云桥横跨村心街路段的河涌已被盖板覆盖隐于地下，但河道还在，活现一幅小桥、流水、人家的惬意景象。

碧江古村落的历史建筑主要包括金楼、泥楼、职方第大宅、后花园、亦渔遗塾以及围墙外的慕堂苏公祠、三兴大宅等古建筑。据调研得知，大多古建筑都是在明清时期建造的，其中五间祠明代建筑风格特征较为显著。实地考察发现碧江古建筑功能丰富，街巷、祠堂、宅第、庭园、私塾、书斋应有尽有；建筑风格特色显著，有干打垒、水磨砖、蚝壳墙、镬耳山墙等；建筑装饰方面，木雕、砖雕、石刻、灰塑、壁画、楹匾各有千秋，涵盖了每个历史时期的流行元素，以至于明清时期广府地区的民居结构形式都可以在这里找到活标本。除此之外，数百年来顺德人从耕读文化到儒商文化，再到积极吸收外来文化的轨迹，从其耀眼的物质文化元素和丰富的情景事件文化元素中历历可寻。总之，碧江拂尘惊世的岭南建筑、崇文重教的文化气息、独具特色的物质和非物质的文化元素，共同构筑了碧江古村落的文化。

---

①佛山统计局：《佛山统计年鉴》，中国统计出版社2014年版，第4页。

2. 现状与问题

近年来，碧江古村落加大了村容村貌的整治，环境得到提升，但旅游设施配套的投入依然不足。作为一个旅游古村，碧江古村落已具雏形，开始飞翔，但依然羽翼未丰。虽然碧江古村落已经名声在外，但是对比国内著名的古村旅游地宏村、周庄、西递、西塘、乌镇等，碧江古村落仍然是“处于求学阶段的孩童”。碧江古村落自 2002 年被列为广东省文物保护单位、2005 年被评为“中国历史文化名村”、2013 年被命名为“中国传统村落”后，碧江村委、北滘镇政府及其上级政府就不断加大对碧江古村落的开发力度，随着开发进程的加深，问题也随之凸显，主要有以下几点。

首先，村民对古村落的保护意识还有待加强。碧江古村落的主要古建筑——金楼，早在 1991 年就被列入当时顺德县的第一批文物保护单位，说明北滘人和碧江乡亲保护古建筑的意识已经产生，即把产权转让给乡政府，然后政府把它改造成招待所，禁止闲人进入，使其得到完好的保护与保存，这个举措表明，村民们的保护意识是值得肯定的。但笔者在对碧江村实地调研后发现，虽然大多居民都认识到保护古村落的重要性，也已萌发了保护的意识，但是对于如何进行深层次保护管理，如何才能活化古村落，如何在具体的日常行为和生活工作中去切实传承、保护、利用好古村落资源，认知还不足。同时，笔者通过调研了解到，目前碧江古村落组织层面至今尚未出台相关的古村落管理办法，对村民和游人缺乏有效的约束，导致出现管理无法可依的境地，这与国家级文化名村的地位不相符，亟须建立完善的管理制度。

其次，部分古建筑有待修缮。碧江古村落有 8 处保护文物被定为省级保护文物，经费方面得到比较多的支持，由此已经得到比较妥当的修缮，但依然存在部分建筑失修的现象，随时面临损毁的危险，亟待投入资金进行维护修缮。比如，图 4 – 6 依次为损坏较严重的五间祠、古建筑部分内景的墙壁和灰雕遭侵蚀、部分祠堂大门遭到破坏及门前被现代电线电缆环绕。

图 4　五间祠外墙

图 5　古建筑内景侵蚀严重

图 6　祠堂大门及附近环境

第三，城市化进程加速，不断侵蚀古村落空间。目前碧江古村落仍保留着数量较多、价值较高的文物建筑，但是由于北滘镇的快速发展，新建的现代建筑已经开始对碧江古村落的空间构成一定的威胁，部分旧时的空间场所、节点，甚至一些较小的街巷也逐步被侵蚀而残缺，部分传统历史空间悄然消失，比如村心街路段的河涌已被盖板覆盖隐于地下。

第四，缺乏整体保护古村落的思维。碧江古村落的街巷格局整体保存尚算完整，核心古建筑群得到比较好的保护，但由于缺乏对古村落的整体控制、管理、保护的思维，古村落核心建筑外围得不到整体的保护，古建筑群周边的现代村民住房一栋栋拔地而起，从图7可以看出新建筑无论是用材还是色调，都与传统街区格格不入；此外，施工不文明的现象时有发生，导致一些石铺路损毁，也有一些稍微偏僻点的小巷子被封堵为私人使用，在一定程度上侵占了古村的空间，同时也在一定程度上破坏了古村落的整体特色。

图7　新旧建筑不协调

第五，碧江古村落的传统民俗文化韵味发掘不足。保护开发当局由于将眼光局限在古建筑、风光等实物上，忽视了对碧江古村落实物载体背后传统文化韵味的深刻发掘，造成的问题就是：碧江古村落的文化性和参与性不强，缺乏文化民俗的体验和感悟，从而没能很好地发挥古建筑景观的文化韵味。

第六，生态环境问题有恶化趋势。由于古建筑群附近的街巷修建时间较早，宽度较窄，导致部分现代供水体系露天铺设，一定程度上影响了古村落街区的景观；此外，部分街区的排水系统不完善，村民的生活污水和降水大部分都是通过地表径流或者已有的自然渠道排入古村内的河涌，由此导致部分河涌水体污染较为严重（见图8）；另外，电力设施的铺设也存在缺陷，比如有些街区的电力电线或者网络通信线路随意架空搭建（见图9），不但造成视觉污染，同时也带来安全隐患；还有就是近些年来北滘镇由于城市化进程加快，古村落的道路纵横交错、四通八达，机动车辆随之增多，一定程度上影响了古村落的宁静环境和空气质量；此外，周边垃圾乱堆乱放时有发生（见图10）。

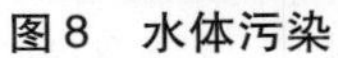
图8　水体污染

图9　街区附近电线电缆裸露

图10　垃圾乱堆乱放

最后，碧江古村落核心建筑群及周边重要民居存在功能空心化的迹象。值得欣喜的是碧江居委会已经意识到建筑产权的问题，早些年就开始收购村内的重要建筑，把居民腾出来，使重要建筑得到更好的保护。据笔者的实地考察发现，碧江古村落核心建筑群处于严密保护状态，有的用屏障隔绝，有的禁止进入，建筑原有的使用功能几乎都已缺失。另外，周边重要的古民居也处于保护状态，使用功能也搁置。俗话说“户枢不蠹”，如果建筑的使用功能长期缺失，腐败是迟早的问题，因此保护应该是动态的而不是静态的。

二、佛山顺德碧江古村落文化元素探微

碧江古村落集自然环境、人工环境与人文环境于一身，上千年的建村历史和优越的地理环境，使碧江自古以来就成为远近闻名的经济重镇，同时亦积累了深厚的文化底蕴，自明景泰三年（1452年）建县始至清末，名人辈出；此外，金碧辉煌的金楼、碧江版的“清明上河图”和“金屋藏娇”的传奇故事，无不折射出碧江的富庶、繁华和传奇，这些物质的、非物质的元素交织成一个古色古香的古村落，散发出兼具浓厚岭南特色和佛山元素的文化韵味，正向人们诉说着朴实、恬静而质朴的悠悠岭南情。参照孙新旺、王浩、李娴的文化划分理论，[①] 碧江古村落的文化元素类别可分为物质文化元素、事件文化元素和意境文化元素。

①孙新旺、王浩、李娴：《乡土与园林——乡土景观元素在园林中的运用》，载《中国园林》2008年第8期，第37—40页。

（一）物质文化元素

物境，即物质环境，是对比较纯粹的客观景物的描写，① 也是古村落存在的依托；物境文化元素，即物质层面的文化元素。碧江古村落的物质文化元素，主要包括优越的自然环境、韵味无穷的古建筑群和村巷脉络等文化元素。

1. 优越的自然环境

亘古长流的北江流入佛山，随即在西樵山一左一右分开，北江水主干流径自贯穿顺德北部，在都宁山开了个叉，江水经广州、番禺沙湾，涨潮时反方向的流水分别从番禺和广州涌上，汇合直溯北江和西江的节点，这个点就是碧江。碧江地理位置优越，水陆交通网络发达，而其自然环境也非常优越，泰兴街南段的河涌保留有自然水体，河涌宽度约为 8 米，河道弯曲，两岸绿树成荫，生机勃勃，环境静谧，两岸居民择水而居。蜿蜒的河涌将历史悠久的古建筑群、特色的古街巷和枝叶繁茂的古树串连在一起，构成了一幅如诗意境的“小桥、流水、人家”的画卷，反映了典型的岭南水乡特色风貌。尽管泰兴街北段和村心街段河涌已被路面覆盖，成为暗渠，但路旁的绿树成荫，昔日的水乡仍依稀可见。此外，村落近处的昆岗山林木茂盛，满目皆青葱绿意，犹如一道绿色屏障；远处的谭洲水道、陈村水道及其支流蜿蜒而过，河涌两侧的滨水绿地，支起一张绿色网格，一片一片的基塘整齐分布；青山与绿水相依，村落位于其中，共同构筑了青山绿水、自然与人文景观相互融合的区域绿化格局。另外，村内有古树名木数棵，是古村的风水树，呈点状散布于村心街两侧，与周围古建筑群交相辉映；石板路与河道之间还种植了水杉、石榴、香蕉等，形成宽敞、树木葱茏的河涌景观，环境十分优美。

2. 韵味无穷的古建筑

碧江古村落历史源远流长，文化底蕴深厚，由于文化和商贸发达，一代代职官文人和儒商在碧江营造出连片十分考究的古建筑群，囊括大量鳞次栉比、考究华丽的祠堂、书塾、馆舍、民居和园林，尤以祠堂最盛。据《咸丰志》记载“俗以祠堂为重大，族祠至二三十区，其宏丽者，费数百金，而莫盛于碧江”，珠三角古民谚“顺德祠堂南海庙”之说也印证了这一点。当今世人，称碧江的古建筑是明清时期的民间建筑博物馆，据实地调查发现有 108 处明清古建筑，类型多样，各有千秋，建材则涵括了干打垒、蚝壳墙、水磨青砖及各

①梁翠婷：《“环境”视角下顺德历史文化村庄的保护》，载《城市规划》2015 年第 5 期，第 51 页。

种珍贵的硬木料，保留了斗拱、镬耳山墙、照壁等古建形式；建筑装饰方面，石刻、木雕、砖雕、灰塑、壁画应有尽有，不乏各个时期的杰作。表1为碧江主要古建筑一览表。

表1　碧江古建筑一览表

编号	名称	数量	具体内容
1	民居	众多	金楼、职方第、泥楼、三心大宅及其他
2	祠堂	众多	慕堂苏公祠、峭岩苏公祠、澄碧祠、丛兰苏公祠、楚珍祠、源庵祠、何球祠、黄家祠、南山祠、逸云苏公祠、五间祠等及其他
3	书塾	多处	亦渔遗塾、广雅中学碧江校址
4	水磨砖	众多	遍布古祠堂及其他古建筑
5	蚝壳墙	1处	泥屋背后的蚝壳墙
6	大铜壁	1处	金楼后花园的长廊下，23.8×1.5米的巨型铸铜壁雕《碧江廿四咏》
7	村庙	1处	碧江金楼后边的天后娘娘庙
8	古井	3口	金楼院子里的井、正厅里的井以及顶部的藻井
9	牌坊	若干	散布于村中
10	碑石	若干	散布于村中
11	巷门	数量众多	泰兴街和村心街段分支的巷道门
12	古桥	1座	德云桥
13	石板路	数量众多	古巷的铺设用材

3. 村巷脉络元素

碧江古村落的街巷走向以村心街和泰兴街为主轴垂直布局，两街两侧分出很多保存状况较好的巷道，街巷肌理清晰，尺度比较亲切，传统民居建筑数量较多。街巷空间主要有两种形式：一种是沿村心街的房—河—街—房，另一种是沿泰兴街的房—街—房，具体类型可以分为车行街巷空间、边缘街巷空间、临水街巷空间、宜人街巷空间和传统街巷空间等。街巷空间尺度变化较大，高墙峙立，曲径通幽，屋顶、挑檐、山墙、垛头的高低进退大大增加了建筑的透视感。

（二）事件文化元素

事件文化元素多以时代情境加以体现。情境，是以人们感情的抒发来传达自然与人的生命的融汇和谐，一种是直抒胸臆，一种是托物言情，使一切“物境”显得更有价值。碧江古村落的事件文化元素丰富，拥有各类传统工艺、丰富的民间习俗、地方性传说典故、儒商文化繁荣等非物质事件元素，具有浓郁的广府风味。

1. 多样化的技艺文化

碧江古村落的传统技艺形式多样，最有表现力的是木雕工艺。上至精美的建筑木雕构作，下至桌、椅、床、柜等日常生活用品都可以见到精美的木雕制品，体现出碧江当时高超的木雕工艺。除此之外，风俗彩画技艺、龙船脊技艺、灰雕技艺、木雕技艺、砖雕技艺等（如图 11 – 17 所示）无不寓意吉祥、长寿、富裕等朴素的乡土情感主旨。此外，碧江的民间工艺也非常丰富，如秋色艺术品制作技艺、木版年画制作技艺、剪纸技艺、彩扎龙制作技艺、刺绣技艺、舞狮制作技艺、竹织技艺、藤编技艺等，都是碧江人的经验传承与智慧结晶，是碧江人心灵手巧的体现。

图 11　木雕

图 12　龙船脊

图 13　风俗彩画

图 14　砖雕

图 15　窗上方灰雕

图 16　屋顶灰雕

图 17　石雕

还有值得一提的是顺德的厨艺文化，顺德饮食文化是岭南文化的重要部分，俗话说“食在广州”“厨出凤城”，地理上碧江处在广州和大良的中间，饮食文化底蕴深厚，带有碧江特色的菜肴有水底芽菜、蟛蜞子、布包豆腐润、云吞面、鱼汤抽皮等，无不彰显着碧江不俗的厨艺。

2. 丰富多彩的民俗文化及传说典故

碧江人祖祖辈辈文脉昌盛，村民非常重视宗族的建设，并以祠堂为重大，所以村中祠堂数量众多，几乎都保存完好；村民们还传承着各种各样的民俗祭祀活动。通过实地调研访谈得知，在碧江古村落几乎每个农历都至少有一个或一个以上的民俗活动，比较有名的民间习俗有鱼灯会、赛龙舟、南狮等。碧江古村落的传说典故也较多，最为有名的是“金屋藏娇”和“守清屋”的典故。其中，“金屋藏娇”早已名声在外，原来“金屋藏娇”中的“娇”是指清代慈禧的干女儿戴佩琼。若干年后慈禧将干女儿许配给当时岭南的另一重臣——苏文丕之孙苏百诩。为了表示对皇室的重视，当时苏家将其珍贵的藏书楼腾空，作为这场门当户对的婚姻的新婚房，并把戴佩琼的嫁妆——贵重的黄金化作金粉漆在婚房的屏门、门坊、檐板、厅壁上，至此得“金屋藏娇”之典故。另一典故是“守清屋”。据《中国历史文化名村——碧江》记载，在封建族例中，夭折的男子的灵牌不能登堂入室进入祠堂，由此产生了一种“冥婚”的迷信风俗，就是为阴间的亡魂撮合配婚，借此让亡魂的灵位在阳间得到侄辈后人的供奉，故此为“守清屋”，“守清屋”有很大的封建迷信的成分。总之，不管是“金屋藏娇”，还是“守清屋”，都为碧江古村落添加了许多传奇色彩。

3. 多元的文化信仰

（1）耕读文化。

据史料考证，碧江古村落主要以苏姓为主，其始祖为北宋苏绍箕，此外还有甘、丁、马、仇、刘等姓氏。苏氏十一世祖苏彦铭协助表弟赵草洲携子定居碧江，从那时起，苏、赵姓人本着“耕以务本，读以明教”“耕可致富，读可荣身”的思想，在碧江繁衍生息，形成了碧江早期的耕读文化。自明景泰三年（1452 年）建县至清代中叶，碧江出了 106 名举人、17 名进士——苏、赵二姓就占了 14 名。在耕读文化的影响下，苏氏的名人还有岭南抗元的六世祖苏刘义，有精研堪舆风水、兴建始祖太尉三公庙和髻管缨堂的八世祖苏显；还有清雍乾年间开碧江儒商风气之先的苏珥和苏弼等。这是耕读文化进一步深化的表现。

（2）宗祠文化。

顺德人重视修建祠堂，历史上顺德的祠堂不仅数量庞大，而且成了珠江三角洲古代殿堂建筑的精华所在，碧江尤甚。按史料记载，清代顺德平均每百人就有一所以上的祠堂。中华民族有崇拜祖宗的传统，祠堂是中国人血脉的纽带，碧江人也如此。碧江大大小小的祠堂，大至五间祠，小至逸云祠，无不承载着一部碧江人的家族史——这就是宗祠文化。宗祠除了祭祀功能之外，也是家族内议事、庆典、记载家族史的场所，其文化内涵非常丰富，祠堂更是族权的象征，所以祠堂往往是同姓聚落中最显眼的建筑。经上千年的积淀，碧江的祠堂古建筑争奇斗丽，蔚为壮观。至20世纪初，碧江各姓留下来的大小祠堂仍有100多所。碧江古村落的宗法文化浓厚，从村里大大小小、数量众多的宗祠（见图18－图21）就可见一斑。

图18　澄碧苏公祠

图19　从兰苏公祠

图20　何求苏公祠

图21　五间祠内景

（3）道家文化。

道家文化崇尚“天人合一”，从碧江先人的选址可见一斑。据清咸丰《顺德县志》记载，碧江属龙头堡，民夹水而居，碧江先人选择有山有水之地落脚，民居环水而建，这与道家崇尚自然、热爱自然、亲近自然的观点不谋而合。基塘是岭南水乡特有的，碧江的基塘由于地势低洼，村民便挖塘为基，蓄水为池，以防水患，体现了中国道教文化“因势利导、顺势而为”的思想。此外，村中的古民宅设计奇妙，布局精巧，有开有合，道法自然之味浓郁。总的来说，碧江古村落就是一个与道家文化互相融合的村落。

（4）儒商文化及其他文化类别。

儒商文化是我国传统文化的有机组成部分，其中蕴涵着可资借鉴的优秀传统文化资源，其核心思想是重义轻利的义利观，要求儒商从商、经商讲诚信、讲道义。由于水上交通发达，加上碧江商人的诚信，历史上碧江早已形成闹市。据《碧江廿四咏》记载，“木船三路各停桡，猪团笼归灞岸挑，北道未开龙眼厂，荔枝红满德云桥”，可印证当时的繁盛。据调研得知，如今建成公园的碧江德云墟，当时一个月只有逢十无墟，除了墟还有蚕春市、花市等，其中最为特别的是“站市”（相当于现在的劳动力市场），三四百人挑着竹竿、绳子站在那里等待雇主上门。此外，据记载，当时碧江村有好多间茶余室、当铺、金铺、赌场、猪肉档、私塾、学堂、曲艺社等，碧江的商业集市兴旺发达可从中略见一斑。据年长的村民介绍，碧江当年的造纸、腌笋、米业非常兴盛，发展成为广州货物的一大中转站之一。如今，碧江古村落所在的北滘镇先后摘取“中国家电制造业重镇”“广东省专业镇建设示范单位”“广东省技术创新专业镇”等荣誉称号，两大龙头企业——美的集团和碧桂园集团更是全国有名，这与儒商文化的传承和兴盛密不可分。此外，碧江古村落还有尊师重道、奖励先进等文化的传统。总之，碧江古村落的儒商文化浓厚，儒商文化与其他特色的文化类别共同构筑了碧江古村落的多元文化，这些多元文化互不矛盾，互相糅合，成为村民们的核心价值体系，使得碧江古村落得以保存上千年，甚至延续到更远的未来。

（三）意境文化元素

在道家的哲学意识形态影响之下，中国传统文化艺术意境的最高境界是“无”，这种“无”的境界不易以理性的思维去掌握、领悟、洞悉，只能靠个人的慧根去修行。碧江是一个十足的古韵犹存的广府地区的古村落，拥有惬意的自然风光意境、恬适的村民乡土生活意境、浓厚的儒商文化意境、历史深厚的古建筑意境，山水相映、如诗如画。

碧江古村落道路两旁，仍有各式各样商业的物质载体，与沿路可见的各种各样的古建筑互相辉映，体现了碧江文化的多元性，反映了身心自由的意境。各类古建筑、宗祠（见图22）、河涌、庭院、深幽的古巷（见图23）、质朴的麻石铺地，宛然一派朴实自然的意境。金碧辉煌的金楼（见图24）静静地向世人诉说着曾经的辉煌，一种华丽和繁华感油然而生。古建筑高墙峙立，曲径通幽，给人一种静谧的视觉享受。街道景观元素丰富，是一种街道与休憩空间相结合的典型的水乡街道空间，让人感觉亲切又热闹。

图22　祠堂的悠悠岭南情

图23　意境深幽的古巷

图24　恬静的碧江金楼

三、佛山顺德碧江古村落文化元素的复兴措施

碧江古村落是集自然、人工和人文于一身的古村落，但是随着岁月的流逝，城市进程的加快及周遭环境的变迁，必定导致古村落各方面文化元素遭受损害或破败，比如，古建筑的自然毁损，河涌消失或者水质变差，当地民俗文化的没落等。为了在保护中传承，在传承中发展，必须对碧江古村落的各项文

化元素进行复兴，寻找保护、传承、开发之间的平衡点并加以合理利用。

（一）古村落物质文化元素的复兴措施

碧江古村落的物质文化元素多种多样，其中以古建筑群为主，笔者在实地调研中发现，古建筑群及周边环境面临不同程度的威胁，比如古建筑的自然损毁、现代建筑对古建筑的摧毁、现有规划对原有景观的覆盖，以及自然环境的污染，等等，这些都对古村落的复兴构成威胁。

1. 自然环境物质元素的复兴措施

自然环境是碧江古村落的基础，从调研中得知，部分原有河涌水系已被覆盖，部分水体污染较重，基于此，要对自然环境物质元素进行复兴。首先，考虑进行重新规划，恢复历史原有的河涌水系；其次，采用现代截污净化工程措施，控制向河涌排放污水；第三，加强对村民和游人的教育，增设环卫设施，严禁向河涌乱丢垃圾；第四，加强对河涌的整治和利用，增加河道两旁的绿化和景观设置，逐步恢复原有的“小桥、流水、人家”的和谐画面。另外，对古树名木进行挂牌管理，增加围护设施。由于现有的基塘不多，并且“基”上无物，建议重构桑基鱼塘，恢复碧江古村落岭南水乡特色；同时加强对三个山体的保护，营造青山绿水的岭南风貌。

2. 古建筑物质元素的复兴措施

古村落在任何情况下都是人们日常生活的一部分，应保护它们并使之成为我们时代社会生活的一部分，基于此思想，我们必须激发其内在活力，赋予其以适用功能，让古村落经历生、长、盛、衰之后重新涅槃获得新生，让它适应现代生活方式，否则便会沦为废墟。因此，对碧江古建筑的复兴有两项工作要做，第一是对古建筑物质实体元素进行修复，第二是对古建筑功能的复兴。对实体元素的修复，首先要对古建筑的现状进行调查，然后指定修复方案。而对古建筑的功能的复兴，比如对书塾可以考虑用作文艺创作、技艺传承之用；又比如祠堂、馆舍、民居和园林等，可以考虑恢复其原来的功能。

（二）古村落事件元素的复兴措施

碧江古村落拥有丰富的工艺技术、民俗民风、历史典故、当地文化信仰等非物质事件元素，比如木雕工艺、风俗彩画技艺、龙船脊技艺、灰雕技艺、砖雕技艺、特色厨艺文化等，又比如碧江民间习俗鱼灯会、赛龙舟、南狮等，传说典故如“金屋藏娇”“守清屋”等；还有就是碧江人的文化信仰，比如耕读文化、宗祠文化、道家文化、儒商文化以及其他文化类别。上述这些碧江的非物质事件元素，是古村落的灵魂和精髓，其表现形式是非物质性的，但归根结底必须依附于具体的物质形式上，由此对非物质事件元素的复兴，首先要做的是对其物质载体进行保护和再现。

应该对碧江古村落的非物质事件元素的现存状态进行详细的调查。对民俗民风而言，可以加大对事件元素的宣传和渲染力度，并通过“仪式展示”的形式进行传承。对历史典故类的非物质事件元素，可以通过牌匾、楹联记载、雕刻记载，甚至是现代的电子屏幕形式进行滚动再现；还可以结合其他艺术形式进行表达。对工艺技术类的非物质事件元素，可以通过静态的工艺品形式或图书形式进行展示，也可以通过影片或者动画的形式进行动态展示。

事件元素的复兴过程，一定离不开人，也就是离不开村民，一定要调动村民的主观能动性。事件元素是古村落的灵魂和精神核心，要复兴事件元素，实质上就是要让村民对事件元素进行传承和延续，因此，在对事件元素复兴中，必须对事件元素的积极作用进行宣传，使其渗入村民的心中。

（三）古村落意境元素的复兴措施

在对碧江古村落进行实地调研时笔者发现，如今的碧江传统农耕的意境少了，桑基鱼塘也只有星星点点；小桥、流水、人家的意境淡了；寂静的古建筑群多了几分沧桑感；幽静的古巷多了几丝荒凉；建筑的现代味道浓了……这些意境元素的体现，归根结底还是得靠物质性实体元素和非物质性事件元素来支撑。随着物质性实体元素和非物质性事件元素的逐步消亡，意境元素也随之慢慢消失。因此，对意境元素的复兴，必须与物质性的实体元素和非物质性的事件元素来共同营造。此外，要加强古建筑群及其周边的整体保护观念的宣传教育，激发村民的历史遗产保护意识和民族自豪感，并且要靠村民在实体元素和事件元素上实现情景再现；让村民在生活中运用这些物质元素，想到这些事件元素，意境元素的复兴才会被重新营造，重新散发迷人的魅力。

（吴彩容：博士，佛山科学技术学院经济管理学院讲师，研究方向为文化产业管理、企业文化）

论广府古村落的保护与活化

——以佛山古村落为例

郭文钠

在全国范围内，古村落的保护与活化（特别是后者）是一个热门话题，这与社会浪潮的变化有关。当大量农民因为种种原因离开土地涌进城市时，生活在水泥森林的城里人却兴起了对农村和土地的眷恋，他们将农村特别是古村落视为“归去田园”。此外，当产业经济发展到一定程度，不可能永远保持高速增长，而文化产业、旅游经济则开始产生令人瞩目的效益时，人们特别是地方政府的眼光发生了转向，作为特殊文化资源的古村落由此焕发新的生命力。

我国地域广阔，地理不同，物候不一，各地村落布局也呈现出不同特点和类型。广府古村落是其中的类型，而佛山古村落是其重要代表。近些年，佛山各级政府对古村落的保护与活化工作日趋重视。2014 年 11 月，《佛山市百村升级行动计划建设方案》出台，提出在 2015—2016 年间完成 108 个具有规模和示范作用的村居的改造提升工作，包括 30 个特色古村落活化、30 个城中村（旧社区）改造及 48 个新农村建设工作。其中，最引人注意的当属 30 个特色古村落活化工作。这是一项十分艰巨的任务。当然，我们可以将其视为良好的开端。

摆在我们面前有一连串的问题，最大的问题是怎么实现古村落的保护与活化？3 个 W 和 1 个 H，即 What、Who、Why 和 How，或许可以为我们提供一些思路。佛山古村落的保护与活化的目标是什么？谁为主体？为什么要做？怎么做？这几个问题，无论是在理论还是实践工作中，都是需要理清的。

一、佛山古村落保护与活化的主体与目标

What、Who、Why 密切相关，古村落保护与活化的主体和目标决定了内容。唯有明确主体和目标，清晰完整的规划方能出台。

谁是对古村落的保护与活化进行规划的主体？一般认为，当地村民天然是古村落活化的主体。然而在实践当中，往往是地方政府占据主导地位。从现实考量，这项工作仅凭当地村民的力量，确实很难开展和完成。所以，在古村落的保护与活化方面，当地村民和地方政府是作为双重主体存在的，两者都不可

或缺。

当地村民和地方政府这两个主体性质不同，从身份来论，村民是自然人，政府是组织机构，个人有情感，情感会变化，而组织机构更强调政策的有效性、一贯性；从位置来论，一个在村里，一个在村外，村民自然比政府机构对村落的变化更加敏感。因此，双方关于古村落保护与活化的目标趋同，却不完全一致。

也就是说，无论是地方政府还是当地村民，他们达成目标的途径是一致的，如美化优化环境、推动旅游业发展（部分古村落）、推广地方文化等，但是目标指向并不完全一致，尤其是后两者。

诚然，经济增长和收入增加互为促进，文化繁荣和文化自信心提升也是相辅相成的，但其间存在差异。例如，在经济增长方面，作为地方政府，自然是希望经济增长速度和总量能够保持稳定增长；而村民对收入增加的渴望却存在一个从量变到质变的过程，当经济增至某一层次时，村民对物质的需求会减弱，转而朝向精神方面的需求，旅游业对当地人带来的滋扰也会在无形中被放大。

二、佛山古村落保护与活化的实施途径

古村落保护与活化怎么做、做什么，或许是令很多人困惑的问题。这个问题没有标准答案，只能说是因村而异。以佛山为例，各个古村落情况不尽相同。一是基础设施不同，有些村落已具备较好的基础设施条件，且有一定程度的开发；有些村落房屋建筑损坏，连交通都不甚便畅。二是古村落文化资源不同，有些村落保存比较完整的古村落风貌；有些村落是新旧建筑相接，或处于半败落状态，或成为城中村。三是村民组织结构不同，有些村落拥有自治能力高、向心力强的村民组织和地方精英，对本村落保护与活化有浓厚的兴趣和自觉；有些村落则对此表现漠然。

同时，古村落保护与活化又与主导者的思路有关。古村落是要保护或活化？还是既要保护又要活化？保护与活化是递进关系还是并联关系？在笔者看来，两者应是并联关系，保护的目的并不一定就是活化。

因此，大体而言，古村落保护与活化可分为以下 3 种实施目的和途径。

1. “安居乐业 + 保护”型

首先，改善村民的生活条件。虽然古民居凝聚着古人千年来的生活智慧，但是与现代家居生活相比，舒适度远远不够，存在采光差、缺乏卫生设施等问题。其次，完善整个村落的道路交通设施，下水道、垃圾处理等市政基础设

施，建立环保的生态循环系统。再次，普及文物保护知识，结合乡规民约，对新建房屋高度和外观进行限制，使村落肌理和整体风貌得到维护。最后，政府主导文物保护单位和历史建筑保护工作，为按要求修缮文保单位和历史建筑的村民提供技术和资金支持，鼓励对祠堂、书塾等公共建筑进行合理利用。

2. 旅游开发型

旅游开发型应该说是当前古村落活化的最大类型，江南水乡、皖南古村、西南村寨等已纷纷成为国内旅游的重要景点。相比之下，珠三角古村落尚处于蓄势待发阶段。就佛山而言，有些许名气的不过是顺德逢简村、南海松塘村等寥寥几个古村落，虽然发展势头不错，但与已经开发得比较成熟的江南、皖南、西南等古村落、村寨相比，仍有不小的差距。造成差距主要有以下几个方面的原因：古村落文化资源未得到充分挖掘，旅游配套设施跟不上，宣传力度弱，等等。此外，广府古村落开发起步晚，需要一定时间累积知名度。想充分发挥旅游文化的效益，就必须在上述几个方面进行补充加强，尤其是古村落文化资源的挖掘是旅游文化的根本。除了挖掘佛山古村落的文化资源，同时也需挖掘单个古村落的物质和非物质文化资源，包括“村落布局、衣食住行等物质文化层面的内容，也包括乡民的生活方式、村规民约、民俗、民间文艺等口头和非物质文化层面的内容”①，进行全方位的文化展示。

3. 文化产业型

文化产业型与旅游开发型有一定的关联，但更注重与文化产业的结合，本身便具备产业潜力和价值，不完全依赖旅游业。这一类型的古村落保护与活化，可以与某一艺术门类相结合，如北京宋庄画家村、深圳观澜版画村等；也可以与当地的特色文化资源相结合，如以佛山陶文化为主题的佛山1506创意产业园等。

这一类型的古村落保护与活化，需要依靠地方政府的主导力量，在土地出租、引进艺术家或项目、协调外来人口和当地村民的关系、培养古村落文化产业自身造血功能等方面，发挥强有力的作用。

三、佛山古村落保护与活化的几点建议

古村落是承载传统文化的载体，也是当地村民土生土长的家园。无论是哪

---

①郑土有：《“自鄙”、“自珍”与“自毁”——关于古村落文化遗产保护的思考》，载《云南社会科学》2007年第2期。

一种目标、哪一种做法，有些需要注意的问题应该是共通的。

1. 充分尊重佛山古村落特有的历史肌理

佛山古村落是广府古村落的杰出代表，村落布局多为梳式布局，也称为耙齿式布局，建筑布局整齐划一，几乎所有的建筑组合都像梳子一样南北排列成行，建筑群前有一小广场，广场前又有一池塘，或为半圆形，或为不规则长圆形，有的还有风水塔、风水树等人文景观。① 三水大旗头村是梳式布局的典型村落之一。同时，由于佛山地处河网密布的珠江三角洲冲积平原，古村落也呈现出岭南水乡形态，分为建筑依河而居或夹河修建的线形水乡；聚居建筑以梳式布局为主的块状水乡；水网分汊把聚落建筑划分为若干部分的网形水乡②，顺德逢简村是网状水乡的重要代表。

活化也好，开发也罢，其底线是不能破坏佛山古村落的肌理，这是佛山古村落之所以能够成为、称为佛山古村落的安身立命之本。在保护与活化的过程中，在尊重原有村落格局的前提下，应深入发掘古村落的传统文化内涵，彰显其特色。这一要点在《佛山市百村升级行动计划建设方案》中已得到充分表露，值得充分肯定。

2. 政府部门充分发挥公共管理职能

尤其是针对旅游开发型、文化产业型活化模式，政府应出台、完善具体政策，包括政策引导、资金扶持、明确产权归属等；不宜盲目上马项目，对短期内有投入、无回报的情况做好心理准备；因地制宜，创新古村落活化管理模式；此外，也要重视社会资本的引入，调动社会资本的主观能动性，并做好监督角色，“承担保护为主与实现经济收益的双重责任……协调村民与开发商、游客等利益体的关系”③，避免出现“重开发、轻保护”等不良倾向。

3. 建立社区参与制度，让当地村民参与进来

据学者研究，以往古村落旅游开发经营模式主要有两种，一是村民自主经营模式，二是政府投资经营模式。前者能够充分激发当地居民的热情，但是易出现经营乱象；后者主要是通过成立公司或委托开发公司运营的方式实现，执行力度大，但是容易与村民产生利益冲突。于是，有些地方开始采取两者结合的方式，例如，贵州天龙采取了一种“政府＋公司＋旅行社＋农民旅游协会”

---

①陆琦：《广东民居》，中国建筑工业出版社2008年版，第38－41页。

②同上，第48－50页。

③邵秀英、田彬：《古村落旅游开发的公共管理问题研究》，载《人文地理》2010年第3期。

的经营方式,[1] 也有的地方实施政府和居民联合经营的股份制经营模式,等等。[2]

无论是哪一种模式，未来趋势皆强调社区参与。村民是古村落的主人翁，如果缺少村民的积极参与，不能调动村民的活力，甚至造成其反感，那么古村落的活化便如无源之水、无本之木，难以可持续发展。佛山在这方面有很好的基础，乡村有较好的自治传统，尤其是在改革开放的浪潮中，村委会及其他村民组织表现出相当大的积极性和主动性。这种力量将是佛山古村落保护与活化工作的重要支撑点。

四、结　语

政府部门、当地村民（村民组织）和社会资本如鼎之三足，未来将稳固地推动古村落保护与活化工作的进展。三者的协调统一是一个复杂的过程，其中避免不了多方面的利益博弈，将充分考验各方的智慧，需要吸取他者经验，并在长期实践中不断摸索。

此外，无论是佛山、珠三角或其他地区，古村落保护与活化工作都不应以政绩为上，而应是落地工程，须尊重和维护村民的利益，提高村民的文化自觉，让村民确实感受到古村落保护与活化的益处。

（郭文钠：佛山市博物馆文博馆员）

①张波：《旅游目的地“社区参与”的三种典型模式比较研究》，载《旅游学刊》2006 年第 7 期。

②石璇、李文军、王燕、朱忠福：《保障保护地内居民受益的自然资源经营方式——以九寨沟股份制为例》，载《旅游学刊》2007 年第 3 期。

论古村落活化与旅游开发的几个重要问题

肖佑兴　罗柳田

古村落是指具有大量古建筑遗存、建村历史比较久远、传统风貌保存较为完好的，具有独特民俗民风的村落。古村落是传统文化的明珠，是人类文化遗产的重要组成部分，但大部分古村落目前都面临建筑破败化、文化衰落化、村落空心化的现象，很有必要将古村落进行活化。古村落活化的途径比较多，而旅游开发则是古村落活化的重要途径与手段。古村落如何通过旅游开发达到活化的目的？笔者认为需要解决以下几个重要问题。

一、确定古村落发展目标与模式，引领古村落旅游良性发展

古村落的发展目标大致有 6 个维度，即古村落的文化、社会、经济、环境、政治与空间。在文化方面，主要是留住乡愁，满足人们对乡村遗产的需求，开发古村落的教育与文化传承、审美与艺术、休闲娱乐等方面的文化价值，促进文化遗产的保护、传承与繁荣；在经济方面，主要是挖掘古村落的经济价值，实现价值增值，推动地方产业化发展与居民收入增长；在社会方面，主要是使文化遗产成为地方社会发展与社会转型的重要动力，提升古村落的生机与活力，建立公平、正义、自由、和谐的社会形态；在环境方面，主要是建设美丽乡村，构建适宜的人居环境，推动乡村生态文明建设；在政治方面，提高旅游的发展与组织，建立民主、法制的乡村政治生态；在空间方面，充分挖掘与利用古村落的各种资源，促使古村落成为新型城镇化建设的重点。

具体而言，古村落发展可采取两类目标的发展模式。一是基于社会问题的治理性发展模式。其主要内容是就古村落存在的经济、社会、文化等方面的重点问题及其原因分析，大力进行旅游创新，采取适宜的措施进行有针对性的治理。例如，古村落就遗产保护状况而言，大致可分为 3 个层次：保存完好者、保存基本完好者、破坏殆尽者。这就需要对那些保护得不太好而又具有较高开发价值的文化遗产进行重点保护。又如，较多古村落往往经济较为落后、居民收入较低、生活水平较低，这就需要促进地方产业化，加强地方经济建设。在

问题较多、社会矛盾较突出的古村落，短期内应建构基于问题导向的治理性发展目标。二是基于社会发展趋势的建设性发展模式。这类古村落的发展已具有较好的基础与条件，其主要目标是根据社会发展的需要与趋势，构建地方全面性、建设性发展目标。

同时，不同的古村落具有不同的旅游资源、旅游市场、区位和交通条件、政策和竞争状况等发展条件与发展环境，其旅游发展的模式也应有差异，可围绕各类主题进行旅游要素与旅游设施的建设，把古村落建设为特色鲜明、个性各异的游憩社区，如城市游憩中心、文化生态村、艺术旅游村、民俗园、休闲度假村、历史文化教育基地、民俗风情演绎娱乐基地、文化艺术创新基地、影视产业发展基地等。[①] 例如，在城中村或城市边缘快被城市包围的古村落，可发展成城市游憩中心，形成供本地市民和外地游客休息、娱乐、休闲、观光、购物的区域；在城市郊区，文化保护重要性较低、具有较大空间与建筑载体的空心村，可建成旅游度假区。

二、提升旅游吸引力，激发古村落的生机与活力

旅游吸引力是旅游目的地能激发旅游流的各种事物与要素，是吸引旅游者、提升古村落的经济价值、促进古村落社会活力等的重要前提。旅游吸引力既包括对旅游客流的吸引力，也包括对其他旅游流的吸引力。其中，对旅游客流的吸引力是旅游吸引力的主要构成部分，它主导着对其他旅游要素的吸引力。旅游吸引力是旅游目的地发展的内在动力，没有足够强大的旅游吸引力，旅游流就难以形成一定的规模，旅游产业与旅游系统也难以获得较大发展。旅游吸引力的大小、强弱是由其特色、多样性、指向性、组合与互补性、规模、创新性等属性决定的。旅游吸引力可从旅游文化、旅游经济、旅游社会、旅游自然、旅游政治五个方面考察，主要包括旅游资源吸引力、旅游产品吸引力、旅游形象吸引力、旅游品牌吸引力等。

1. 旅游资源与旅游产品吸引力是旅游吸引力的基本层次

依托一定的旅游资源、开发具有较强旅游吸引力的产品，才能吸引更多旅游者。这就需要充分挖掘古村落建筑与聚落格局、历史文化、民俗文化、自然风情、现代文化等旅游资源，在资源“资本化”理念的指导下，运用创新思维，全方位、立体式开发，建设丰富多样的、特色鲜明的旅游产品体系。

首先，充分利用与挖掘文化资源，大力发展遗产旅游。例如，选择典型的

---

①肖佑兴：《广州古村落旅游发展方略》，载《城市问题》2010 年第 12 期，第 62—66 页。

传统民居、祠堂建筑、宗教庙宇等进行对外开放；选择部分民居适当地改造为乡村旅馆、酒吧、茶吧、咖啡馆、购物商店、民间艺术展示与制作体验场馆等；建设历史、民俗、名人、生态等各类博物馆；开发各种节庆、艺术与民俗等民间文化旅游产品，发展文化演绎活动；发展文化沙龙、文化休闲业与展览业；与影视部门合作，建设影视基地或影视城；开发乡村遗产经典旅游线路，等等。

其次，整合古村落的农业、副业与工业等生产性资源，发展乡村产业旅游。例如，发展蔬菜、瓜果、花卉、林木、珍稀水产、奶制品、编造工艺、生态农业等农副业的观光、品尝与劳作等体验乡村生活与生产的农事活动，发展休闲农业旅游；建设各类农副产品与工艺品的购物中心，发展乡村美食与生态美食；发展旅游商品制作工业，推动乡村工业旅游发展。

第三，开发古村落周边的乡村环境与空间资源，大力发展乡村休闲运动产品，如观光、徒步、定向运动、生存挑战、水上娱乐中心、空中滑翔等，还可发展会议旅游、奖励旅游等。

2. 旅游形象与旅游品牌是旅游吸引力的升华层次

旅游形象是古村落的生命，也是形成竞争优势最为有力的工具，它是旅游出游决策的关键因素。个性鲜明、亲切感人的旅游形象可影响旅游决策，有助于获取竞争优势。旅游形象吸引力的塑造就是要对旅游区地脉与文脉等要素进行提炼，形成具有独特地方性的、与其他古村落构成鲜明差异性的旅游形象与“指纹”，并通过一定的渠道和措施传播到旅游客源市场，使之对古村落产生某种预期良好的感知，并在旅游出游决策中选择该古村落。旅游品牌是指旅游经营者凭借其产品及服务确立的，代表其作品及服务形象的名称、标记、符号或它们的相互组合，体现了旅游产品的个性及消费者对其的高度认同，它是人们对古村落及其产品、售后服务、文化价值的一种评价、认知和信任。

三、内引外联，促进旅游流的流通，构建动态、开放的古村落系统

动态、开放是系统良性发展的主要特征。正如谢勒与厄里（M. Sheller，J. Urry，2004年）指出，旅游是一种流动的形态。[①] 旅游流就是旅游业得以运行与维持的各种因素在空间上的流动，具体而言是在旅游目的地的旅游部分与

①M. Sheller, J. Urry. *Tourism Mobilities: Places To Play, Places in Play* [M]. London: Routledge, 2004, pp. 1 – 10.

非旅游部分之间，以及旅游目的地与旅游客源地、旅游要素源地等之间相互作用而引起的人、物质要素与非物质要素在旅游系统中的流动。它通过集聚、累积与扩散，引发旅游目的地的经济、社会、文化、自然、政治环境的响应，构建旅游吸引力与旅游承载力的发展，产生各种积极与消极的旅游社会影响，推动旅游目的地的衍化，实现古村落活化的目标。旅游流对旅游目的地驱动作用的强度、范围和特征是由各因子的流向、流量、流速和时空分布等属性决定的。① 旅游流主要包括旅游客流、旅游货币流（含旅游消费流、旅游资金流）、旅游信息流、旅游知识流、旅游人力流、旅游技术流、旅游物流、旅游能流等。这里有几个重点：首先，需要加强对细分市场的分析，进行精准的市场定位，加强旅游营销与宣传，建立旅游信息系统与营销体系，通过传统媒体与新兴媒体的融合，将旅游信息传递给旅游市场，引入具有一定消费能力、较好文化素养、结构合理的旅游客流。其次，加强旅游利益主体的协调，选择旅游融投资模式，决定投资人、投资筹措方和投资使用方式。除了政府加强公共设施的建设外，需要引入相应的企业与私人部门的投资。同时，还需引导地方居民以适宜的方式进行投资，如个人投资、开建公司、集体入股与众筹（即大众筹资或群众筹资）等。第三，在知识方面，注重“政、用、产、学、研”的合作、相互间知识的流通及相互学习。尤其应该重视用户及旅游者的中心地位，以市场为导向，突出以知识、信息大数据为基础，以网络为载体，以用户创新、开放创新、协同创新为特点的创新趋势。第四，引进技术，建立智慧旅游系统，加强提高旅游管理效益、旅游服务质量与旅游体验等。第五，在人力方面，通过各种方式，鼓励当地居民从事旅游业，吸引外迁居民回迁。

四、加强制度创新，建立清晰的旅游发展激励机制与约束机制

旅游制度是与旅游有关的行为规范系统，它是由非正式的约束、正式规则和这两者的实施特征组成的，包括与旅游有关的法律法规、政策、政治规则、经济规则、意识形态、价值观、道德规范、风俗习惯、契约等。制度具有降低交易成本并为实现合作创造条件、提供人们关于行动的信息并为个人选择提供激励系统、约束主体的机会主义行为、减少外部性等作用。② 它通过界定旅游

①肖佑兴：《旅游影响因子体系及生成机制——以丽江为例》，载《人文地理》2007第6期，第98—104页。

②卢现祥：《新制度经济学》，武汉大学出版社2012年版，第169—172页。

行动者权利边界和行为空间，支配旅游行动者的行为，规范他们行为方式的选择，为行为绩效提供激励，进一步对旅游流、旅游吸引力、旅游承载力等产生多种复杂交织的作用，从而推动古村落的发展与演化。在制度创新中，尤其要注意建筑产权明晰与分配、社区参与、经营管理等方面的创新。

1. 明晰产权，构建合理的旅游利益分配制度

古村落具有建筑、土地、文化等多种资源，必须明确这些资源的所有者、使用者、受益者，建立合理的资源利用与利益分配的制度规范。从国内古村落旅游发展的实践来看，较多“问题古村落”的主要问题就是产权不明晰，旅游利益分配制度不合理。尤其是传统文化与公共建筑等公共资源的产权，必须明晰社区与地方居民是产权所有者、使用者与受益者。在政府主导旅游发展与旅游经营权转让时必须重视这一点，让产权主体充分享受其应得的权益，在此基础上构建受惠于民的利益分配模式。

2. 社区增权，强化社区居民的旅游参与

注重社区居民在经济、社会、文化、政治等方面享有的权利，真正实现地方居民当家做主，使居民积极地参与旅游决策、旅游投资、旅游经营、旅游营销、旅游监督、旅游管理与旅游利益分配，这样才能使村民享有旅游收入的分配，提高经济收入，提高村民文化素养、民主意识与管理水平；才能接地气、旺人气、添活力；才能实现古村落在经济、社会、文化、政治、环境等方面的目标，推动古村落的建设与可持续发展。这就需要提高村民的保护意识与旅游参与意识，使村民获得学习与自我学习旅游相关知识的机会与能力，积极引导村民的旅游参与行为。在旅游发展过程中，一定要先让居民得到或见到实惠，以促使他们有动力来参与旅游业的发展。

3. 建立多元化经营管理制度

古村落应根据当地居民、政府、村委等利益主体的态度与能力，因地制宜地采取多元化的经营模式，如政府主导，村民主导，外资主导，政府、村委与外资共同协作等。由于需要充分发挥古村落各旅游利益主体的能动性，构建多维旅游产权转让规范，建立多元的旅游产权制度，在保护与开发的投资上，可采取政府投资与委托管理、村委投资与委托管理、外商投资收购与经营管理、村民投资与经营，以及其他各种投资的多种投资方式来促进遗产的保护与利用；在旅游产业运营模式上，可采用古建筑经营、旅游线路经营、村落整体经营等多个层次的运营模式；在保护与利用的方式上，可采取旅游开发、村民共用、居民个人使用、外来务工人员租用的方式来综合保护

与利用各种遗产。

五、加强旅游承载力管理，保障旅游业的可持续发展

旅游承载力是指在不导致旅游体验与环境质量出现不可接受的下降的前提下，旅游目的地能承受旅游流压力的能力。作为旅游业可持续发展的关键，旅游承载力对旅游业的发展具有约束与协调的作用，它通过对旅游流的感应、承接、组织、支撑，承载与支持着旅游流的集聚、扩散、累积与循环运动，进一步推动旅游目的地的发展。旅游承载力可分为三个方面：旅游经济环境承载力、旅游社会文化环境承载力、旅游自然环境承载力。其中，旅游自然环境承载力包括古村落空间承载力、资源承载力、生态承载力、自然灾害承载力；旅游社会文化环境承载力包括旅游者心理承载力、居民心理承载力、旅游安全与危机承载力、旅游制度承载力、人口承载力；旅游经济环境承载力包括旅游设施承载力、基础设施承载力、旅游要素供给承载力、旅游产业承载力等。旅游承载力的类型多样，不同的旅游目的地，其旅游承载力的大小、结构各异。根据木桶原理，旅游承载力的大小取决于最小的那个旅游承载力。但是，旅游承载力具有弹性，可通过旅游创新力与旅游适应力获得不断地发展，主要包括以下 3 个重点。

1. 加强文化遗产保护，优化旅游资源承载力管理

古村落的发展必须以保护为前提，保护的对象主要包括乡土建筑、文物遗迹、街巷空间、村落形态、田园环境、乡村文化、邻里关系、村镇特性、行为景观、土著居民等。[①] 应该根据古村落的历史脉络、生态格局、区位条件、保护与利用现状，确定有序的保护战略与保护方法。一是保育战略。对于近期开发的难度较大的古村落与重要遗产，采取保育战略，即须在维护现状的基础上，划定保护范围，确定保护层次，保护村落格局与整体风貌，对重点自然与文化遗产进行重点保护与修复，保育古村落生态环境与风水格局。二是更新战略。即对古村落进行有机更新与空间重构，在可能和必要的条件下，通过建筑、场景、人文活动的有效组织与对历史环境的重新整治，再现其自然和人文景观，找到其再现的地标、场景、仪式、工具和人物等，通过情境再生与景观

---

①赵勇：《我国历史文化村镇保护的内容与方法研究》，载《人文地理》2005 年第 1 期，第 68—74 页。

重塑以重新建构地方①。三是增长战略。即推动文化资本化与商品化，注重对知识产权、人力资本和产业组织资本的运营，大力发展文化产业与创意产业，如各种民间艺术与民俗文化的艺术创作与设计、展览与传播、表演与影视等。

2. 注重适宜地向外迁移部分居民

当旅游发展到一定阶段与规模，须注重适宜地外迁部分居民，其原因主要包括：一是由于古村落的旅游容量有限，旅游发展必然导致游客对居民的挤出效应；二是现有不少建筑与传统建筑不协调，可采取拆迁与在外围新建商品房进行补偿的方法。这就需要加强对居民态度的调查与利益协调。

3. 构建动态的适应性管理模式

基于古村落博弈主体关系的特征，在古村落动态演化的基础上，以游客量为研究指标，通过量测古村落环境承载力合理阈值，构建动态的适应性管理模式②，以提高古村落可持续发展的能力。其主要措施包括：一是减量，调节旅游流量，减少对目的地的压力；二是扩容，扩大古村落容量，以承载更大的压力；三是治理，对旅游失范行为进行治理；四是对于不能治理或者难以治理的旅游因素，应尽力适应、消除其不良影响。

（肖佑兴：广州大学旅游学院副教授；罗柳田：广州大学旅游学院硕士研究生）

---

①李浈、雷冬霞：《情境再生与景观重塑——文化空间保护的方法探讨》，载《建筑学报》2007年第5期，第1—4页。

②杨春宇：《旅游地发展研究新论——旅游地复杂系统演化》，科学出版社2010年版，第168—170页。

广府古村落保护模式举隅

陈　方

村落是指农民进行农业生产、日常生活而聚居的地方；而古村落则是指那些最能体现农耕文化，拥有久远而完整的农田、农民、民居、民俗等物质和非物质历史文化遗产的单位。2007 年，广东省民间艺术协会出台的《广东省古村落认定标准》规定，古村落是“清代以前形成的，现存历史文化实物和非物质文化遗产比较丰富和集中，能较完整地反映某一历史时期的传统风貌、地方特色、民俗风情，具有较高的历史、文化、艺术和科学价值的村落”。广府古村落既是数千年南粤农耕文明的结晶体，又是南粤民众生产、生活方式和风俗文化的活化石。然而，随着百余年，尤其近 30 年大规模工业化、城镇化浪潮的冲击，这些古村落已消失殆半（有数据称 2005 年全国古村落从 5000 个降至目前不到 3000 个），所剩余者也空心、式微，功能不再。沧海桑田，雨打风吹，一些古村落得以遗留下来，自有其存在的合理性，自有其生存维系之道。不过，时至今日，这种生存之道已不可“听其自然”了，而应积极地“树立发展和保护相统一的理念”（中共中央《生态文明体制改革总体方案》），将城镇化和新农村建设与传统乡土资源结合起来，使农村经营体制与传统乡土资源得以运用发展，使自然生态与人文生态得以均衡持续，最大限度地保存村落生活的延续性、建筑形式的原状性、人文风俗的整体性。本文在此辨识几个有代表性的广府古村落的保护模式（香港称“保育”更佳），以期举一反三。

一、生态模式：花都塱头村

塱头村位于广州市花都区炭步镇中部，珠江流域巴江河畔。全村分塱东、塱中和塱西三社，其中塱东社和塱中社相连，与塱西社相隔一条小河涌。两大社区都是规模宏大的前祠后屋建筑群，坐北朝南，布局规整，面积近 7 万平方米。建筑前面地坪开阔，有连片半月形水塘（塘鱼养殖使村里延有“分鱼”习俗），塘基种满荔枝、龙眼和榕树，与村头、村尾数株古榕、古木棉环村相望，树荫塘边不时藏着鸡埘鸭寮。水塘对开，田园广袤，有稻田 2500 亩、鱼塘 500 亩、果林 180 亩。阡陌交错，水脉纵横，小河涌接通巴江，河水滋溉着村民、稻田和果园。

村民多姓黄，现有人口 3000 余人。黄姓先祖于南宋末年从南雄珠玑巷迁此立村，至今已有600多年历史。村民世代务农，素有祭祖之风，族人尊黄居正（北宋武状元）和夫人米氏为第一世祖；亦有读书之风，历史上有12人考取进士、10人考取举人、8人考取庠生、15人考取秀才。十一世祖黄宗善生7子，5人考取科举，其中3人考中进士，即所谓“七子五登科”。现在村里保存完整的明清建筑近200座，最有人文代表意义的是30座祠堂、书室和书院，有黄氏祖祠、友兰公祠、渔隐公祠、谷诒书室、耀轩书室、雄众书室等，庶可体现其尊祖重学之风气。其中，黄氏祖祠最有气势，供奉黄宗善，三间三进，巨石檐柱，前廊木雕梁架，后堂坤甸金柱；而谷诒书室乃是书祠，石雕、砖雕、灰雕、壁画皆工艺精湛。另外，具有防御功能的门楼也是村里特色，族谱记载曾有青砖门楼18座，现存的经纬阁、宣重光等门楼，不仅坚固险峻，而且造工考究，封火墙、博古脊、石门额都可圈可点，充分反映出村民深厚的家园意识。

塱头村是现存规模最大的广府古村落，2008年被评为首批“广东省古村落”，2010年获评“中国历史文化名村”，2012年荣膺“广东省历史文化名村”“广东十大最美古村落”与“中国楹联文化名村”，2013年入选中国传统村落名录。数百年来，塱头村一直延续基塘农业、耕读渔樵的日常生活，依然是个鲜活的生命体，村民与农舍、祖祠、书室、门楼、鱼塘、田园构成生命共同体，“天人合一”“村人一体”，维护着原本的生活环境和生产、生活方式，生活的过程也就是保护的过程，此乃生态式保护、自然性保护。自然性保护不可避免会带来“建设性破坏”，例如，有的民居将青砖墙体改贴彩釉砖，灰塑山墙改砌琉璃瓦，甚至将电线接头直接钉在祠堂墀头砖雕上面，但毕竟不是格局之变、存亡之变。可以说，生态式保护是维系古村落的生命形式。

二、守护模式：南海松塘村

松塘村位于佛山市南海区西樵镇。据村里族谱记载，南宋末年，先祖区世来与弟侄因躲避战乱，从南雄珠玑巷沿水路南下，落脚于此，距今已有800年历史。先祖生有三儿，成三大房，经历28代，繁衍1600多后人。三房各建一间大祠，现今祠堂仍然保留完好。而村中古建筑完好程度达到80%，几百年前的夹板泥墙古屋、硕大的镬耳山墙群落遍布，数十座恢宏的祠堂、书舍、文武圣庙一字排开。村心池塘连绵，周遭群岗起伏，汇成“华岭松涛”“横塘月色”等“松塘八景”。

沐浴理学名山西樵山的文化雨露，松塘村才人辈出，科甲辉煌，明、清两代就走出4位进士、7位举人，其中3人进入翰林院，因此又称“翰林村”。如今祠堂还排列14块旗杆石（原有20多块），记录清代嘉、同、光、宣年间中了4名进士、5名举人，官至刑部主政、翰林学士、内阁中书等。村里许多屋舍门匾写着“司马第”“大夫第”“太史第”，而家塾、书舍、社学比比皆是，从中可见其深厚的文化底蕴。村前建有文（孔子）武（关公）圣庙，每年都举行松塘翰林文化节，有祭孔仪式和“非遗”展示。

800年的文化传承和文化呵护，铸就了“翰林村”的今日；而得有今日，正是来自村民高度的文化自觉——守护式保护，这也是一种群众性保护。一直以来，在乡党父老的带动下，村民对村庄的人物、历史、地理、建筑、传说等文化事项进行全面收集整理，自发制定并全体表决通过了《西樵镇松塘村村规民约》，要求村内有证土地、祠堂、民居等项目的改造，应当保持古村岭南建筑风格。几年前，在港澳同胞的资助下，又多方筹集资金，投入200万元，对村中古建筑和珍贵文物进行修复。松塘村现已成立由上金瓯村委会及松塘村小组长共同组成的管委会，在西樵镇政府的筹备下，与专家参与制定了《西樵镇松塘村名村建设规划》和《松塘翰林文化村旅游开发规划》，将松塘村建成集观光、科教、文娱为一体的园区。

三、标本模式：三水大旗头村

大旗头村位于佛山市三水区乐平镇，也叫郑村，开村者是清代名将、广东水师提督郑绍忠。郑氏原是反清农民军，降清后在华南地区清剿有功，调任提督，得慈禧颁旨赐金，于此兴建宅邸。现在，曾沐皇上封为“振威将军”和“建威将军”而建的两幢家庙是本村最华美的标志性建筑。大旗头村有华南地区保存最完好、最具典型性的，汇集家庙、私塾、民居、文塔的大型建筑群落。古宅群占地10000多平方米，现存青砖民宅200余间，均为镬耳式山墙和广府“三房二廊”间隔；每座房屋排列规整，前低后高，南面开放，北面封闭。方格网式里巷道路系统，南北走向为宽里，东西走向为窄巷，乃典型的梳式布局。里巷有良好的排水系统，相隔十数米就设一个钱眼形“渗井”，地下管网相连，排入村前水塘，俗称“四水归堂（塘）”。水塘调节气流，冬暖夏凉。塘边是晒谷场，还有一座文塔。文塔、水塘、晒坪、大地象征“文房四宝”，极具风水意义。全村不设围墙，没有碉楼，古建筑与地坪水塘及周边环境融为一体，呈现出一种雍容大度的主人翁姿态。可惜，村中主人大多早已迁出，很多房屋已经多年没人居住了。

对于这样一个岭南古村落标本，政府部门、经营公司和社会组织一直给予政策保护和开发支持，发布文件，迁离村民，明示修缮项目，提出开发方案。早在1991年，佛山建委、文管所、文化局就发文确定大旗头村中尚书第等为文物单位；2002年，被评为省级文物保护单位；2003年，又因具有较高历史文化价值被建设部、国家文物局联合评为首批12个“国家级历史文化名村”之一。当地政府曾几度着手开发大旗头村。2004年，广东省内一家旅游公司接手，但4年之后便因亏损退出；后来接洽过多家地产公司，都因修缮费用巨大而打了退堂鼓。几年来，在由三水区政府实施的城市可经营项目推介会上，大旗头村曾连续3年上榜，但鲜有人问津，其后这个项目便被搁置至今。2015年9月，广东省政府正式批复通过《佛山历史文化名城保护规划（2011—2020年）》，大旗头村被划为重点保护历史地段。按照规划，将严格保护大旗头村历史文化街区和历史风貌，维持街区的整体空间尺度和街巷肌理，并保护传统村落型外围的基塘农业风貌，谨防商业化和庸俗化的仿古建筑。

面对目前大旗头村颓败之困境（首先，没人居住，没有人气；其次，90多间待葺古屋就有32间不能进去），笔者认为，保护大旗头村也许走不出“政府—公司”模式，但绝不应走商业化、盈利化之路，而应像徽州西递、宏村式样，走“世界文化遗产”之路，让村民回归，重新活化；发掘历史文化内涵，弘扬“风水”“文房”国粹，使其成为充满自然、人文信息的活标本。

四、创意园模式：顺德逢简村

逢简村位于佛山市顺德区杏坛镇，是岭南水乡的典范。村内河涌交错，水网密布，总长度达24千米；桑基鱼塘，星罗棋布，曾是“南国丝都”的重要基地。这里北临西江，水运发达，昔日一船船蚕丝运往广州等地，而各地客商也沿水乘艇采购蚕丝，形成远近闻名的集市，最鼎盛时人口超过万人，处处皆是庙宇、酒楼、商铺，有“小广州”之称。

作为水乡古村，逢简村拥有古庙、古祠、古埠、古屋、古树……完全是一幅“小桥、流水、人家”的古水乡画卷。村中以花岗岩石砌河道，沿岸古树排列，榕荫蔽日。家家门前都设麻石水埠，与水道或平行，或垂直，或转折，造型各异，目不暇接。河涌桥梁古致错落，平板石券，各有特色，最著名的有始建于宋代的省级文物保护单位——明远桥和巨济桥，有清代康熙皇帝赐建的金鳌桥。建筑沿河而立，祠堂、商铺、民宅鳞次栉比，街道、内巷、坊间肌理清晰，倒影入河，别具韵味。村中尤以建于1418年的刘氏大宗祠最夺人目，前庭临河而建，却是宽敞平整；头门五间六柱，极臻民祠之丽；祠内庑廊庭院，无不空间阔大。难怪逢简村有“岭南周庄”之誉。

改革开放以后，顺德区、镇、村十分重视水乡环境和文物保护，多方面筹集资金，重建了胜体庵（现觉妙静院），修复了刘氏大宗祠、金鳌桥和明远桥，全面疏浚了主干河涌。2005年，逢简水乡被评为“顺德新十景”，随后逐渐成为文化创意人群首选的聚集地。每年从珠三角各地自发到逢简休闲、摄影、写生和祈福的市民达数万之多，一些有规模的文化创意工作室亦进驻其中。从此，当地政府提出将逢简建成“岭南水乡文化创意公园村”的目标，以生态资源为依托，以岭南文化为灵魂，以文化创意产业为主体，以整村公园化战略为承载，以城乡一体化为战略目标，把逢简打造成自然环境优美，基础配套完善，古代文化与现代文明相融，集文化创意、休闲娱乐、时尚生活为一体的现代创意产业体系。逢简村通过政府搭台、企业唱戏，利用国家扶持政策，整合社会资金资源，探索开发出“逢简模式”。

五、博物馆模式：番禺练溪村

练溪村位于广州市番禺区新造镇小谷围岛南面，小谷围岛是珠江的江心岛，四面环水，地势平坦，占地18平方千米。岛上原有6个行政村，10多个自然村。以前交通不便，岛区基本处于未开发状态，古老的生活习俗、生产方式得以保存，古村落保留了不少具有岭南文化特色的古祠堂和传统民居。2002年，广东省政府正式批复广州市政府和省教育厅，同意在岛上及其南岸建设广州大学城园区，规划10所大学入驻，人口规模约为20万。大学城不再保存原来村落格局，只留下4座村落的生活区域。这样，大量古建筑面临“生存还是毁灭”的艰难选择，而它们的保存价值其实是不言而喻的。有关专家根据现存历史建筑现状的完好程度，以及历史、艺术价值，结合广州大学城的发展规划，将小谷围岛现存的历史建筑分为三类，其分类保护的基本原则如下。一类建筑：具有典型传统岭南艺术特色、结构和装饰精致，建于清末以前、现存完好者，对其原地保护。二类建筑：建筑类型特别、总体布局得体、有一定的规模、结构装饰较好者，有条件地原地保护，有冲突时迁建保护。三类建筑：构造与材料有地方特色，材料具备再利用的价值，可收集构件材料，将其用于修复历史建筑的备用。在付诸实践过程中，抢救性地保护利用了大批古建文物，并择址练溪村，建成广州大学城民俗博物馆（现“岭南印象园”，笔者并不认同“岭南印象园”这种经营方式）。

广州大学城民俗博物馆建址练溪村是十分恰当的。无论从其地理优势，还是从其历史库存来看，练溪村都应是小谷围岛古村群落的首选。该村是滨水古村，南临珠江，史上曾是省港两地通航的重要码头和驿站。村址山水自然融合，东、西两面各有一座小山，之间地域平坦，南北走向，一条明渠自北而南，形成“两山夹一水”的格局，风水环境无与伦比。村中主干练溪大街依流而行，两侧里巷分布，依势而上，鱼骨式的街巷结构构成清晰的空间界面。村边池塘连片，古树参天。村内祠堂绕塘而建，以占地500平方米的霍氏大宗祠为最大，它与淡隐霍公祠、萧氏宗祠并列形成祠堂群，再与关氏宗祠、包公庙、光华古庙、三圣宫等错落散布。大街两边的民宅以砖木结构为主，青砖墙、砂岩脚、坡屋顶，部分装饰精致，而蚝壳砌筑则是沿海地区典型民舍形式，还有充满地域特色的小姐楼、姑婆屋……这一切已足以构成一个露天博物馆。实施民俗博物馆方案后，除将练溪村现有的历史建筑重点保护之外，同时迁建了岛区其他古村落拆迁的5处历史建筑——从荫林公祠、胜广梁公祠、诒燕堂、怀爱堂和天后宫，以及其他有特色的民居。迁建物与原建物并合时，基本是祠归祠位，庙归庙位，宅归宅位，各自成群。这样，在小谷围岛择一优胜村落，对原地建筑重点保护；又将岛内原状建筑荟萃一堂，不离本土，本根而生，从而形成一个生态博物馆，成为一个乡土资源保护中心，最大限度地延续了传统村落的人文历史脉络。

露天博物馆或生态博物馆，是一种收藏、展示历史建筑及其生活方式的博物馆，其理念来自欧洲。最早的露天博物馆1891年建于瑞典斯德哥尔摩的吉尔卡登岛。近百座由各地迁来的古代民居被错落有致地陈放在一片坡地上，有房舍、教堂、粮仓、作坊，室内有生活用品和生产工具，构成一个古老的村镇。这对中国的城镇化很有启示，中国亟须抢救散落乡野的珍贵建筑，并加以收藏展示。而生态博物馆的概念于1991年诞生于法国，此后影响了欧美。它建立在一个基本点之上：即文化遗产应该原状保护和保存在原社区环境之中。如果说，露天博物馆可以辟地重建的话，那么生态博物馆则坚守原地。历史建筑只有在它的原址上才最具价值，才是生命体，才是原生态。以此考量，改造小谷围岛暨练溪古村而成的大学城民俗博物馆（现在“岭南印象园”正是飨其资源），乃不失为古村落抢救性保护的一种模式。

（陈方：中山大学资讯管理学院副教授）

广府民居肇昌堂私家园林的再生之梦

杨宏烈

近40年来没有整体保护规划和维护实践的沥滘古村，在等候自己的命运结局。据有关材料介绍，沥滘古村总面积将近5平方千米，近期有2000多户人家，常住人口1万多人，居民早已洗脚离田，登记注册成了非农业户口。因海洋商品经济的萌动，从村里走出去的海外侨胞和港澳台同胞约2200人，属典型的华侨之乡。1949年前这里还是番禺县的一个水乡重镇，也是一个粮食、片糖集散的墟市，人们从中可以明显地体会到：沥滘古村正是岭南地区从农耕文明较早过渡到商业文明的先进地区之一。

珠三角著名的出海水道——“沥滘水道”就得名于沥滘古村。沥滘古村现处广州市新城市中轴线南端，北邻海珠湖、东达华南快速路、南靠珠江后航道，还有一个类似“海心沙”的小岛悬挂在江边，地理位置十分醒目。然而，沥滘古村正面临房地产开发拆毁的危机。“建设生态文明、建设美丽城乡”，能否留住一点乡愁？保护、继承古村落蕴涵的民族文化遗产，不仅是沥滘人的本能职责，也是境内外的游览者、海外华侨深切关注和多方参与的事情。经过学者、媒体呼吁，广州市政府决定：开发商调整沥滘改造方案，保护沥滘古村文化遗产（见图1）。现村中卫氏肇昌堂广府古民居已被定为“历史建筑”挂牌保护，远景规划是将一座“耕读之家”转变为农贸作坊的民间博物馆，其附属私家花园的遗址、遗构，有望得到复兴再生，同时作为未来商品房区内的配套绿地。这是目前社会各方都能接受的方案。

一、肇昌堂私家园林的遗址、遗存、遗韵

沥滘河涌如网，两岸栽植林木、屈曲束水入江，江中珠岛水滋林茂，自然风光的确不错。先辈们看好这里的风水地位、便利交通和适宜的气候环境，兴建了天后宫、大宗祠，文昌阁、魁星楼、文峰塔、风水林、观音庙等具有文化象征意味的地方景观建（构）筑物，以满足“寄托平安、收纳福气”的心理需求。

肇昌堂亦书香人家，既重视全村大环境，也必然看好自家“门前若有玉

图1　沥滘古村文化遗产调整期保护规划图

带水，高官必定容易起；出人代代读书声，荣显富贵耀门间”（《阳宅十书》）①的环境效应。广府地区“三间两廊”传统民居习惯梳式布置、就地繁衍、有机更新。肇昌堂正是一栋“三间两廊”个体民居，地处当年沥滘古村西南向的发展层面上。故居前方原有水池一泓，圈筑水景园林一处，居住环境的生态质量因此得到了有效提升，精神家园的诗意栖居得到了人们由衷的认同。在风水大师的眼里，趋于圆形的蓝天水池可代表“天圆”，居室“三间两廊”中的天井则代表“地方”，家人出入院落、劳作其间。这“天地、人生和谐”统一体，构成了“阴阳交合、灵气汇聚”之境。肇昌堂水池南岸叠山安亭为笔架“文峰”，近有“墨池”灵动活水，厅堂挂有官方颁授之匾，书房楼头正是登高眺望之台，这农耕之家、读书之人似乎也够快活荣耀的了。

农耕时代，城市多为山水城市，乡村多为园林化院落集锦。明清时期，传统民居前庭后院有限的自然山水景观，常为人们的审美体验提供无限的园林艺术兴造对象。因无城市高墙，模糊了农家小庭院与大自然的界限，营生出

①华林龙：《萃园书院风水——江南园林特色》，http://blog. sina. com. cn/s/blog_ 14eb147950102wmz0. html。

“天地有大美”的意境。由此可见，民间人士在一定的思想深度上构筑的文人庭院，咫尺山林，以小见大的艺术空间往往充满禅趣，多显露出虽小犹精的巧思，给人以超脱平庸之美。

肇昌堂的私家园林与读书楼相近，正好位于主体建筑群与花园水池之间。据卫家后人估算，居室加园林总面积有3612.6平方米。东侧青云巷北门是家族对外的总出入口，而青云巷南端的院门则为通往后花园的园门。从民国时的孖楼街全景图只能见到小部分水池。近似圆形的水池之北建有供花匠佣人住的管理用房，有时也可供参观游览人士歇息。从历史图画上可见当时园内植有龙眼、鸡蛋花、鹰爪、白兰花、九里香、柏树、桑树、人参果等植物，至今仍可找到相互对应的部位（见图2）。

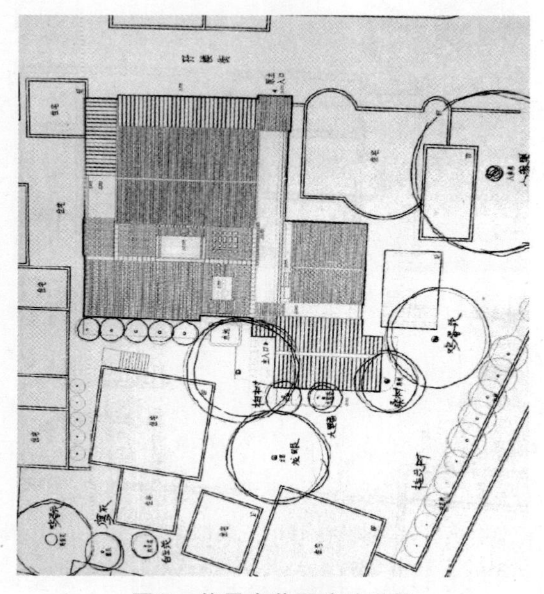

图2　肇昌堂花园遗址现状

园中垒有假山石景多处，可供家庭成员、来客休憩赏玩。当初配置的石桌、石凳现在还剩下几块残石。几块残石陪着一株老态龙钟的鸡蛋花和被丢弃的瓷器，尚可供人们对园林中的陈设展开一些联想。当年卫家因捐款赈灾所获清政府嘉奖的石匾于“文化大革命”中被迫弃置水池而被填埋。目前花园残局已非当年面目。从现场测绘图中尚可感觉到当年卫氏私家园林虽规模很小，但园林景观还是很有水平的。书楼是与园林结合得最紧密的建筑物，因其功能环境要求，必然与园林相融共生。仿佛岭南四大古典园林中的“小姐楼”一样，它是集观景与造景为一体的最好所在，整个私家园林的景观外貌因而高低起伏、错落有致。

二、肇昌堂私家园林的间接文献记载

上述肇昌堂南部花园遗物仅为人们联想当年私家园林景致的线索。可喜的是，我们有幸从同邑同族卫世奇家园——南园的文献记载中，加以触类旁通式地体验肇昌堂私家园林的艺术风采。两园可谓“姊妹园”。《卫氏族谱》六卷之十有一篇《赠卫君号南园序》（以下简称《南园序》），乃“嘉靖甲午季夏之吉中宪大夫知柳州府事前、南京户部郎中戴景伊书”[①]。序言写得极美，想必卫世奇的“彼南园”很美，似可联想肇昌堂的“此南园”亦美境也。

序曰：士君子建号亦多术矣。卫君以“南园”为号自得南园之乐矣：“向阳也，向明也，万物皆生化也”——这既是生态学的感念，也是美学哲理的内涵。作者从南门启景，见南“垣之中央疏盖而帡幪者为南轩，轩自牖而通者为南窗，南窗之外团而构结者为南亭，南亭之下有声潺潺而流者为南泉，泉之派分或隐或见不绝者为南渠，渠之浸灌种五谷者为南亩，种蔬菜者为南畦。葱茏苍翠参差不齐者为南木，千红万紫争艳竞秀者为南华。高为南丘、深为南池；空虚者为南谷、坦直者为南涂[②]。合上数者而兼色并蓄之为南园。伟哉，南园之地乎；盛哉，南园之景乎！居是园，对是景，君且不乐乎！”[③]

从以上文字的描写，我们可以得知“彼南园”的园林建筑小品并不多，只有一轩一亭而已。这一轩一亭之间有“框景”的关系，即站在轩内观赏：南轩宽敞的窗口正好“框”出南亭，构得一幅“泉上凉亭”小景。从外部空间来看，显然南亭与南轩是“对景”的关系，两者之间隔有跌水作法的“南泉”，地形高差处理是很成功的。这与当代著名的白天鹅宾馆大堂“故乡水”一景颇为类似。差别仅在于前者为泉，后者为瀑而已。

卫氏“彼南园”的土地功能规划十分贴切。源泉出水，以水渠为脉，或隐或现，既有造景作用，又有种植灌溉作用。于是，规划适宜种谷的“南亩”、种菜的“南畦”、种树的“南木”、种花的“南华”。地形地貌则多种多样：高为丘、虚为谷、深为池、坦为涂。作为园林“乔灌草”“天地水”均备齐全，自然蔚为壮观，物华人旺，宜居宜游，宜赏逸乐。

《南园序》的作者还将游赏体验之审美情趣做了综合描述：“或坐南轩而娱琴书，或启南窗而引风月，或登南亭而赋诗饮酒，或临南泉而投竿取鱼，或决南渠而灌南亩，或汲南池而润南畦。培尔南木、浣尔南花、仰尔南丘、俯尔

---

①《卫氏族谱》六卷之十，第29页，第4－5列。“事前”可能为一种职务名称。

②“涂”者，泥也。如涂炭、海涂、围涂造田等。这里应理解为园林的“一块湿地”。另有同“途”的用法。

③《卫氏族谱》六卷之十，第28页。

南谷，园之景无穷而君之乐亦无穷焉，君之乐无穷而趣亦无穷焉！斯乐也、斯趣也，皆有得于南园者也。此南园之号所由建也！”建园乃利己利人利国的事。因为“……园之乐且容独善哉？含其英者必露其奇，咀其华者比吐其秀。实大大的宏德高福”[①] 者也！

筑南园者，卫君也，名“世奇”，字“秀夫”，“苟如是则一己之秀转为一国之秀，一己之奇转为一世之奇”[②] 也！正所谓每个公民的幸福就是国家的幸福。肇昌堂的庭院正好也处于“彼南园”相同的部位，如加以修复，或有如此之未来。此要求并不高，是很容易实现的。只要有宽松的民主政策环境、科学的规划，技术与艺术是不成问题的。它们永远来自民间，来自实践，又在民间、实践中得到解决和提升。相对史上乱世造园创意多，盛世造园倒是规矩多，园林的复兴才是盛世标志。人们盼望回归对生命物的伦理精神，希望园林艺术遭受戕害的时代永不再来。

三、肇昌堂私家园林的再生复兴之梦

目前开发商已经调整了商品房经营区的路网，留出较开阔的水面绿地，使原址保护更多的明清祠堂、名人故居，组建一个岭南水乡大观园。肇昌堂虽孤悬一隅，但拟作“点式保护”，很有可能为一处岭南私家古典园林的佳作。如有机会恢复卫氏私家花园，挖出石匾、重垒假山、疏清水系、重构植物造景，并结合山水形胜设一小亭点缀其间，匾曰“凤仪亭”。一为纪念先人对兴建该园的贡献，卫氏二十五世祖名“凤仪”；二为表达今人对该项文化遗产寄予保护的厚望，将“有凤来仪”、火中涅槃、毁而复生的喜悦广赠世人分享。

图3为来自民国时期的画卷，较为真实地反映了肇昌堂及其园林的位置关系。目前正在建书楼，将来挖出来的“百世流芳”石匾作何处理？可镶嵌到一个用灰塑、陶塑做成的墙式门洞之额，或搁置到一榀石质牌坊上，或可做成一块更为简洁的横式立碑造景。凤仪亭又怎样设计？考虑到水乡平原缺乏丘岗产生地势高差对比效果，不妨将其定为该园主题景观来设计：用混凝土塑山砌洞，并于山顶筑亭翼然，用以同本园中的“小姐楼”（书楼）遥相呼应，互为对景构图。如此可供游园之人眺望外景，远借能借之景；同时亦供园外之人从将来楼盘的“峡谷”视觉通道远望斯园景观制高点，具有高下错落、起伏有致的美感。参考图4做缩小平台，设石板桥理景当为一优秀案例。

---

①《卫氏族谱》六卷之十，第28－29页。

②同上，第30页。

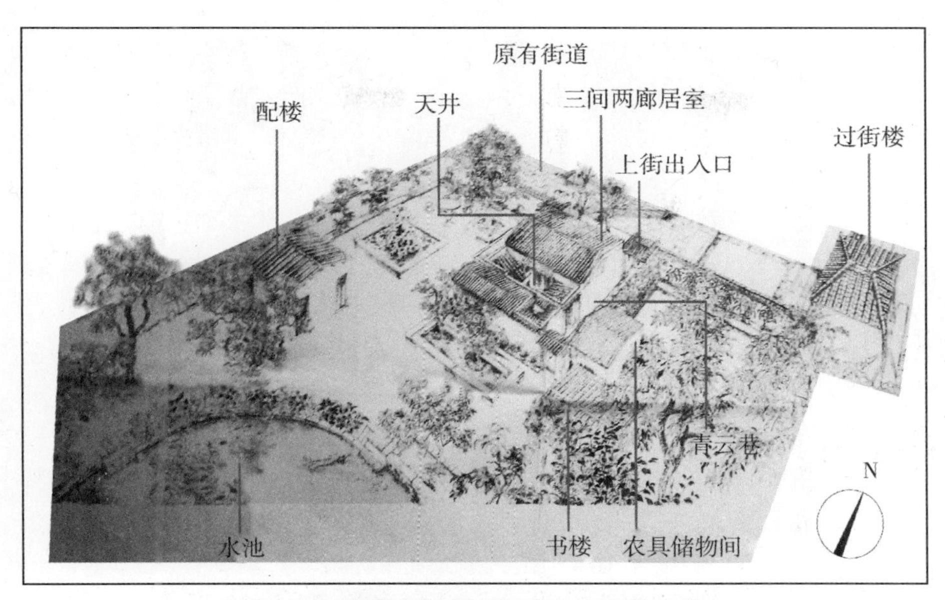

图 3　完整的肇昌堂包括“南园”及凤仪亭景点
（原图为民国丙戌年绘沥滘孖楼街全图局部）

图 4　肇昌堂后花园凤仪亭①（借鉴胡德启案例）

图 5 为肇昌堂南部花园当年的遗物。一块英石的残根，可以告诉我们园中或有一尊类似江南“玉玲珑”那样的叠山珍品？一块界碑说不定就隐有当年一处雕琢精巧的园林建筑小品！还有那被丢弃的残粒状的盆景石，有洞有脉，或可向你托出一池水面曲折生动的窗景。几乎快要挤压破碎的陶钵瓷盆，说明近代岭南园林的盆栽艺术备受人们喜爱，因而摆置花盆、花钵造景。这一点可在十三行行商园林的外销画和摄影作品（见图 6）中得到充分的证明，并形成广府地区节日花市风俗。

①胡德启：《学造园——设计教学 120 例》，天津大学出版社 2000 年版，第 79 页。

图5　肇昌堂南部花园遗物

图6　某行商私家园林“湖上凉亭”有许多盆花配景

有专家、学者研究指出：在众多的景石材料中，英石为岭南私家庭院最常用。它是岭南地道的优质造园石材，可按石之特性塑造出风貌各异的假山。岭南历史名园中的主山，多数就是取材英石堆叠而成。从肇昌堂英石遗物已充分可见英石形状瘦骨峥峥，嶙峋剔透，质坚润，颜色灰黑、微青间白，皱折较繁密，棱角明锐。图中遗石乃佳品也：清奇峭丽，莹彻多姿，大可获得文人雅士的高度评价。《岭南杂记》云：“英石三妙，皱瘦透也”“大者可置园亭

（庭），小者可列几案，无不刻画奇巧，玲珑峻削”①。与湖石相较只是少了些“漏洞”而已。

私家园林一方面表现在园林面积、规模的小型化上，如山转向叠石、水倾向小池潭、花木向单株欣赏转化，静观因素不断增加。自然景观的可游性虽相对降低，但作为家庭户外活动的场所，还是那样令人心满意足，因为这是一个充满天伦之乐的环境。另一方面表现在立意于小、小中见大的创作手法，这在我国源远流长的古代文化艺术中应用是十分广泛的，已成为人类的美学精神。如在绘画方面，“咫尺有千里之势”；在诗词方面，“五绝只字，最为难之，必言短而意长、而声不足，方为佳矣”②。

园林之佳者如诗之绝句，词之小令，皆以少胜多，以咫尺面积创无限空间。小何以大？小是客观有限的，大在意境主观无限之外。妙在知与不知之间。“知者，知其妙，悉其好恶；不知者，不知其所以然也”，这句话一语道破了中国园林艺术的精髓所在。中国园林区别于世界上其他园林体系的最大特点，在于它不以创造呈现在人们眼前的具体园林形象为最终目的。它追求的是像外之像，言外之意，即所谓“意境”。意境，实质上是造园主内心情感、哲理体验及其形象联想的最大限度的凝聚物，又是欣赏者在联想与想象之中最大限度驰骋的再创造过程，正如严羽在《沧浪诗话》中所说：“如空中之音，相中之色，水中之月，镜中之相，言有尽而意无穷。”因此，园林景物，取自然之山、水、石组织成景，寥寥几物便使游人大有“所至得其妙，心知口难言”之感。中国园林艺术创作中“意境”的产生与中国哲学思想是密不可分的。

四、梦回乡愁

“古村落是中国园林之母”。古村落天然的山水环境，与此共生的各种动、植物，均为园林化的基本构成要素；各式传统民居建筑穿插其间，用人的活动路线组织成景观网络体系，合乎逻辑关系的有机结构，定格了园林雏形的整体效果。盆栽、插花、供石、笼养金丝鸟，属微观层面的园林；村宅中的天井常常栽花植木、攀架紫藤，池缸养育游鱼、种植菱荷，此乃袖珍式的园林。“屋前屋后，种瓜点豆”，根据生产生活之需凿池垒山，并有桑梓围绕，桃红柳绿、蜂鸣蝶舞，“黄四娘家花满蹊”③，“采菊东篱下，悠然见南山”，可谓中观层次的园林；进村常见水口园林、村后常有风水（山）林、山川形胜处常点

---

①李敏：《岭南庭园的艺术传统》，载《古建筑艺术与理论研究》2000年第4期，第40－43页。

②张家骥：《中国建筑论》，山西人民出版社2003年版，第650－657页。

③引自杜甫的诗歌《江畔独步寻花》。

缀有文峰塔（风水塔）；村中水系活跃、小桥流水萦绕祠堂学宫，寺观神庙隐含云雾深出，这是宏观总体上的园林。人居建筑材料选摘的美学本意和雕琢成型机理，艺术化的营造法式及提供人们生活体用的时空场所精神，形成了园林文化的主题特质。数千年来，只要人们善于发现、整合、提炼、升华，就能构建出经典的风景园林和环境艺术作品。

本文从肇昌堂私家园林遗址、遗存的调查以及恢复设计的探讨之中，进一步确信：保护古村落、弘扬古村落历史文化是中华民族图存兴旺发达的必要，亦即建设广府美丽城乡的必要。近期，肇昌堂的“小姐楼”（书楼）（见图7）已获文物部门审核批准，应按旧时园林风貌进行修复；其他组成部分将紧密跟进拆迁开发所释放的园林空间遗址，逐一按考证成果复原，并有所更新。

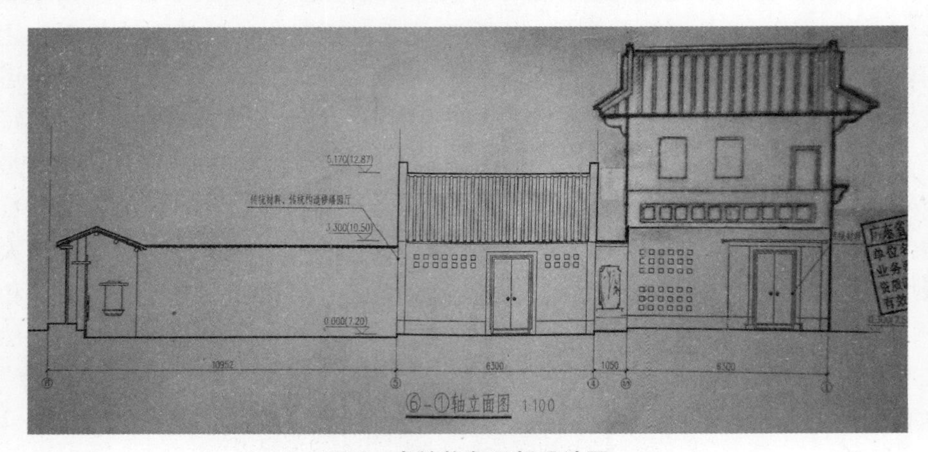

图7　书楼修复理想设计图

岭南私家园林中的“楼”可谓常设项目，乃整个园林最为凸出的要素。家有闺秀的称“小姐楼”，家有读书郎的称“书楼”，家有习画藏经的可称“书画楼”，成功学人吟诗著作的地方可叫“听帆楼”，甚至变为“小画舫斋”，等等，不一而足。除了上面讲到的为园林实体要素产生高低错落构图造景之需，除了登高望远、驰目抒怀赏景之需，还有客观地理条件之原因。岭南气候潮湿、云低雾重，有采光通风、纳阳透气之需，故兴楼建阁很有必要。营造出一个明窗净几、舒适优雅的小环境，供家（族）中文化人优先使用，迎风弄月、雅会同学，耕读取士、光宗耀祖，实为全社会共识之目标举措。家中殷实者，楼高几层（如可园）；一般家庭者，楼高总得有两层吧。

人们期待肇昌堂凤仪园再生复兴，梦回乡愁！

（杨宏烈：广州大学建筑与城市规划学院教授，广州十三行研究中心副主任）

佛山与广州古村落中的状元村、文会里及魁星踢斗

姚朝文

在20世纪80年代，澜石镇藜涌村还地处佛山市的郊区；到了90年代事实上已经成为佛山市的边缘村落。澜石镇藜涌村真正成为佛山市的“城中古村落”，是2002年佛山大市合并以后的事。考察这个在全国唯一涌现两代状元、一位榜眼、多位进士的古村落，发掘其起源、历史演变、遗产保护难题和当代活化问题，不仅具有岭南文化建设意义，也具有全国性参照价值。而位于佛山市南海区里水镇的文教村，经历了200年的时代风雨和社会动荡后，至今依然保存着广东历史上最后一位武状元——姚大宁的状元府第，也是历经劫波后的幸运遗存。对两者的比照研究，会发现许多有趣又有意义的中国传统社会有关文治武功的形制、规范、社会风俗与美德。

一、状元村的“六状元”文化现象

状元村的“六状元”文化现象，是指佛山、广州境内散落在不同的古村落间的状元井、状元桥、状元府、状元巷、状元坊、状元墓等实物遗存和牌匾、石刻、题词等文物，以及大量文献记载于民间传说的现象。

1. 状元井

现存于佛山市城南澜石镇藜涌村的状元井。这口井是广东历史上第二位状元、佛山历史上第一位状元——简文会开凿的饮水井。简文会于南汉乾亨四年（920年）考取庚辰科状元，先任职翰林院编修，后升任右丞相。他因规谏暴君触怒逆鳞，被贬官外放。由阮元纂修的《广东通志》卷二六八《列传一》有如下记载：“简文会，南海人。乾亨元年，改南海为咸宁、常康二县，遂为咸宁人。幼颖攻书，善于诗律，为人耿直。南汉高祖刘龑，开进士科擢第一人及第。累官尚书右丞。迨事中宗刘晟，谏其暴酷。晟怒谪祯州刺史。尽心民事，卒于官。所居乡号魁岗堡，其居简状元井。后伦文叙居其地，亦状元及第

云。”①（见图1）他晚年辞官返乡归隐后，在藜涌村开凿了这口水井，造福家乡、泽被后世。

图1　佛山状元简文会像

图2　佛山状元伦文叙像

或许这口井真的沾有文魁星的吉祥气息，在它的恩泽浸润之下，500 年后，明朝弘治年间，这口水井旁的一户人家的贫苦少年伦文叙，小鲤鱼跃龙门，殿试、廷试均独占鳌头（见图2）。这就是盛传于史书和民间的“一井两状元，一门四进士”② 中的前半句的因由。伦文叙的 3 个儿子伦以谅、伦以训、伦以诜均为进士。至今，这口状元井将藜涌村分为上、下两个自然村，简氏家族在上村，伦氏族人一直居住在下村。

另外，鹤山古劳镇渡口码头也有状元井，也是纪念南汉时代的简文会中状元后，恩泽家乡，给本村开凿水井的历史事迹。但是鹤山的状元井，不是佛山市城南澜石镇藜涌村的状元井这样的原始、原地、原物的真实遗存。而是其同族后裔迁移到鹤山后，对同族的简文会引以为荣，当作品牌来树立和传扬的。笔者在 2015 年国庆节期间，去鹤山古劳探访近代岭南咏春拳王梁赞故居时，恰好路过凌江村（也称作大凌村），沿江西行，跨越状元桥，经 20 分钟路程到达古渡口的广场时，赫然见到豆腐坊前一口水井旁的墙壁上刻印着“状元井”3 个隶书石刻大字。

①陈铨希主编：《状元村文化》，南方文化艺术出版社 2008 年版，第 7 页 。

②佛山市档案局主编：《佛山历史人物论丛》，广东人民大学出版社 2010 年版，第 6 页。

2. 状元桥

状元桥的记载见于《状元村文化》："状元桥与红花桥，始建于2002年秋，是藜涌人为纪念伦文叙衣锦还乡，从佛山走着丝绸铺就的路返乡而建的，两桥分别建于南伦世祠旧址前左、右两边，分别用花岗石镶嵌成三拱半圆孔的弧形拱桥，两桥护栏分别雕有花鸟图画和吉祥字样。两桥之间观音塘中由九曲桥横过塘中心，桥中有观景亭，是夏天观赏荷花的好地方。正月初有家长期望子女读书成才，开笔礼后带着子女走走状元桥、红花桥，讨个好兆头。此景成了'藜涌十二景'之一的'伦宅碧塘'。"①

前面已经描述过，在佛山顺德区的龙江、龙山，南海区的西樵山，以及鹤山市和鹤山市的古劳镇之间，也有状元桥，也是状元的同族后裔为了纪念先祖而建。虽然族群迁离了原来的澜石藜涌村，但在新的安居地，依然要开挖新的状元井，架设新的状元桥。这就为形成状元文化现象增添了新的自然景观和人文精神的物证了。

3. 状元府、状元巷、状元坊

佛山南海里水镇的和顺，有大、小文教村各一座。其中的大文教村有一座状元府，依照现在的民政编号，门牌号码是"宁寿大街20巷4号"。这座状元府是清朝雍正年间，广东历史上最后一位武状元姚大宁的府第（见图3）。

图3　姚大宁获御赐状元及第牌匾

---

①陈铨希主编：《状元村文化》，南方文化艺术出版社2008年版，第221页。

图4　姚大宁状元府前的状元坊牌匾

状元府遗留到今天，其形制规模已经不可与当年同日而语了。就府第的核心屋宇而言，也属于三间两廊格局，和普通人家的格局相同。但是，使用的材料可就大不相同了，整个府第全部采用青条麻石砌墙，直达天花板。人置身其中，可以遥想当年武状元府的威严与刚毅。状元府的屋顶原本全部采用琉璃瓦镶砌，金碧辉煌。中堂内高悬御赐“圣旨”牌匾和“头等侍卫府”横匾，两侧的楹联是：“一代武星名百斗”“千秋功业镇南疆”。府第的正前方修了一条“状元巷”。状元巷里有一座高大的牌坊，上面刻有“状元坊”的醒目字迹。在姚大宁公祠堂前竖立着高达4米的旗杆夹，祠堂里还陈列着武状元当年使用过的两把门刀。据该村享有“文教通”盛誉的耄耋老人——唐惠行的讲述，在20世纪六七十年代的“破四旧”和“文化大革命”运动中，这些不可替代的历史文物都被捣毁或失散了。现在，我们能够看到的仅剩下“状元坊”的牌匾了（见图4）。另外，武状元及其夫人的6件官服尚由其后人保存至今。考察者见状，可以遥想当年状元公的意气风发。

4. 状元墓

简文会的墓地在广州市白云区太和镇（现名金鸡岭），原先多被称为梁洞金钗岭。其安葬年月不详。按照墓碑的记载，简氏族清代后裔已经在康熙四十三年（1704年）、道光三年（1823年）、光绪十五年（1889年）、光绪十六年（1890年）和光绪十九年（1893年）及民国初年、抗日战争胜利后多次重修。

值得考究的是墓地的形制和墓碑刻记的内容。

形制：该墓地长 17.6 米，中宽 6.8 米，坟塘口宽 7.3 米，三级凤岭、双后土，花岗墓碑高 81 厘米，宽 48 厘米。

墓地由水泥灰沙嵌石构筑成圆弧座椅形，墓后有“后土”“来龙”碑石，山手两边刻着“简府”碑石，山手两侧各嵌有一块云石雕刻着墓志铭。右边铭文有局部破损，墓碑正中以扁宋体字刻着“南汉状元及第子大堡兵部尚书内阁右丞相，讳文会号魁岗简公，诰封一国忠义一品夫人，瀛氏太夫人合葬之墓”，右边刻着“本山名白云金钗岭，坐葵向丁寅丑未女宿一度卯届四度，原居南海县五斗司魁岗堡藜涌方井世居，宋乾亨帝二年，岁科殿试中第一名，入记南海乡贤祠”。墓地左边刻有“道光三年元月吉日，二十五世裔孙世朝，成泰二十六世荣巷、润德、容兴重建，光绪十五年十一月十九年三月吉日赉成堂十大房重修之石”。山手左侧云石铭志刻着这位佛山地区历史上第一位文状元简文会的生平行状，对我们后世学者了解这位状元的性格、生平及家庭状况最有帮助：

> 公讳文会，名以字行。五季后梁时随父一山公由雄州入粤东，定居南海藜涌乡。公幼颖异，尊父方读书，锐意绩学，工性耿直，南汉乾亨二年，高祖开进士科如唐故事，公以进士廷试擢第一人及第，乡人以其选大魁，也称所居为魁岗，号曰魁岗先生。迨后乡人设堡，遂以魁岗名其堡焉。公累官尚书右丞，中宗立，残忍嗜杀，公切谏，中宗大怒，谪州刺史，公准诒所，洁己爱民，凡事兴利除弊，靡不尽心规划，声大著，卒官，崇祀邑学府乡贤祠与妣封夫人陈氏，继妣封夫人瀛氏合葬，墓在广州白云梁洞村金钗岭，南向墓域，宗建清康熙四十三年甲申光绪十六年庚寅修。

这座山的山手右侧刻着：“岁久石圮。其三十世孙（简）照南妻潘氏奉夫遗训捐金叁佰圆，孔昭捐金伍佰圆，玉阶捐金贰佰圆，简岸系光裕堂勒乡裔孙嵩甫各捐金贰拾圆，益以全族祖祠存款七佰余圆共一千七百余圆，踵而修之于其竣工也，谨照广东简氏大同谱所载略读其事，并为之铭曰：维公懿德，王季（缺字），维公硕学，多（缺字），廷试第一（脱字）……”

其墓碑上所刻文字为：“同治庚午科举人简作儒立，光绪壬午科举人葵未科进士立。钦点御用知县现任山东莱阳县简叔琳立。”

在“文化大革命”的动乱年月里，周边村民将这两块石碑移至如今的白云区太和镇与岭口村村口鱼塘边，用作护塘基的湖边石。现在，该墓园与位于广州市盘福路二十七中内的简氏宗祠，被广州市文物局列为重点保护文物，于 1993 年 8 月公布，1994 年 11 月 1 日立碑。

从上文引用的山手右侧石刻，可证明坊间和报纸认定“简文会是南洋简氏兄弟祖先”的说法是真确的。①

伦文叙的墓地在佛山调整行政区划后的狮山镇东南部的罗村。在行政区划调整前，罗村是位于佛山禅城区西北部的镇。这里也是世界著名的咏春拳现代宗师——叶问家族的祖居地。叶问是在其父亲一代移居现在佛山市中心的禅城区莲花路莲花市场北侧的。

伦文叙虽然在澜石的藜涌村长大，却安葬在罗村。他是随同自己的父母一同安葬的。合葬墓地墓园在罗村地势较高的状元岗。合葬墓在罗村的房地产开发商在开挖地基时被意外发现。依据笔者的远亲、伦氏后人、来自加拿大的伦智铨先生返回佛山祖居探亲时赠给笔者的彩印本《伦文叙》书卷图册（由伦智铨先生的姐姐伦秀梅女士编著），第21篇《伦文叙墓及墓志铭》有如下记载（原文为繁体字），因为海外文献国内十分难得，兹录于此：

> 伦文叙墓及墓志铭位于南海县罗村镇一座数十米高的状元岗里。1992年因为开发该区，在开山推土工程中被发现，同时出土的还有伦文叙双亲墓。伦氏后人在打开伦父棺木时，惊讶地发现，入葬已四百多年的伦父脸部仍栩栩如生，肌肤还富有弹性，与常人无异。头发束在脑顶，身体被白布裹着，安详如睡。伦母棺内只有遗骨，均没有陪葬品。原棺为双重棺木，朱红色，伦氏后人已另置棺木重新入殓。
>
> 最先出土的伦文叙棺内只有一个头颅骨，南海县博物馆考古人员从原置于棺盖的一块墓志铭为据考证出此乃伦文叙本人之棺（墓志铭现存南海县博物馆）。
>
> 据墓志铭所记：伦文叙“头颅围可二尺”，年幼时一算命先生见之称奇，说“此子他日必大魁天下”。明代正德年间，伦文叙以“会试廷试皆中第一”（被）钦点状元。有关他才思敏捷，诙谐幽默的传说，四百多年来通过各种野史广泛流传于民间。伦文叙是在赴京出任京郊会试考官途中病故的。享年四十七岁。②

可见，简文会、伦文叙对当时和后世的影响是深远而卓著的。只是因为20世纪后半叶对传统文化近乎灭绝式的破坏，如今多数岭南民众对这两位状元已经不再耳熟能详了。坊间提到这两位状元，曾有市民和大学生仅仅是略知其名。又因为两位状元的名字与文章没有收入全国性的古代文学史教材中，就妄论“古代状元的作品文学性不高”。这是多重历史迷雾和今人文化观念的偏狭共同作用下的后果。笔者手头收藏的两位状元的状元卷、策论与

①陈焯莹：《简文会是南洋简氏兄弟祖先》，载《石湾社区报》2015年7月15日。

②[加] 伦秀梅编著：《伦文叙》，Pefu Printing Ltd.（培富印刷厂）2004年5月印制，第66－67页。

大量诗文，可以证明其高度的文学价值。笔者只能说，当今国人深刻又较为全面完整地了解我国国粹者甚少。中国的国粹，被遮蔽得太多，大有“文化失根”之虞。

二、文会里的历史演变

现在位于佛山祖庙东部东华里偏北位置的文会里，可比它旁边显赫宽敞的简照南别墅的历史悠久得多，名气也大得多，对古代佛山与当今佛山民众的婚嫁生活影响大得多。它原本是为了纪念佛山历史上第一位状元简文会而设立的，现在则成为佛山祖庙岭南新天地的风水宝地和招牌建筑。

（1）起源。文会里在佛山市禅城区福贤路，存在的年代久远，最负盛名的是其中的嫁娶屋。该屋的牌号是“文会里36、38、40 号”，属于大型宅第建筑群。文会里本是简氏家族的聚居区，历经近千年的变迁，该嫁娶屋则是清初年间建成的。当时聚居在此地的建筑群却是杨氏宗族。清朝中叶以后，产权易主。随着商品经济意识的发展，为适应大众喜欢租用宽敞、气派的场地举办婚礼的需要，这里逐渐变成固定的嫁娶屋派做出租用场。明清时期，佛山人口密集，绝大多数人家的房屋极为挤迫，婚嫁喜事又注重形式，务求热闹，又苦于无从铺张。这种嫁娶屋，在当时十分流行。

（2）形制。“该建筑群既豪华体面，又整齐美观，左右各有铺石小巷纵贯首尾，两旁还配置多个室、厨房、储物房等备用。主体建筑坐南向北，门厅、大厅、居室三进沿中轴线排列，为三进院落四合院式平面布局，各建筑均硬山顶配锅耳式封山火墙，三开间通面宽 11.2 米，总面积约 360 平方米。头进门厅亦称轿厅，作婚礼时停轿之用，大门为‘回’字门口，以砖墙间成左右次间门房，外墙为平整光洁的水磨青砖，前檐下为一大片雕工精细的砖雕装饰；后檐用檐柱并有三架梁，于居中置大型木雕屏风。上抵屋顶，其上各种美轮美奂的木雕装饰构件，无不显示出其豪华气派。二进大厅进深三间，是一个宽敞雅致、设计和造工十分考究的四柱大厅，前后开敞式，各有大型通栏木雕隔扇。前门廊为轩廊式卷棚顶，厅内梁架为抬梁与穿门混合式结构，木雕装饰构件如花架、隔扇、雀替以及花牙子等均工艺精湛，富丽繁缛，充分展现其精心营造的高雅气派。三进居室则与一般住宅格式一致，平面为‘三间两廊’式布局，硬山搁檩架构。各建筑均有侧门与小巷相通，目前虽局部略有改动，但原貌相当完好。”①

（3）变迁。从历史文献和地方老年人中的“活档案”介绍来判断，清代

---

①陈铨希主编：《状元村文化》，南方文化艺术出版社 2008 年版，第 209－210 页。

的嫁娶屋建筑群可比当今力求复原的建筑文物要完整、齐全得多，场地也宽敞得多。当时，准备的各类家具设施一应俱全，厨房、台椅、台围锦帐等也齐备，更有特设的“新房”、客房、厢房，供租用者使用。其功能比当今租用五星大酒店办婚礼还要齐全得多。另外，在嫁娶屋中间的地堂还可以用来搭棚唱戏，煞是热闹非凡。租用者可以享受到身处深宅大院的华衮贵胄、名门望族办婚礼的全过程，包括闹洞房、完婚，次日醒来新郎新娘拜公婆，都可以在嫁娶屋完成，令人大有超值享受的满足感、成功感。

经历逾百年的兵燹、王朝更替，尤其是“破四旧”与“文革”的洗礼，佛山当地的嫁娶屋旧址已经不多。文会里的嫁娶屋是存留至今最典型、最气派的一个。尽管当今的婚礼风俗已经有相当的变迁，但是该嫁娶屋依然可以满足沉醉于古风旧俗的当地人家及部分海外华侨认祖归宗、衣锦还乡者依照古代习俗举办婚礼者的需要。

该嫁娶屋不仅是佛山古镇独具特色的民俗文物，而且是具有较高建筑和艺术价值的宝贵实物。进入 21 世纪后，佛山市东华里片区改造时，该嫁娶屋和简照南别墅一并成为重点修缮和保护的对象。现在，它们以新颖的面貌，迎接络绎不绝的中外访客，实现了文物保护与文化名片的升级、地方特色经济的繁荣、城市特色风貌的活化，达到了三赢互进的局面。

三、魁星踢斗

大文教村有关武状元姚大宁“魁星踢斗”的传奇故事，绘形绘色、生动传神，至今依然十分动人。

清代嘉庆年间，25 岁的姚大宁以广东武举人的身份赴京赶考。以优异的成绩通过第一轮“策试”后，进入嘉庆皇帝亲自主持的殿试。由于清朝统治者是在马背上征服天下的，所以特别重视弓箭技艺，参赛者先比试弓箭，只有前十名方可进入器械类比赛。姚大宁以九发九中的成绩晋级。在器械类比赛中，他最后一个出场。他手提 80 斤重的九环大刀，挥舞起来，全身罩着银光，威风凛凛，犹如神话中哪吒闹海一般。当下龙颜大悦、群臣欢呼。然而，事不凑巧，被欢呼喝彩声搞得分了心的姚大宁，在做收式准备结束表演的当头，大刀却凌空脱手了。就在大刀即将落地的千钧一发之际，“姚大宁急中生智将腿一伸，一踢腿把九环大刀踢过头顶，双手接住，来个童子拜观音的招式收住了阵势。嘉庆皇帝大呼精彩，一听此招式名为‘魁星踢斗’，更是‘龙颜大悦’。

广东历史上最后一个武状元就这样产生了。”①

“魁星踢斗”本来是中国传统武术中的一个重要的招式，从武状元姚大宁开始，成了一个招牌动作，并延伸为一个风光无限的传说。于是，后人在特定的建筑物上也就刻印了这个场景和传说，就流传至今。

另外，笔者在10多年前的基层田野调查中发现，佛山的其他地区也有古建筑物上有“魁星阁”的牌匾或题词。需要特别指出的是，各处出现的“魁星阁”，都不能叫“魁星踢斗”。

有关“魁星踢斗”的历史实物、文物、文献与民间流传，可以证明这里是中国岭南的文教昌明之地，文武双全的先民的的确确有其值得荣耀先亲、名扬天下的资本与良好的文治武功、家风族规。

四、状元村文物与古迹面临的当代保护及活化难题

状元伦氏的宗祠南伦世祠的门口有横匾“南伦世祠”，位于今天的向前村五金厂内。伦氏后人早已向东迁居到南海石啃乡，从事五金手工业为生。这块依然保留着“世祠”字样的半截石块，曾经放置于藜涌村文娱活动中心，后来竟下落不明。其牌坊匾石乃不可替代的珍贵文物，是明朝皇帝钦赐的“中原第一家”。这块匾在“文化大革命”时期被抄走，后来又被伦氏后人找回。佛山城建新规划出台后，伦氏后人将它捐赠给佛山市城建展馆。南伦世祠的大门两边还刻有“四海文章无双士，翰苑中原第一家”的对联。笔者找到了它的照片，却未能看到其原始真迹。

佛山市城建局于1994年对澜石古村落实施改造的时候，就把明朝嘉靖或万历皇帝御笔钦赐的横匾“中原第一家”和“一门四进士，父子魁三元”的楹联，从澜石移送到位于惠景城住宅区的“城市古村落展览馆”内。笔者曾于1995、1996年两度前往参观并拍摄照片为证。

盛名卓著的状元文化遗存的保护和传承都面临如此多困难，其他成就、影响和等级低于状元村的其他的古村落的文化保护及如何实现当代条件下的活化，就更是一个艰难的问题。在笔者看来，如果古村落想尽可能地保存古旧的状貌，那离大都市和旅游热门景点越远就越安全、越少污染。但是，那样一来，就会游人罕至，村落的经济收入、文化消费就因闭塞而呆滞；如果将古村落修通现代公路，安装上现代化的通信设施，提供衣食住行等便利条件，文化旅游与消费经济可以提升起来，付出的代价却是古村落失去原有的韵味，反而

①佛山市南海区委宣传部主编：《南海龙狮南海衣冠南海古村》（南海古村篇），中山大学出版社2010年版，第105页。

像现代人建设的“假古董”了。如何能兼取两者的优势，又能克服各自的负面作用，换言之，如何既能保存古村落的古风古貌，又能获得现代经济利益，让它们具备经济自给的造血能力呢？笔者曾经在《激发非物质文化遗产的“造血”功能》一文中指出，这是我国当前棘手的大难题。[①]

当然，我们可以乐观地说“办法总比困难多”。笔者认为，这种办法要分两个层面来对待。一方面，对于硬化为物质的器物或设施的古村落建筑景观文化，要区分为原生态标本保护、生产性保护和可大面积现代工业化转化三种类别来处理。同时，不能单一地由民间宗族自发集资保护或完全由政府大包大揽。历史经验表明，这两种办法各自的局限性都很明显。要将民间的宗族乡谊热情与力量充分发动起来，政府除了出台鼓励性的政策，还要像佛山市政府现在正在实施的办法，选重点村落，打造30个名村落的保护与改造样板工程。其中，要有效地引导民间的宗族资本、社会风险投资资本、国际资本、政府引导性的投资，多重方式协同建设古村落、混合经营管理古村落，明确各自职责、权利与义务，制订好发展规划与实施方案，做好方案的第三方论证、专家评估。正如高小康教授所指出的那样：“事实上，重构传统空间已成为当代文化建设的一种需要。当代人之所以要保护活态的非物质文化遗产，就是为了保护当代文化生态的多样性，避免在全球化背景下文化发展的同质化趋势。重构传统文化空间以便保护非物质文化遗产的活态存在，最根本的目的不在于保存过去，而在于建设未来。”[②]

另一方面，对于那些历史名人故居，后世流传下来的许多有关传说、流动性的文化传播现象，比如本文讨论的状元简文会、伦文叙，又如誉满全球的佛山近现代武侠高手黄飞鸿、梁赞、林世荣、叶问、李小龙等[③]，笔者在为林三伟先生创作的50集电视连续剧《少年伦文叙》写的序言里指出，我们首先需要钩沉抉微，考证清楚，何者是历史事实，何者是故事传奇、小说家们的虚构[④]（参见图5、图6）。

状元村代表的佛山、广州乃至岭南地区的古村落、古文化保存工作，面临的困难很多、很大也很艰巨，古村落文明如何能够做到与当代生活接轨，如何让它的文化精髓能够活化为当代生活不可或缺的生活依托或精神寄托的内核，

---

①姚朝文：《激发非物质文化遗产的“造血”功能》，载《中国社会科学报》2011年4月19日第11版，“人类学”专栏。

②姚朝文、袁瑾：《都市发展与非物质文化遗产传承》，北京大学出版社2009年版，第11页。

③姚朝文：《佛山功夫名人影视传播研究》，中山大学出版社2015年版，第1、31、48页。另见姚朝文：《黄飞鸿叙事的民俗电影诗学研究》，暨南大学出版社2014年版，第19页。

④姚朝文：《大众叙事程式、古典文化遗韵与岭南民间信仰的三重组合——林三伟50集电视连续剧〈少年伦文叙〉序》，参见林三伟：《少年伦文叙》，花城出版社2008年版，第1页。

这是一个兼具学理挑战和现实危机的大问题。

危机就意味着一半的“危险”与一半的“机遇”。状元村如何才能转危为安，如何拓展新的生存与发展的路径和前景，值得社会各界和学者专家进一步深入研究和探讨。

图5　民国版小说《伦文叙气坏六赃官》

图6　民国版小说《伦文叙三戏柳先开》

（姚朝文：佛山科学技术学院文学院教授、硕士研究生导师，佛山科学技术学院岭南文化研究院学术委员会委员）

水与佛山古村落文明

刘　东

水与人类唇齿相依，促进了文明的产生与发展。人类四大文明的发祥无不与水有关，幼发拉底河与底格里斯河孕育了巴比伦文明，恒河流域孕育了印度文明，尼罗河流域孕育了埃及文明，黄河流域则孕育了华夏文明。佛山是著名的岭南水乡，河道纵横如织，水网星罗棋布，千百年来佛山人民依水而生，依水而活，积淀了以水为依托的独特文化。早在6000年前的新石器时代，缘水而居的原始人类就创造了举世闻名的西樵山文化，使其成为照耀岭南文明的灯塔。秦王朝开凿灵渠，沟通了长江水系和珠江水系，佛山则通过西、北江而“带荆楚、襟两粤、达滇黔”。澜石出土的东汉“水田附船模型”，生动再现了1000多年前古村落农业生产的场景。经过唐宋两朝的大力开发，佛山已从曾令人生畏的“蛮烟瘴雨之地”，转而成为聚落密集、祠庙林立的乐土，甚至有了“古之邹鲁”的美誉。到了明清时期，佛山人民种稻养鱼，植果树桑，创造出驰名遐迩的鱼米之乡。水，滋润了佛山大地，养育了佛山人民，培植了佛山文化。

一、源远流长两江水

佛山因水而生，全市有西、北江干支流26条，总长651千米，江河水域面积达347平方千米。长期以来，由西、北江冲积沉淀而成的西北江三角洲构成了珠江三角洲的主体，数千年来，佛山人民就是在这块肥沃的土地上创造出灿烂的佛山文化。

1. 西北江三角洲

珠江三角洲是一个复合型三角洲，由西北江三角洲、东江三角洲以及独流入海的潭江等小河洲组合而成，西起三水思贤滘，东至东莞市石龙，西、北、东三面由山地、丘陵围绕，南面向海，构成一个马蹄形的港湾形势，以多汊道、积水洼地为特色，腹地则散布众多岛丘，表现为丘陵、台地、残丘地貌类型。珠江三角洲古代是一个大溺谷海湾，早在200万年前的第三纪时，这里曾发生过剧烈的地壳构造运动，喜马拉雅山运动特别是它的第二幕（中新世）的断裂运动，对珠江三角洲的沉积基础起着奠基作用，三角洲基底地貌的发育阶段可初步定为晚第三纪至晚更新世早期，此后进入沉积阶段。在全新世（约11000—12000年前）初期，珠江下游已属河道交错地区，形成“三江汇集、八口分流”的复杂态势。

第三纪时所形成的三水盆地，北起清远，南至九江，西自金利，东抵黄埔，包括今佛山市三水区、南海区、禅城区的全部及高明区、顺德区的一部分，它实际上控制着西北江三角洲的轮廓。西、北江进入佛山地区后，地势低平，因常受潮水顶托及台风的影响，洪水期水位常高于两岸平原，河道常易，呈放射状分散下流，河汊密如蛛网，水道四通八达。例如，北江石角以下便汊出永平、芦苞、西南涌、东平水道、陈村水道等，西江更汊出高明河、杨梅河、甘竹溪等。当时分布在平原上的许多岛屿丘台，长期承受着各水道所带来的泥沙沉积物，由浅水海湾淤积而演变形成大面积的浅滩，水下盆地逐渐露出为水上三角洲。

近年来在佛山地区发现广泛分布的蚝壳层，并延伸至广州地区，蚝是海河交汇地带的生物，证明了在古代佛山周边曾是浅海岸线。在南海区的石碣村，有一座长约200米，宽10余米的石山，西南侧由于被海水长期反复冲刷，形成深约2米的海蚀洞，有很多软体动物贝壳化石胶结在岩石裂隙中，它们过去曾经生长在古海湾的滨海浅水地带，因此有专家判断这里应是古海岸线遗址。此外，在顺德区马宁、容奇、大良的蚝壳层呈带状分布，并伴随有泥炭层、腐木层。由此可见，在大约六七万年以前，佛山的顺德、禅城、南海一带已出现大片的陆地，陆地上茂盛的植物以及各种水陆生动物为原始人类的活动创造了条件。

2. 西樵山文化

新石器时代早期（约6000年前），西北江三角洲的滨线已大约为黄埔、广州、石碣、深村、石湾、紫洞、西樵、九江一线，而这时西、北江流域的广大佛山地区已有人类活动，其中生活在西樵山的原始人类，依山傍水，创造了举世闻名的西樵山文化。

从新石器时代乃至更早的时候起，西樵山麓已发育为洪积冲积扇，周围覆盖着深厚的河流泛滥沉积物，至迟在这个时候，西樵山所在的区域已与广阔的珠江三角洲冲积平原连接在一起，这样就提供了对西樵山进行开发的极有利的地理条件。珠江三角洲先民们的各种经济活动，如渔猎、原始手工业和农业生产，刺激着对石器生产工具的需求。对于平原的居民来说，蕴量丰富而又可供开采优质石料的西樵山，无疑有着极大的吸引力，在连绵不断的开发过程中，西樵山经历了三次明显的阶段性开发高潮，走完了从兴起到繁盛，步向衰落的历程，衔接这个历程的正是土著百越民族在岭南的兴起。

第一次开发高潮大约开始于距今6000年前，当时在珠江三角洲的先越部落为了适应渔猎经济发展的需要，以西樵山东麓的燧石、玛瑙等为原料，发展起独树一帜的细石器文化。第二次开发高潮是在距今5000年左右，原始人类在西樵山的马鞍岗、铁泉岩、藏书岩一带开采霏细岩石料，生产磨制的手工业和农业加工石器，并形成了生产双肩石器的制造场。第三次开发的高潮是在距今4000年前后，随着河口向南海的推进，河流泛滥威胁日益减少，珠江三角洲逐渐稳定，在西樵山的四周已经出现近40处原始部落，他们成为西樵山采石、制石的常年开发者或专业生产者。这一时期珠江三角洲的原始渔猎部落正处于转化和瓦解的过程中，已经发明了比较进步的印纹陶器，但大量的双肩石器仍在广泛使用。文物考古工作者曾对分布在西樵山周围的灶岗、鱿鱼岗等遗址进行了发掘，发现它们是以双肩石器、几何印纹陶为主的贝丘遗址。

所谓贝丘遗址，就是居住在水边以捕鱼、捡贝为生的原始人类生活中贝壳等废弃物的堆积，贝壳不易风化，长久堆积以致成丘，考古界称之为贝丘遗址。根据各遗址文化层出土的石器、半成品、废品、贝壳及少量的陶器碎片，可以推想当时珠江三角洲的原始居民在西樵山的劳动情景：西樵山周围河涌密布，每当蚌蚬繁盛的季节，原始部落纷纷来到西樵山下平坦的陆地扎下临时窝棚，有的寻找或开采石料，有的则运用传统的工艺方法制造石器，然后运回各自的部落。他们吃的是在附近河涌、沼泽捞来的各种蚌、蚬、螺、蛤蜊等软体动物，用的是携来的印纹陶器，如陶釜之类的炊具。他们把残余的贝壳连同石片、废料、残品一起倾倒于山冈两侧，有的便冲埋在山下的冲积扇中，形成现在的贝丘遗址。

在广大岭南地区，考古界已经证明西樵山的石质适于制造石器工具，西樵山采石、制石场遗存是佛山史前人类开发活动留下的物证。盛行于珠江流域的西樵山双肩石器，直到青铜时代还在继续使用，各地原始部落也因为获得这种先进的石器装备而得以迅速发展。西樵山对岭南地区整个新石器时代的农耕渔猎文化产生的深远影响，使它成为岭南新石器时代的文化策源地。正因为如此，考古学界称它是岭南文化从野蛮时代过渡到文明社会的灯塔。

3. 佛山贝丘遗址

经过多年的考古发掘，在珠江三角洲冲积平原的山冈上，近年来发现了多处贝丘遗址，在佛山发现的就有60多处，主要分布于三水、南海、禅城等地，如三水区的银洲遗址和古椰村遗址、南海区的西樵山遗址、禅城区的河宕遗址和桥头遗址等，它们都属于新石器时代晚期遗址。在文化层中发现有大量贝壳、蛤壳、蚝壳以及各类石器和陶片，出土石器的石质、器型和西樵山遗址完全一样，证明这些遗址与西樵山之间一脉相承的关系，表明人类在佛山广大地区的活动是连续的，西北江三角洲在发育形成的过程中，佛山文明也随之发展。从这些遗址的分布可以看出，原始人类一般选择江河干、支流附近的低岗居住，因为这些地方水源丰富，便于渔猎生产，岗地又可以避免洪水的危害，所以就形成了众多原始人群的聚居。

禅城区石湾大帽岗西麓河南村的河宕遗址是著名的贝丘遗址，现已被公布为广东省级重点文物保护单位。四五千年前古东平河道业已形成，石湾一带地势低洼，河流宽广，地上覆盖着森林，林中栖息着鸟兽，水中有各种鱼类和贝类，在洼地间的山冈与土墩上就聚居着一群群原始部落。他们过着渔猎与采集的生活，同时还兼营原始农业和手工业，如陶器、玉石器、骨牙器等的生产。河宕贝丘遗址中和贝类共存的是众多的印纹陶，说明早在远古时代，这里居住的古越族先民们就开始尝试利用本地陶土与岗砂烧制陶器，从而揭开了石湾文明的第一页，也拉开了石湾制陶的历史序幕。

遗址中的生活用具主要是陶器，同广东省其他地方发现的遗址相比，这里的陶器相当丰富多彩，主要器形有釜、鼎、罐、壶、盂、盘、豆以及各种器座20余种，以釜、罐、壶、盘为多。河宕遗址的陶器制作独具特色，陶色驳杂，印纹陶发达，以陶质来说，有夹砂粗陶、夹砂细陶、细泥质陶等；以呈色来说，以橙黄色、灰黑色和红褐色为主，还有一定数量的灰白色陶和少量彩陶；以火候来说，既有软陶，烧成温度约在800—1000度左右，也有基本烧结、吸水率较低、击之发出金属声的硬陶，烧成温度约在1100度左右。

河宕印纹陶纹饰极其丰富，除绳纹、条纹、附加堆纹外，还有大小方格纹、复线交叉方格纹、复线交叉方格凸点纹等，附加堆纹上往往拍压有类似贝壳的印纹，它们是石湾古越族先民生活在艺术上的表现与升华。艺术通过形象来反映社会生活，表达劳动者的思想情感，河宕印纹陶作为一种原始艺术也不例外。这一时代的人们在陶器上所塑造的各种印纹，据考古学家、人类学所提供的资料推测，并不只是单纯的美化器物的表现，而更多的是某种图腾信仰和自然崇拜的产物。水是河宕原始人类接触的物质，陶器上的水波印纹装饰，表现了他们的生活习俗、信仰与情感，可能反映了石湾先民们的图腾信仰和审美意识。

岭南地区继印纹陶文化之后，进入青铜器文化时代，同时还包含着陶器的共存时期，一直沿用至两汉。

二、流域的初步开发

秦汉以前的漫长岁月中，佛山先民避水之害，趋水之利，对两江流域进行了筚路蓝缕的开发，并逐渐形成了具有自身特点的文化。早在春秋战国时期，珠江流域和中原地区之间便有着一定的联系，然而对佛山文明发展起显著作用的，是秦汉期间统一岭南的战争，以及封建中央集权国家对珠江流域的开发。

1. 航运交通

秦汉两代对珠江流域的开发，显著地表现在统一战争过程中。战争促进了航运交通的发展，西江航运的开发是和秦始皇统一岭南的战争联系在一起的。当时秦始皇发兵50万，分五路向岭南进军，“一军塞镡城之岭，一军守九嶷之塞，一军处番禺之都，一军守南野之界，一军结余干之水”。[①] 除“结余干之水”这一路军和岭南相去较远外，其余四路军的行动都和珠江水运有着密切联系，特别是“镡城之岭”和“九嶷之塞”的两路军，就是直接利用西江水道作军运。镡城在今湖南靖县西南，“镡城之岭”即今之越城岭，这一路军跨过越城岭，从长江支流湘水谷地进入西江支流漓水谷地，而后开凿灵渠，沟通湘、漓二水，开发了南北水运交通的航道。九嶷在今湖南宁远县南，“九嶷之塞”即今之萌渚岭，这一路军通过萌渚岭，沿湘江的主要支流潇水河谷进入西江支流贺江谷地，而后由西江顺流而下经佛山而至番禺（广州）。

汉初南海郡龙川县令赵佗趁秦朝灭亡，自立为南越武王。汉高祖以天下初定，不宜用兵，于是派陆贾为使臣，“赐尉佗印为南越王”。赵佗实施了一套和辑百越的政策，任用越族上层人物，推广中原的文化和生产技术，建池凿井，发展贸易，使经济和水利开发都有所发展。此时，佛山的部分地区已经开发，西樵山已成为岭南的名山，赵佗常于春日去赏花。

汉武帝时，南越丞相吕嘉叛乱，汉军兵分五路，南下番禺：“遣伏波将军路博德出桂阳，下湟水；楼船将军杨仆出豫章，下浈水；归义越侯严为戈船将军，出零陵，下漓水……江淮以南楼船十万人……咸会番禺。”[②] 这五路军，都利用了珠江的航运路线，由漓水、苍梧而进的军队利用的是西江的航运交通线，由湟水、横浦而下的军队利用的是北江航线。汉武帝元鼎六年（公元前111年）冬，汉军同吕嘉所部在今清远的中宿峡（即飞来峡）和番禺西北进行了激烈战斗，汉军夺取了叛军的船只军粮，吕部锐气受挫，沿河节节败退，随后两军在今顺德的石涌乡一带再战，叛军被迫退守番禺城。于是，楼船将军在东南面，伏波将军在西北面，围城夹攻，同时遣使招降，“城中皆降”。这次大规模的战争，淋漓尽致地展示了西、北江乃至佛山地区的水运情况。

珠江的内河航运，多见于服务战争的军事记载，其实这些进军的航运路线也是商品运输的交通线。地处珠江口的番禺，为南越集散都市，自古就以盛产

---

①（西汉）刘安等：《淮南子·人间训》卷十八，上海古籍出版社1985年版，第122页。
②（东汉）班固：《汉书·武帝纪》卷六，中华书局1962年版，第232页。

犀、象、玳瑁、珠玑、银、铜、果、布等而闻名。这些丰富的物资，吸引着许多中原商贾前来经商，从而促进了珠三角地区与内地航运交通的发展。广州规模巨大的秦汉造船工场遗址，采用船台与滑道下水相结合的原理，可同时建造数艘载重量数十吨的木船，显示出秦汉时期造船技术的高超。

随着经济的发展，整治航道发展内河航运逐步受到重视。珠江的天然水道，有的谷深滩险，有的礁多流急，为适应航运的需要，凿礁、治滩、疏浚等治理航道工程不断，以保持其畅通无阻。东汉时伏波将军马援出兵交阯，曾经“具车船，修道桥，通障豁”。此时西江主流是条大河，《水经注》称：“（泿水）东至苍梧猛陵县为郁溪，又东至高要县为大水。”由长沙马王堆出土的距今2000多年的汉初古代地图可以看到，西江在三水以下分两汊道入海。汉代北江（溱水）为西江（郁水）支流，三水河口镇为主流冲积区，形成30多米深的沙层沉积。

西、北江以及一系列的江河整治工程，使珠江水运交通得以完善，汉代佛山的水道已成为“商旅所臻”的通商要道。西汉时广州（番禺）已是全国10个商业都市之一，而佛山毗邻广州，居其上游，且处于西、北江的枢纽位置，随着岭南经济文化的发展，它的重要性必然日益显现出来。

2. 农田水利

秦汉时期，西北江三角洲的滨线已位于安教、逢简、富裕、紫坭、沙湾、石楼、茭塘附近。秦始皇在统一岭南的过程中，采取了三项有积极影响的措施：一是开凿灵渠，沟通了湘、漓二水，将长江水系和珠江水系联结起来；二是迁移一部分中原人民到五岭以南，和南方各族人民杂处，促进了南北民族间的融合，中原地区的先进文化和生产技术也得以在岭南传播；三是设立郡县，促进了南越封建社会的发展，社会形态趋前发展。这些措施对开发珠江的水运交通和农田水利，都有着积极的意义。

农田水利的开发，与青铜文化和铁制农具的发展有着不可分割的联系。战国至秦汉时期，道路交通的开辟、中原文化的传播和铁器的使用，带动了南方农田水利的发展。汉代时珠江流域已普遍使用铁器，也促进了牛耕的发展。赵佗统治下的南越，对耕牛和铁器的需要十分迫切，但由于西汉吕后一度禁止向南越输入铁器，一定程度上限制了生产力的发展。赵佗为了得到铁器等生产资料，曾三次遣使谢罪，并表示愿做藩臣，以换取中原铁器的供应。其后铁器在全流域的普遍使用和牛耕的推广，使农业生产和农田水利迅速发展。位于顺德区杏坛镇西南的逢简碧梧西汉遗址，出土了一批铁凿、环首削刀、夹砂粗陶和泥质陶器，分别为盒、罐、盆、甑等；还出土了具一定加工形状并带有使用痕迹的骨、竹、木器小件；此外，还有为数不少的水牛、黑熊、梅花鹿、狗、青鱼等骨骼。从这些出土器物中可以看出，西汉时期佛山居民已使用铁器进行生产活动，但当时的环境条件比较恶劣，还有熊、象、鳄鱼等野兽出没。

我国在东汉时期，广大农村已普遍使用牛耕，在珠江三角洲地区，从西汉后期起，流行用陶牛为明器随葬。陶牛的形象塑造得相当生动和逼真，反映了岭南人民对牛的喜爱和重视。在禅城区的澜石东汉墓中，曾经出土了一件“水田附船模型”，现存于中国历史博物馆。模型中水田被田埂分隔成六格，每一块田里塑一陶俑在劳作。一块田里有件“V”型犁，一个头戴斗笠的陶俑作犁田状，其余田里的陶俑有的作执镰弯腰收割状，有的坐在田埂上作磨镰状，有的作直腰休息状。有一方田中有表示禾苗的篦点纹和秧桶，另一方田中还有堆肥，水田旁停泊着一条小划艇，船身被两道座板隔开，艇舱内还有一块上岸时用的跳板。这件模型向人们再现了1800多年前佛山地区农业古村落生产的生动场景，表明这时佛山一带的水稻种植技术已相当成熟。岭南是我国稻作起源的中心之一，土壤肥沃，水源充足，极适宜水稻的生长，在三水、南海等地都曾发现过野生稻。原始人类在野生稻的启发下，不断尝试人工栽培，到秦汉时水稻栽培的历史已经相当久远了，当时的人们根据地形的情况，筑埂拦水，形成一块块水田，便于耕作。在一片田中，有的在收割，有的在犁田，有的在插秧，说明当时的佛山人可能已经学会了种植双季稻。陶田旁边的小船，正是珠江三角洲农田水利的特点，人们用农家小船运肥、运禾，在河网纵横的地理环境中生产劳作。越来越多的证据表明，随着农田水利的发展，汉代的佛山已散布着不少居民点聚居。

三、聚落的初步形成

三国时期，珠江上游为蜀汉的一部分，中下游地区为孙吴所有。孙吴的航运交通比较发达，曾派使者运航南海诸国，特别是经营番禺，将原交州分成交、广两州，使番禺这个经济都会同时也成为政治中心，这在岭南历史上是重要的一页，也极大地促进了佛山经济文化的发展。

1. 堤围经济

两晋南北朝时，西北江三角洲的滨线大致为南华、昌教、龙涌、桂洲、石棋、庙头（墩头基北）一线，宋代时这一滨线则推移到双水、小冈、礼乐、外海、古镇、曹步、小榄、大黄圃、潭洲、乌沙、石楼一线，滨线的推进速度显著加快，这显然是受岭南加速开发的影响。宋以后流域内人口迅速增加，三角洲地区竞相围垦，大量兴修堤围，固定河床限制洪泛，泥沙集中淤积，加快了平原的发展。

佛山地区雨量充沛，每到洪水季节，西、北江汇集，水灾便频繁出现，再加上台风带来的暴雨，洪涝更为严重。秦汉时期因为人少地阔，所开垦田地多靠近丘岗边缘，受洪水威胁尚小。唐末，北方战乱频仍，珠江流域相对安定，不仅本地区人口繁殖较快，还吸引了饱受战祸的北方居民源源迁来，到北宋时珠江流域人口大大增加。人口的增加，带来了如下的变化。一是为三角洲地区带来了大量的劳动力，其中又有许多是具有较高文化、掌握先进生产技能的北方移民，因而本地区的社会生产力迅速提高，有能力修建规模较大的水利工程。二是随着人口的增加，高地已不足耕垦，必须开垦地势较低的土地，西、北江下游不少河汊就是于此时截断的。后期到达的移民大都定居在低洼地带，不仅农业收成不可靠，生命财产也受到洪水的严重威胁。

西北江三角洲由泥沙在浅海湾内长期沉积而成，唐末宋初这一区域已相当宽广，有大片可供开垦的肥沃土地。但总的说来，宋之前的三角洲地区，人口尚少，生产力低下，人们只能“散处高阜”，耕垦地势较高的土地，“岁视旱潦以为丰歉”，大规模开发三角洲地区的条件尚不成熟。入宋以后，三角洲的水灾明显增多，人们痛定思痛，终于一呼百应，群起修筑堤围，抵御洪水，捍卫农田。

围是环形闭合的堤及堤内地区的总称，但在珠江三角洲地区，堤、围混称，堤可称围，围也称堤，或概称堤围、基围。宋初，珠江三角洲出现了规模颇大的群众性的筑堤活动，在羚羊峡以东的西江左右岸、高明河沿岸、思贤滘南岸、甘竹滩之间，均先后出现堤围。堤围的长短不一，大多利用丘陵高地作联结点，逐步延伸，使有的干堤与支堤相连，形成大小不一的堤围圈，把土地圈了起来。当时西、北江河身宽阔，河床淤塞也不严重，洪水位并不太高，因而所筑之堤都较低矮。南海罗格围是佛山最早的堤围，修于宋真宗时，“当时河床阔旷，潦势不甚猖狂，故堤高不满三尺。”著名的桑园围堤高也仅五尺。宋时所筑之堤多为土堤，“沿江之高要、高明、四会、三水、南海五县，向有基围，俱系土工。”①

宋代堤围在总体设计、堤线选择方面都已考虑得较周到，显示出先进的技术水平，其中规模最大、效果最好的堤围是桑园围。佛山思贤滘以南，甘竹滩以北的西、北江夹持地区是两江泥沙依附西樵山、龙江山及洲岛等沉积而成的平原，历来水患严重。北宋末，当地居民历时 3 年，在西樵山南面率先修建了著名的桑园围，基长 12000 丈，捍田 1500 顷。

桑园围东靠北江顺德水道，西临西江，南面是甘竹滩汊道，地势西北高而东南低。甘竹滩当时靠近西、北江的出海口，洪水到达这里已基本消落，桑园

①佛山地区革命委员会编写组：《珠江三角洲农业志》（二），1976 年刊本，第 13 页。

围北端的洪水水位要比甘竹滩处高四五尺。根据这一地形特点，桑园围在宋代开始修建时，只修筑东西堤基，北面利用飞鹅岗、吉赞冈等高地作天然屏障，只筑部分横基（堤）堵塞隘口，南面则不筑堤。由于南面水位低，洪水不会倒灌进围，围内积水又可顺利排出，也有利于涨潮时引水灌溉。正如后人所称："（桑园）围东南隅倒流港、龙江两水口，不设闸堵水，听其自为宣泄，受水利，不受水害，亦地势使然，至今称便。"①

桑园围东、西堤线的选择也颇为科学。桑园围"形如箕，东西两围（堤）皆从上游水势建瓴之地依山筑堤，从高而下，顺水性，送至下流而止"。② 由此可见堤线走向的两个原则：一是顺水性，一是依山筑堤。"顺水性"就是要了解水流特性，防止洪水冲溃堤岸。据传当初是向江中撒谷壳，看谷壳的滞流状况而确定堤线的。谷壳不易被冲走的地方是滞水区，洪水对该处堤岸的冲刷不致太严重，堤线可以靠外；反之，堤线则要尽可能内缩，避免洪水冲溃堤岸。"依山筑堤"是充分利用沿线的山丘、高地作天然屏障，以节省工程量，体现了佛山人民的智慧。

宋代开始的大规模堤围修筑，是珠江三角洲水利建设的特点，由于堤围基本解决低洼地区水浸的问题，取得了明显的经济效益。唐代时三角洲地区粮食产量还是较低的，如唐咸通三年（862 年），唐朝廷派部分军队驻扎广州，以防交阯进犯，但军粮难以就地筹措，需由江西、湖南等地运粮接济，由于运输困难，以致"军屯广州乏食"。经过北宋期间的堤围建设，三角洲地区粮食产量大增，不仅可以满足本地人口已急剧增加的需要，且有大量粮食外销。南宋初期，广州已成为当时著名的米市之一。宋人李曾伯在《奏乞调兵船戍钦仍行海运之策》中说："顷岁尝闻琼莞饥，仰广东客籴以给。又如闽浙之间，盖亦尝取米于广，大抵皆海运，虽风涛时乎间作，然商舶涉者如常。"宋人朱熹也称："广南最系米多去处，常岁商贾转贩。"南宋王朝也多次下令广东地方官员运粮供应京城临安（今杭州），如建炎四年（1130 年）朝廷"仓廪不丰"，"诏广东籴十五万斛。"广东转运判官周纲"籴米十五万石，无扰及，无陈腐"，因而官升一级。在一地筹粮 15 万石而又不扰民，这只有在粮食足够丰富的地区才能办到。当时珠江三角洲有堤围保护的田地约达 200 万亩，并且多种双季稻，所产粮食定不少，粮产的大幅度增加，很大程度上仰赖堤围水利建设的成就。佛山地区修筑的堤围主要有南海的罗格围、桑园围、吉赞横基，三水的榕塞西围、永安围，顺德的扶宁堤，佛山镇附近的大富北围、大富南围，这些堤围不仅保护了人民生命财产的安全，也使农业有很大的发展，成为广东粮

①（清）何如栓：《桑园围志》，广西师范大学出版社 2014 年版，第 68 页。
②（清）郑梦玉等修：《南海县志》卷七，上海古籍出版社 2010 年版，第 536 页。

食的生产基地。

2. 乡之成聚

广州地区在两晋时期社会稳定，经济富足，商贾往来，舟楫不绝，各国的使节以及僧侣也随之而来。出土的西晋墓砖上刻有“永嘉世，天下荒；余广州，皆平康”的砖铭，永嘉是晋怀帝的年号，一定程度上反映当时广州的社会状况。古代佛山是广州西南角的内海湾，因此海外商船往来也很多。东晋隆安二年（398 年），罽宾国（现克什米尔）的三藏法师达昆耶舍尊者航海东来，在塔坡岗上（即今塔坡街）结庐留居，建造经堂，宣传佛法，因此后来的乡志都称佛山“肇迹于晋”。能够吸引法师定居传法，说明这一地区已经有了相当程度的开发。

公元 581 年，隋王朝建立，从而结束了持续 200 多年的南北分裂的大动乱局面，开皇十年（590 年），隋分番禺属地为番禺、南海两县，广州“城西属南海，城东属番禺；南海以水得名，番禺以山得名”，此时的南海县范围包括现在佛山地区及中山的一部分，县署设于广州。

唐依隋制，这时广东的农业、手工业和对外贸易诸业都得到了空前的发展，随着经济的发展，对水运河道的整治更为迫切。唐开元四年（716 年），张九龄与当地群众共同努力，重开大庾岭新道，把海运和北江沿线的水陆联运沟通起来，坦坦新道，成为南来北往客旅商人的主要通道。这时白坭河因为河道偏力的影响，河水集中正干，另外又穿越于丘陵之间，沿途暴流冲击力强，从而水道日浅以致淤断。唐朝后由北江到广州的航路改以芦苞涌、西南涌为主道，佛山首受其益，地理位置的优势更为突出，吸引了众多外地人来定居，唐代时甘竹右滩、东村、西樵、龙山、马宁、龙涌、桂洲、容奇一线及其以北，已有许多居民点。

唐代的岭南仍被视为“瘴疠之区”，当作罪臣贬逐之地，但一些水陆交通发达的地区已经相当繁荣。西樵山在唐代已有文人方士建造寺庙，晚唐诗人曹松教民种植茶树及制作茶叶，茶民发展至上千人，西樵山也成为广东最早的产茶区之一。官窑处在西、北江至广州的中心点，早在晋代已是“仕官往来宾饯”之所，唐代时更成为交通要地。石湾沿东平河上溯到奇石一线都曾发现有唐代的馒头窑，高明大岗山的唐窑已经使用比较先进的龙窑。这些古窑大多烧制日用陶器，供应附近居民，从众多窑址可以看出，当时佛山地区已有相当的人口分布。有“佛山初地”之称的塔坡街一带已成为较大居民点之一，初来僧人的弟子到佛山后，在经堂旧址建立塔坡寺，聚徒说法。历时 200 年后，故寺久废，屋宇倒塌。至唐贞观二年（628 年）乡人在塔坡岗上掘地建屋，得铜佛三尊及石偈“塔坡寺佛”等，发现系以前塔坡寺的故址，把它重建起来称经堂塔坡寺，供奉3尊铜佛，并立石榜曰“佛山”，所以佛山有这样一句传统谚语：“未有佛山，先有塔坡。”

五代十国的分裂割据时期，珠江流域中下游为南汉刘氏政权所有，南汉建国于广州，并分南海县为常康、咸宁两县，咸宁县设治于简岸。开宝四年（971年），宋王朝消灭了南汉政权，开宝五年（972年），重新恢复南海县制。宋代时，我国北方的少数民族先后建立了辽、金、元政权，由于他们不断地与向宋王朝役战而使中原人口大量迁移广东。由于珠江三角洲地区远离中原、江淮地区，受战乱影响较小，故两宋期间流域内仍获得了持续300余年的和平稳定发展。

南宋时迁至佛山的较大的家族，有九江的朱族、关族、陈族，三水的邓族、范族、郑族、张族，盐步的简族，黎边的黎族，罗格的冼族，简村的冼族，张槎的陈族，谢边钟族，石湾霍族，等等，他们择地建村，聚族而居，相继落籍，并形成了较大的村落聚居。位于东海水道旁的杏坛镇马宁乡唐宋村落遗址，反映了当时人口繁衍、市集兴旺的情景。在佛山的族谱中，尚有不少乡村迁于宋代的记录，如石湾霍氏，据《太原霍氏族谱》载：“南宋时迁于南雄，宋咸淳九年（1273年）再迁于佛山石湾。”叠滘原有九十九姓，先祖大都于宋时迁来，散居在叠滘二十四坊内，村内多是“姻亲人”，“同姓皆兄弟，乡人是表亲。”据《佛山忠义乡志》载：“宋南渡后中原文物流入岭南，有迁至佛山者，明初编立图甲，先到诸族得占籍为地著。”因此人们都习惯称佛山“乡之成聚，肇于汴宋”。

这些南迁的人口给佛山的农业、手工业、民间工艺业等带来了先进的技术，促进了当地经济文化的蓬勃发展。此时的芦苞涌斜出广州入海，路程短、比降大，为北江一大支流，有“强支夺干”之势，是白坭河淤断后的主要航道。芦苞镇在宋代已相当繁荣，现胥江祖庙、关帝庙一带，码头林立，街道繁华，有五马入华山、玉镜台、青云桥诸名胜，从祖庙的豪华装修上可见一斑。位于西南涌旁的官窑，是西、北江的水运中心，立有“百粤通津”的石牌坊，意即省内上京的唯一通道。因南汉王朝曾在此致督办宫用陶瓷，“官窑”的名称也由此而来，附近和顺文头岭还有当时的窑址。

佛山陶业经过窑灶的改革，由唐代的馒头窑发展为宋代的龙窑，产量大大增加，不但供给珠江三角洲的人民生活所需，还大量出口外销，宋代朱彧在《萍洲可谈》中记述了石湾陶器的出口情况：“船舶阔各数十丈，商人分占贮货，夜卧其上，货多陶器，大小相套，无少隙地。”在奇石的唐宋窑址出土的陶器中，有不少罐肩还拍印有“嘉祐口口”（1056—1063年）、“政和二年”（1112年）、“政和六年”（1116年）等北宋年号，“嘉祐”是仁宗赵祯的年号，“政和”是徽宗赵佶的年号，这应该是当时烧窑的绝对年代。

宋代的广州是全国的贸易大港，而佛山地处内港地位，在台风多雨的季节成为良好的避风港，因此自唐代以后已成为南海县中心的一个大乡，不但农业生产发展，同时各类手工业出现，商贸业繁荣。源于东汉时的铸造业技术日益进步，唐代时的脱蜡铸件在岭南已相当出色，在宋代居于全国领先地位，宋朝廷也认为“阮冶之利，二广为最”。冶铸业需要较大的场地以及大量的铁矿、木炭、砂泥等，佛山交通便利，生产场地广阔，又毗邻广州，便于产品销售，因此南汉时佛山就是专门生产铁器的永丰场的所在地。南汉与中原地区脱离，所需铁器要自行生产，更促进了冶铸业的发展，到宋代已初步形成以冶铸为中心的市镇。

随着商贸业的发展，宋朝廷设立“市舶司”管理海关事务，北宋所设的三路市舶司中，“唯广最盛”。佛山水陆交通发达，成为南北运输必经之地，随着国内市场和海外贸易的需求，政府在栅下大塘涌设立了“市舶务”，派有市舶提举一官分驻，并设有临海炮台。据《佛山忠义乡志》载：“临海炮垒，在栅下大塘涌，有土垣，内设砺石炮眼三方。故老传闻，宋时此地为临海炮台，设有提举一官在此驻扎。”对外贸易机构“市舶务”的设立，对佛山的发展起了极大的促进作用，使它的产品得以通过这一窗口走向世界。

宋代时佛山地区经过大力开发，乡村聚落广泛形成，农业、手工业和交通日益繁荣，从曾是令人生畏的“蛮烟瘴雨之地”，转而成为“聚落密集，田园阡陌，祠庙林立”的地区，甚至有了“古之邹鲁”① 的美誉，为明清时佛山镇作为全国四大名镇的兴起奠定了基础。

四、繁荣的古村落

宋末元初的战乱，又使大批难民进入岭南地区，不仅促进了南北民族间的融合，给珠江流域增添了劳动力，同时也带来了北方先进的文化科学、生产技术和水利建设的知识经验。经过元代的进一步发展，到明清时期，佛山地区经济兴盛，聚落繁荣，成为南中国最富庶的地区之一。

1. 河系变迁

明清时期北江是广州北上粤北韶关，沟通湘、赣的航运交通要道。韶关至南雄大庾岭，秦有“横浦关”，宋称“梅关”，南雄位于浈水北岸，居大庾岭之南。从南雄走水道，沿北江干流经始兴、曲江、英德、清远、佛山可以直达广州。明初曾整治北江浈阳峡河道的险滩，凿去河道中的“恶石”，疏浚河

①（清）温汝适：《桑园围志》卷二，知服斋刻本（1815 年），第 33 页。

段，架山桥十数座以供纤夫往来，并先后在正统、成化、正德年间三次修治梅岭路（大庾岭山路），于是“广东黑楼船、盐船，北自南雄，南达会省”①。由韶关走陆路越过大庾岭通往湘、赣两江上游，从运道形式来看，可以说是水陆联运的交通路线。鸦片战争前，明清政府把外商来华贸易视为“朝贡”，规定北江为贡使通道，凡外国运来货物，至广州上岸后，由水路沿着北江经过韶关，进入湖南湘潭，“由湘潭再分运至内地”，而内地“丝茶之运往外国者，必先在湘潭装箱”，然后经韶关沿北江下广州放洋，因此，明至清鸦片战争前，北江航运处于鼎盛时期。

明代北江多条汊道开始淤塞，飞来峡以下的汊道沙淤水涸，白坭河上游全断，芦苞北面长岗堤建成后，使永平、芦江断流，芦苞涌被堤夹束，由1000余米变为500米宽，把原来的放射形汊道变成单一水道，明初开始淤浅，“冬枯，夏始溢”，在围内积水形成巨大涡形地貌，现在三水区仍有许多以“涡”为名的地方，即取于明代。西南涌筑堤后，又把分散汊道截断，使官窑以下汊道断流。

西江流过高要至青岐，到达思贤滘区，它是西、北江的联络水道，长1.2千米，水深5米，为两江相距最近点，东为河口，西为青岐，由于五沙建围，明代变狭至200米。王公、蔡坑（镇南堤）、大路等围筑成后，西江正干东流不畅，水多南出。因宋代淤大沙古河道后，西水不能侵入，使绥江三角洲南迁无阻，汊道发育，即今青歧涌和南津涌。绥江是条暴流性山溪，发洪早而急，大量沙泥停积成竹洲沙，向南为灶冈沙、旧三水莎。西、北两江汇口处，西江上形成琴沙，北江上形成老鸦沙，这样五沙成片，两江分流形势渐显。清代以后，思贤滘水流转向，大量北江水流入西江，西江主流改向南，出马口峡，以磨刀门为正干出口，大变古代西江向东流的水势，今天的河系即自此时定型。

随着珠江三角洲筑堤与围垦的发展，江河两岸低洼地和河口滩地不断被开发利用，使出海水道逐渐变窄与延长，泥沙堆积日益严重，水流流速减慢，导致洪水水位抬高，持续时间延长，水患明显增加。明代270多年间，珠江三角洲内3个县以上同时发生水灾的有44次，平均6.27年一次。入清以后，水患日趋加剧，从乾隆至道光年间，3个县以上同时发生水灾为30次，平均3.43年一次。发生在道光十三年（1833年）的大洪水，堤围溃决，一片汪洋，“被灾最重之南海县属桑园围，地连三水、顺德，周围百余里，灾黎众多。”② 原先河涌纵横、洪水宜泄并已筑有不少堤围的顺德，“乾隆前水患未甚”，到嘉庆以后，也成为“大率无三年不被淹浸”的地方。

---

①（明）宋应星：《天工开物·舟车》，上海人民出版社1976年版，第235页。
②珠江水利委员会编著：《珠江水利简史》142页，水利电力出版社1990年版，第142页。

为抗御水患，保障生产发展和生命财产的安全，当地人民在宋元筑堤基础上，以更大的力量继续沿着各江河岸大量修筑堤围。北江堤防以石角围为主，“石角围屹立清远境以防北潦之东流，固省垣之障也”，同时也是北江进入佛山的门户，北接石角的三水胥江司，筑有乐塘、上下梅坊、长洲、清塘、永丰等六堤直至芦苞。当时的修筑方式是“官出椿石工费，民出挑运人夫”，[①] 可见政府非常重视。阮元《广东通志》记载：“自芦苞直至大塘以上，明季崩溃，康熙二年筑复。”因此，可以认为石角至芦苞这段北江堤防修筑于明代中后期。

明代在三水境内所筑堤围还有长数千丈的灶冈围、长冈堤等，思贤滘以下三水、南海境内，沿西南涌两岸筑堤直至与北江汇合，其中“高丰围在三水县东二十里，周八千六百三十丈，窦通大（北）江”，又有平田堤，“在三水县南二十里，捍田二百八十顷，北有大路窦，南有永安窦”[②]。思贤滘以下河网区，明代南海县筑堤最多，嘉靖年间已筑 42 处，“共障田六千九百余顷”。入清以后，则以顺德最多，据《广州府志·江防》记载，同治末年三水县有 35 处，南海县 75 处，顺德县则从明代 12 处发展至 91 处。其中，地跨南海、顺德两县的桑园围，自明初堵塞甘竹滩倒流筑堤始，经历代持续维修和扩建，先后增筑子围 23 处，窦闸 51 座，全围“周百数十里，居其中者十四堡，居民数十万户，田塘一千数百顷”，诚为广州府最完整和最大的堤围。

明代所筑主要分布在西江干流三榕峡以下及其支流新兴江、粉洞水、高明河等地，北江干流飞来峡以下及其支流绥江、芦苞涌、西南涌以及思贤滘附近的三角洲。清代以后，除了继续修建新堤之外，又对以前所筑堤围不断进行加高培厚，维修巩固，“低者填之，倾者筑之，薄者厚之”，新筑堤围则继续从西北江三角洲顶部向中部和南部河网地区大量拓展，并逐渐向各江河口延伸，至清中叶，珠江下游及整个三角洲的堤防系统已基本形成。

2. 经济兴盛

明代以来，珠江三角洲冲积平原继续向外海扩展，西北江三角洲前缘已延伸至磨刀门附近。入清以后，随着筑堤与围垦海坦的大规模进行，三角洲平原扩展更为迅速，沿海的番禺、顺德、东莞、新会、香山（包括今中山、珠海市和斗门）等处的滨海地带，沙坦随潮淤结，栉比鳞连，大涌、白蕉、乾雾、坦洲、民众等一带沙坦相继淤成，珠江三角洲平原的范围已接近今貌。

珠江三角洲的人民在长期与洪、涝、潮等灾害做斗争的生产实践中，通过

---

①（清）阮元：《广东通志·山川略·水利附》，广东人民出版社 2011 年版，第 167 页。

②（明）黄佐：《广东通志·民物志·水利》，商务印书馆 1935 年版。

筑堤围垦、修建窦闸、开发与改造低洼和河滩土地，因地制宜地利用水土资源，逐步发展起一种基塘农业生态系统，根据基上所种作物不同，有果基、桑基、蔗基等3种。这是珠三角独有的生产经营方式，它从明代开始形成到清代大发展，对经济有巨大的推进作用。佛山西、北江的基塘水利包括盐步塘、铺前塘、阶边塘、沙口塘、荔枝园塘、旧黄鼎塘、胥江塘、街头塘、芦苞塘、兰州塘、小洞窝塘、黄鼎塘等300多处，传统农田水利发展到鼎盛时期。据明万历九年（1581年）清丈纳税耕地数字统计，南海、顺德、番禺、新会、三水、高明、新安、东莞等县共有纳税鱼塘面积16万亩，其中最多的南海县48326亩，顺德县40084亩。如以“基六塘四”的比例估算，当时上述8县基塘面积约40万亩，其中南海、顺德各约为10万亩。

明中后期，随着商品经济发展，具有高度商品性的塘鱼、果品、蚕桑的生产和加工业日益兴盛，基塘区逐步发展扩大，农民经营种果、养鱼、育蚕远比稻田的收入高，因之纷纷圈筑河坦和改低洼潮田作为基塘，甚至“往往弃肥田以为基，以树果木，荔枝最多，茶桑次之。龙眼多树宅旁，亦树于基，基下为池以蓄鱼……大者至数十亩，其筑海为池者辄以顷计”，“凡塘基堤岸，多种荔枝、龙眼。”[①] 这一时期的基塘仍以果基鱼塘为主，桑基鱼塘为次。

清乾隆至鸦片战争前是桑基鱼塘大发展的时期，由于清政府封闭了江、浙、闽三关，独留广州粤海关为全国唯一的对外通商贸易口岸，又加上限制湘丝和其他丝织品出口，于是外国商人大量采购广东生丝，粤丝销量因而激增，茧价日昂，丝价暴涨，农民经营蚕桑比经营稻田和果木的收入倍增，由于厚利所在，珠江三角洲内原是基塘区的大部分果基鱼塘很快地被桑基鱼塘所取代，并且掀起了将稻田改为桑基鱼塘的高潮，使以桑基鱼塘为布局的基塘区迅速扩大，当时南海县九江、顺德县龙山、龙江等乡，“境内有桑塘而无稻”，经济作物的不断扩大，使以农业商品性生产的基塘区形成。

顺德、南海形成基塘农业生产方式后，蚕桑生产发展很快，农村缫丝工业也迅速发展，有大量生丝供应，丝织业便迅速发展起来。明嘉靖时，佛山的丝织行业已分为十八行，如牛郎纱行、八丝缎行、杂色缎行、元青缎行、绸缎行、锦绫行、斗纱行等。明末清初，丝织产品更闻名中外，最著名的是香云纱和黑胶绸，特别适合南方湿热天气衣着的需要，深受劳动人民喜爱，远销东南亚一带。香云纱由南海西樵首创，质地细洁坚韧，轻贴透凉。黑胶绸为顺德勒流研制，品质幼洁、软滑，易洗易干，《广东新语》说：“皆为岭外京华所贵。”甚至有“金陵苏杭皆不及”的评价。

鸦片战争以后，受到世界资本主义市场的刺激，生丝大量出口。佛山桑塘

---

①（明）屈大均：《广东新语·鳞语》，人民文学出版社1996年版，第327页。

地区不断扩大，桑地面积也随之增加，加速了蚕桑生产的发展。南海、顺德等县部分地区，已经是有桑塘、无稻田的地区了。种桑和养鱼相结合的专业化生产，已占农业生产的首位，甚至出现了“弃田筑塘，废稻树桑”的高潮。“桑基鱼塘”最早的文献记载于《广东新语》。“桑基鱼塘”是“基种桑，塘养鱼，桑叶饲蚕，蚕屎饲鱼，塘泥培桑”，即蚕沙（蚕粪）喂鱼，塘泥肥桑，栽桑、养蚕、养鱼三者有机结合，形成桑、蚕、鱼、泥互相依存、互相促进的良性循环，避免了洼地水涝之弊，收到了“十倍禾稼”的经济效益，营造了十分理想的生态环境。

佛山古村落出现这种情况，与地区宗族势力强大密不可分。宗族势力对桑基鱼塘的兴修，尤其是对掀起“弃田筑塘，废稻树桑”的热潮起了促进作用。一个完整的农业系统，并非仅仅是自然条件的依存关系，还包括与之相适应的社会组织。宋代以来随着中原地区人口的不断迁入，佛山古村落建立了盘根错杂的宗族关系，宗族组织严密，一般是一村一族或一村二三族分区聚居。18世纪中后期至20世纪初，随着国际市场需求的增长，种桑蚕变得更加有利可图。然而，“弃田筑塘，废稻树桑”是风险很高的经营活动，一般个体农民不愿去冒这个风险，同时“弃田筑塘，废稻树桑”需要很大一笔人力、物力、财力的投入。宗族经济实力雄厚，对族田进行“弃田筑塘，废稻树桑”改造的这笔投资，宗族能够支付。而且族田名义上为全宗族共同占有，对族田进行“弃田筑塘，废稻树桑”还可以要求宗族成员出工，这样能较好地解决劳动力不足的问题，宗族制对“弃田筑塘，废稻树桑”热潮的掀起，起了推动作用。

从最广泛的文化学意义上说，农业不仅是一个经济体系，而且是一类文化现象。不同农业文化的演进、变迁，都具有各自独特的经历，演化、变迁的动力，既来源于区域内部文化要素的更新，亦来源于区域之间文化的不断传播和扩散；地理位置、区域及社会政治状况、经济消长和其他领域的文化发展，均曾对各地农业文化的发展产生过极为深刻的影响。佛山古村落农业文化在商品经济发展中，也逐渐演变为商业性的聚落。

在一些沿河的交通要道，由于产品集散，形成了一定规模的圩市，随着商品经济需求的提高，圩市地位提升而产生了大量的集市，这些集市中的一部分最终发展成为传统的市镇，如南海的九江、官窑、官山，顺德的陈村、龙江、容奇，三水的西南、芦苞等。到清代时沿河市镇轴线进一步定型，城镇规模不断扩大，工商业十分繁荣，部分市镇在人口规模与经济职能上都超过了当时作为传统政治中心的县治。九江因为九条河涌与西江相通而得名，宋末时已称九江大圩，明中叶时的鱼苗生产远近闻名，供应广东附近数省。从事捕捞工作的主要是当时的疍民，所捕鱼花售给陆上居民饲养，九江人因地制宜，凿池养鱼，《广东新语》称九江：“池塘之水，养鱼花者十之七，养大鱼者十之三。”

清代时桑市、土丝、鱼花市场都非常活跃，清末时依河涌而建的店铺有1500多间，人称“小广州”。西樵山北麓的官山圩，有官山涌绕境而过，流入顺德水道。因为交通便利，农业和手工业商品经济迅速发展，成为佛山的一个重要的商品集散地，设有桑市、茧市、丝庄等，茧市还设有夜市，在清末有大小街道30多条。陈村有谭洲水道与陈村水道经过，水陆交通发达，明初形成果基鱼塘，成为花果之乡，《广东新语》称：“居民多以种龙眼为业，弥望无际，约有数十万株。”清代陈村发展为重要的内河港口，河面货船首尾相接，往来如鲫，为西、北江农副产品的集散地，供应广州府、佛山镇等地所需，时称“陈村谷埠”。容奇镇地处西江下游，河宽水深，北可达广州，西可通江门、肇庆、梧州，东南可抵香港、澳门。明清后由于水陆交通方便，位置适中，很快由圩市发展成为有一定规模的商业港埠。清乾隆年间建成“十里石街”，顺德、南海、番禺、中山等地的茧丝多在此集散，各类商船来往频繁，成为南中国最大的茧丝交易市场。沿西、北江水道，星罗棋布的众多古村落、市镇和县治一起构成了佛山市域内的传统城乡体系。

五、结　论

长期以来，人们的观念中仅仅视水为农业资源，视水利为农田水利，这严重限制了水资源多种功能的发挥。古人称：“水者，何也？万物之本原也，诸生之宗也。”社会文明发展到今天，对文化的解释千差万别，但谁也不能否认水是人类创造文化的源泉，谁也不能否认水文化是人类文化的母体。水文化是一幅美丽的画，一首深情的诗，许多脍炙人口的词句就是例证。《诗经》说：“所谓伊人，在水一方。”老子说：“上善若水。”孔子称：“知者乐水。”荀子称：“水则载舟，亦则覆舟。”“子在川上曰，逝者如斯夫”，是孔子对时光如流水一去不复返的感慨。“问渠哪得清如许，为有源头活水来”，是朱熹对根源文学的由衷赞美。苏东坡一曲“大江东去，浪淘尽，千古风流人物”，是何等豪迈昂扬。范仲淹的“衔远山，吞长江，浩浩汤汤，横无际涯”，则是借水言志。从“长风破浪会有时，直挂云帆济沧海”的李白，到“沉舟侧畔千帆过，病树前头万木春”的刘禹锡；从“海纳百川，有容乃大，壁立千仞，无欲则刚”的林则徐，到“江山如此多娇，引无数英雄竞折腰”的毛泽东，都是水的力量、水的精神、水的气概给了他们生命的魄、思想的力，显示出水与人之间博大的情感。

深刻认识水文化的价值与内涵，对于我们用科学发展观进行古村落建设大有裨益。从某种意义上说，佛山6000年的文明发展史就是佛山人民与水相依的历史。水在佛山文明的发展、繁盛过程中，构成一张经济文化传导的天然理想网络，成为流域内城乡交往、经济运行、商业转输、文化播扬的重要渠道。传统的观念认为“山管人丁水管财”，佛山人更是对此深信不疑，将水比喻为血脉财气一点也不夸张，但凡耕、渔、舟楫之利，莫不依靠于水。水作为古村落延绵发展的重要组成部分，应该把水上升到文化的层面去认识，用与时俱进的理念去探索、研究古村落的活化。

人类文化从传统走向现代的过程，从地域表现形态和文化空间转换上看，就是从乡村走向城市的过程，最终形成以城市为主导的现代化的城乡一体化，产生一种整合的社会理想。随着经济的发展，佛山依水而兴的村落在集镇化，集镇在市镇化。水乡生活宁静安逸，有人却觉得这是经济落后的象征，他们不愿再和鱼塘小艇打交道；有人甚至说如果村里能搞工业区，就算把那些鱼塘、河涌都填掉也无所谓。其实对某一个地区来说，发展经济并不一定都必须发展工业，而是应该找出最适合本地区发展的模式。例如，桑基鱼塘这种农业生产的最大特点就是利用池塘生态系统，使自然资源得到充分的循环利用，20 世纪 80 年代初，联合国粮农组织对桑基鱼塘生态模式带来的良好经济和环境效益惊叹不已，还派专人进行观察研究，将这种耕种模式定为农业生态重点考察对象，并向全球推广。

任何一种文化形态和其存在形式，都有其外部的特征，对于佛山来说，城市文化空间便是丰富的江河资源和水资源所营造的得天独厚的水环境，由此而催生了佛山都市文化的开放性、包容性和多元性等人文精神。有人把佛山文化的基本精神归结为水文化：因势附形、奔流不息、与时俱进、求变、讲通、吸纳、包容等。正是因为历代对外来文化不断地吸收和包容，同时又充满着创造的冲动和激情，佛山才从村落发展为城市，从历史名镇发展到现代化都市，这种开放与发展的品性似乎是与生俱来的，也许正是水赋予它不竭的朝气和活力。

21 世纪人类社会进入生态文明时代，它的核心是人与自然和谐相处，而水文化则是这一文明发展不可缺少的内容。纵横交错的水道，片片桑基鱼塘，时隐时现的叶叶小舟，还有那布满河畔的成片蕉林，以及通向乡间小道的青石板路……人与自然和谐相处，宛如置身于远离烦嚣的世外桃源——这就是我们佛山的古村落。

（刘东：佛山市艺术创作院馆员）

守望精神的家园　寻找心灵的归宿

——关于花都古祠堂的调研报告

邓静宜

祠堂文化是中华民族传统文化的重要组成部分，中国发展到今天，与祠堂文化的兴衰枯荣密不可分。

自明代嘉靖下诏“许民间皆得联宗立庙”以来，宗族祠堂如雨后春笋，蓬勃而发。到了清代中期，珠江三角洲地区经济迅速发展，带动了广东的社会、经济、文化的进步。或为了规范秩序，或为了光宗耀祖，岭南民间纷纷建祠立庙。地处珠江三角洲北端的花都也深受这股风潮的影响，祠堂遍地开花。虽然经历了几百年的风雨，这些祠堂有些已是千疮百孔、断垣残壁，但任凭世纪交替、荣枯更迭，祠堂作为一个醒目的历史符号，在今天仍然起着不可估量的作用。

花都祠堂分布在花都188个行政村中，主要汇聚了黄、徐、江、姚、曾、梁等60多个姓氏家族。花都祠堂大多建于明、清两代，有不可替代的历史人文价值。每一座祠堂都记载着始迁祖的由来、艰苦创业的历史、人口繁衍情况和家族精英的功勋业绩，里面一个个鲜活的故事跌宕起伏，令人荡气回肠。这些祠堂展示了不同时期的政治、经济、社会风貌和地方风俗，具有丰富的人文底蕴，给后人留下了不可多得的史料。

祠堂留下了家国兴衰的印记，承载着重要的历史文化。花都是康熙二十五年（1688年）建县，只有区区300多年时间，然而这片土地上有人居住的历史已有上千年，有记载的也有很多，如秀全街大陵村毕氏家族在此立村居住已800多年，繁衍30多代；炭步镇塱头村黄氏也有600多年历史。千百年来，花都（旧称花县）繁衍了数不胜数的英雄豪杰、风流人物。远的不说，中国近代历史上几次巨大变革的风口浪尖，有不少花都人的身影，这里影响最大的莫过于将清王朝搅得风雨飘摇的太平天国领袖洪秀全、洪仁玕等人物，以及他们的死敌、晚清中兴名臣骆秉章，这些花都老乡在战场上杀得你死我活，地动山摇，而在他们的家乡，两人的祖居之地相隔仅30余里。这里还出了清末甲午海战著名海军将领汤廷光、近代艺术大家白玉堂、晚清探花商衍鎏等，这些名字在中国和岭南的发展史上灿若星河，他们的血脉都来自花都．他们的宗祠（祖祠）就静静地屹立在花都这片土地上。位于官禄布村洪秀全纪念馆旁的洪氏宗祠，虽然已有些破旧，但因为是洪秀全的祖祠，访者不断。炭步光禄大夫家庙，始建于清同治年间，1939 年遭日军烧毁，仅存两座石狮。2013 年由骆秉章后人重建时，将当年族人埋在地下的两座石狮挖了出来，一雄一雌，昂首目视前方，凸显家庙主人尊贵的身份和显赫的地位。

亨之徐公祠位于花都区新华镇三华村中华社，看起来毫不起眼，杂草丛生，然而它却是中国同盟会广东番花分会旧址。赤坭黄沙塘村干亭朱公祠，它由近代外交家朱兆莘祖父朱桂芳始建，朱公祠留下了朱桂芳、朱珩、朱兆莘祖孙三代文化名人的遗迹。建于清嘉庆年间的赤坭村三和庄祠堂则以“进士第”扬名，因为赤坭人宋廷桢与其子先后考取进士（被称“父子进士”）。花都区目前尚存的 300 多座祠堂，已成为花都人的精神家园、灵魂的港湾。研究花都家族的迁徙、分衍以及古建筑文化，非凭借祠堂不可。

祠堂是家族的一种象征，看祠堂的规模便可知道家族的兴衰。清朝同治年间（1862—1875 年），三华村人徐方正、徐表正共同任职兵部，深得朝廷赏识，徐方正的祖父徐德魁、父亲徐殿魁被皇帝封为“资政大夫”，徐表正的父亲徐爵魁被封为“奉直大夫”，这就是号称“花都第一祠堂”资政大夫祠的来历。位于三华村的资政大夫祠古建筑群，集资政大夫祠、南山书院、亨之徐公祠以及旁系水仙古庙于一体，占地近 2 万平方米，建于清代同治二年（1863 年），比广州著名的陈家祠还要早 27 年。祠堂幢幢相接，以古朴清幽的青云巷相通，既独立又相对统一，为广州地区最大的带圣旨牌坊的祠堂建筑群。为彰显家族声威和经济实力，这座祠堂建筑群规模大、质量好，工艺精湛，代表了岭南祠堂建筑的最高水平。

在花都，规模最为宏大的当数炭步塱头村祠堂群，它以明清古祠堂群、古书院、书室群蜚声海内外。至今保存完整的青砖建筑有近 200 座，有祠堂、书室、书院、炮楼、门楼共 30 多处。友兰公祠在第二进还建有接旨亭，这在一般祠堂极为少见，上面记载了明朝正德年间（1506—1521 年）黄皥为官廉洁清正的历史。另有黄氏祖祠、云涯公祠、景徽公祠、渔隐公祠、留耕公祠等祠堂，都各具特色。

祠堂建筑集建筑艺术之大成。花都祠堂大都是岭南特色的人字山墙或镬耳封火山墙、灰塑龙船脊或灰塑博古脊、花岗岩石脚，三进三列六廊的结构是典型的清代岭南民间宗祠式建筑。每座祠堂都少不了雕塑和壁画，花鸟虫鱼、人物等嵌砌于祠堂壁上，留给后人弥足珍贵的建筑标本和艺术瑰宝。这些祠堂融书院文化、祠堂文化、宗教文化和雕刻艺术为一体，令人叹为观止。资政大夫祠作为岭南建筑的一个经典，大到整体框架设计，小到门墩、石柱的制作都十分讲究。木雕、砖雕、石雕、灰塑随处可见，门楼砖墙、斗拱、窗框等都雕刻了人物、飞禽、花草虫鱼等图案，表达了人们祈求喜庆、吉祥的愿望。

2014 年 7 月，花都祠堂文化研究会正式成立，约 70 名会员对花都祠堂展开了全面的研究和发掘。通过调查笔者了解到，花都区的300余座祠堂大致可分为以下几类，一是明、清时期完整保存下来的古祠堂，这类祠堂较少，尤其是有记载的建于明代的祠堂只有5座；二是近代或现代在原基础上修葺过的祠堂，这类祠堂占了大多数；三是近代或现代在原地址根据原地基重建的祠堂，这类祠堂也有相当数量；四是近年异地重建的祠堂。后者主要是因为城市的扩容，原处在城郊的农村变成了城中村，这些祠堂拆除后，另外划地重建。从保护情况来看，大部分祠堂保护得较好，尤其是一些大姓祠堂有专人看守，而一些小姓祠堂因资金、人力等问题，无人看管，出现毁坏情况。

不过，通过调研笔者发现一系列亟须解决的问题。

（1）经济发展对一些祠堂起了破坏作用。随着城市的扩展、土地的征收、新旧改造等城市化运动，很多村落拆了祠堂，花都原来每村少则几座，多则十几座祠堂，现在数量越来越少。

（2）一些祠堂经过异地重建、改建、修葺，破坏了原有的风格。过去祠堂的各种工艺，如砖雕、木雕、灰塑等十分精细；建筑材料也十分考究，如外墙大多采用花岗岩石基、青砖墙，内部多采用穿斗、瓜柱，或斗拱与梁架接榫，梁柱用榫卯相接，重叠有致。厅堂的梁枋、托架、雀替、门窗格扇、椽头抱柱等都雕刻满了花饰，细腻精致。而今很多重建后的祠堂，石雕、木雕、彩绘显得粗糙，还有很多色彩鲜艳的壁画、雕刻没有保存下来，取而代之的则是用现代瓷砖贴面。

（3）由于一些宗祠的历史少有文字记载，大多口口相传，知情老人相继离世，现在的人对当年的历史已了解不多。南宋末年，黄仕明为避战乱，带独子黄朝俸从珠玑巷南迁至炭步塱头立村，其过程颇为曲折有趣。十四祖黄皞刚正不阿、勤政为民的事迹也曾广为传颂。然而，这些故事现在年轻人知道的甚少。改革开放以来，相当部分的人进城打工，生活日益多元化，村中的历史出现断层。研究者在炭步采访汤氏家庙时，找到了几个80岁以上的老人，村干部对研究人员说，你们有什么要问的就赶紧问，等他们不在了就什么也不知道了。积极抢救即将消失的宗祠文化是花都政府各级部门当前的迫切任务。

（4）随着城市化进程的加快，农村更加萧条，花都绝大部分祠堂都在农村，特别是一些小姓祠堂的保护力度不够，长期无人管理，有些已是残砖断瓦，破旧不堪，任其自然或人为摧残塌毁。一些农村的村民已全部迁到城里居住，整座村子空无一人，祠堂只剩下杂草丛生中的墙根，不用多少年，这些残墙断垣将越来越少直至消失，一旦失去，无论多大的代价都难以挽回。

（5）作为民间组织，祠堂文化研究会缺少专门经费，会员们经常要深入田间地头找知情人了解情况，餐费、交通费等难以解决，这会耽延一些工作的进展。

每一座宗祠记载的不仅是一个家庭的迁徙史、创业史，更是一部社会发展史。我们呼吁各级政府对宗祠文化进行保护和活化，这方面要做的工作很多，按照轻重缓急、循序渐进的原则，可以在有条件的地方做一些试点。

一是将宗祠活动融入新的时代内容。祠堂是维系家族的纽带，是缅怀祖先、族人聚会、沟通宗亲友情、增强族人凝聚力的地方。每年清明节的祭祖活动，一些远离故土的族人都会在此时回到家乡，祭拜祖先，认祖归宗。祠堂作为传承乡土文化的有效载体，村民及其自治组织应常在宗祠举办公共活动并提供服务，让大型节庆活动进祠堂可使原本冷清的宗祠变得热闹，这方面炭步镇做得较好，该镇很多村每年都有元宵节投灯活动。新中国成立前，花都炭步的元宵灯会就十分盛行。每年元宵节的晚上，祠堂、庙宇门口都会悬挂造型各异、色彩多样的灯笼，每一盏灯上贴着写满幸福吉祥、寓意美好的词句，人们为求好意头，出高价竞拍。灯笼一般有龙灯、凤灯、鲤鱼灯、莲花灯、宫灯、走马灯、山水书画灯等造型，有唱灯、赞灯、投灯、游灯、送灯等形式。水口村的投灯从20世纪末开始重兴以来，收到了良好的效果，不仅传承了传统文化、凝聚了宗亲之间的感情，还将投灯所得用来扶助村里的公益事业。举办庆典、祭祀祖先等事项都在祠堂进行，并且将其仪式化，可以让村民受到文化熏陶，祠堂也能物尽其用。

二是开发旅游和其他活化项目，发挥宗祠文化的特色，如炭步镇塱头古村的宗祠、花东港头村的宗祠等，吸引了区内外游客关注，对花都区旅游发展具有一定的促进作用。宗祠文化值得挖掘、弘扬和传承，如炭步镇的塱头村，充分利用原有的古建筑，吸引外来的文化产业加以充分的活化和利用。2013年，国内享有盛名的明伦书院将总部迁入炭步镇塱头村，专门开设国学精品课程。如今，在古树环抱、池水微澜的塱头古村，不时传来琅琅的读书声。私塾，这种我国古代社会开设于家庭、宗族或乡村内部，以儒家思想为中心的教育机构，在消失一个甲子后的今天，又重新出现了。

三是保护好每一座古祠堂。有些祠堂因年代久远，而且地处偏僻、利用困难，多年来风吹雨淋、摇摇欲坠。然而，这些祠堂都是每一个宗族少则十几代、多则几十代人传下来的，承载着一个家族的历史并带着时代的烙印，不能轻易毁坏。再者，当年制作这些工艺和壁画的画师和工匠已不在人世，一旦毁坏便彻底消失，无法复原。精美绝伦的工艺是不可再生的，许多古建筑原来的水磨青砖砌墙被抹成了水泥墙，屋顶的瓦片换成了瓷片或琉璃瓦，木刻漆上了油漆，壁画被重新描画，恰恰是这些善意的修复让专家们痛心。而鸭一村罗氏宗祠的修复则是一个成功的范例。据挖出的石碑记载，鸭一村罗氏宗祠这种具有明代建筑风格的衙门式祠堂在花都仅有1座，整个珠三角不超过5座。它最典型的特点就是人在外面看不见宗祠的牌匾，必须走进门口，迈上台阶，先低头再抬头才能看见牌匾和上面的字，尽显其威严。这座祠堂始建于宋末元初，于清道光五年（1825 年）重建，无论是屏风、大门还是石柱，选用的木材都是名贵的石料和木料。这里的砖墙有着墨玉般的青色，质地细密光润，砖缝细如麻线，俗称丝缝砖墙。然而，在历代战争、动乱的摧残下，这座古老的宗祠做过村委办公室、工厂、学校，整座建筑风雨飘摇、摇摇欲坠。在修复时，施工队按照“修旧如旧”的文物维修原则精心修复这一古建筑，如壁画无须再去描画，只需用水清洗干净即可，残损的花脊能不换尽量不换……因年代久远，祠堂的一条 13 米长的大梁被白蚁蛀空，不得不换，他们就千方百计找来同样的木材按同样的方法重新制作，经专业处理后再将它整体提升 35 厘米，将旧的大梁保留下来。对于文物来说，第一是抢救，然后加以保护，在此基础上合理利用，但有一个原则是一定要保留下历史信息，体现文化传承的脉络。

四是结集出版宗祠文化书籍，进一步发掘乡土文化特色，记录花都各姓氏的奋斗历程。花都祠堂文化研究会结集出版的《花都祠堂风韵》专辑就是在做这项工作，这也是一件推动本地文化发展、利国利民、流芳百世的好事。祠堂作为民间保存最好的一种古建筑群体，留给后人许多珍贵的史料和文化研究价值，花都祠堂文化研究会 40 多名省市作协会员和 10 多名国家、省市摄影家协会会员联合行动，尽最大努力用文字和图片记录这一民间、民俗文化艺术。

祠堂，以血缘关系为纽带，保持着我们与祖先心灵的沟通。它吸引着千千万万的游子，忘不了归家的路。当我们穿行在古老的祠堂群落之中，那些历史悠久、精美绝伦、风韵犹存的廊柱、斗拱、壁画、灰塑、砖雕，无一不显现岁月留下的沧桑和绚丽。当人们被世俗蒙蔽了双眼，不如到祠堂来看一看，在祖先的牌位前思考，听听先祖的遗训，在传统智慧的引导下寻找精神的家园；当人们在工作中深感烦恼、疲惫，不妨来祠堂走一走，感受一下乡间的清风明月，也可从中找到心灵的归宿。

（邓静宜：广州市花都祠堂文化研究会会长）

横沙村的文化保护与有效利用

陈　晨

横沙村位于广州市白云区西南部金沙街，始建于元朝，是一座极具岭南水乡特色的古村落，以风景幽胜、民俗淳朴著称。走在村落中，可以看到古树苍虬，新绿婆娑，河涌蜿蜒交错，祠堂规整庄重，民居参差有序，村民们的生活亦闲适自得。在这样的环境熏陶下，横沙村能人辈出，据文献记载，尊理奉职的汉代大鸿胪招猛、清代粤讴创始人招子庸、工书善画的招宝莲等人皆出自此村。

作为具有广府特色的古村落，横沙村的潜在文化价值无疑是巨大的，却又长期被世人所忽视。村内的古建筑以及优美的自然环境已经开始遭受破坏，其历史优势也逐步被城市化所消磨，未能在自身的维系传承中找到正确的道路，从而未能在广州文化发展进程中贡献其应有的力量。因此，发掘横沙村的潜在价值并为其找到有效的利用方法，对保护横沙村的广府文化具有重要意义。笔者认为，对横沙村进行发展规划，应该以保护为原则，以创新为宗旨，以宣传为手段，以经济发展为方向，以人民物质生活和精神生活水平同步提高为目标，以点带面全面推进。

依据这一思想，横沙村的开发利用方案可基于以下 3 点考虑。

（1）保护横沙村的古建筑、岭南文化气息以及优美的自然环境。如果不对横沙村进行创新性的规划改造，该村必定只能随着周边环境的变化而逐步现代化，当古建筑被新楼房取代，传统工艺被现代技术淘汰，横沙村的历史故事随着村里老人们的去世而消亡时，这个具有浓厚文化气息的古村就会成为金沙洲街道众多新楼盘中毫无特色的一座，这将是非常遗憾的。反之，如果我们将其开发成以古建筑、古文化为卖点的淳朴村庄旅游景点，重视强调其文化历史背后蕴含的巨大经济价值，则可以大大加强政府和村民的保护意识，还会促使他们主动、自发地对村内原有的古建筑和自然环境进行保护和整治。

（2）横沙村具有巨大的休闲旅游价值。广州是一座现代化程度非常高的城市，其快速的发展步伐和领先的经济水平为其他城市所羡慕，但与之相对应的是，广州比其他城市缺少更多的自然人文景观可供人们休闲放松，任何一处可供散步休闲的区域，即使是一个小小的街心公园，都常常显得拥挤。作为新开发的金沙洲街区，数十个不同档次的楼盘，成千上万的人口，却只能共享浔峰山、江畔公园等几个为数不多的休闲区域，许多家长不得不将孩子送到价格昂贵的室内游乐场，使其远离了最具幼儿教育能力的自然环境。横沙村不仅环境优美、建筑古典、风情淳朴，而且文化底蕴深厚，如能全面发展起来，则老年人可以到此欣赏南音、粤剧；中年人可以休闲散步；年轻人可以游玩摄影；孩童更可以在玩耍中贴近自然，学到很多知识，增加对老广州的了解。据了解，大多数广州人厌倦了城里喧嚣的生活，对悠闲自在的村落生活有一定的向往，有浓厚文化特色的古村游更能引起他们的浓厚兴趣，而且横沙村交通便捷，无论是地铁、公交还是自驾，都便于到达。相信横沙村一经规划开发，即能吸引大量游客。

（3）对横沙村的开发保护，具有一定的经济价值。据了解，目前横沙村的居民主要是老人和孩子，年轻人则大多外出务工。如果横沙村开始进行开发建设，将会为当地居民提供大量就业机会，不仅能提高村民的人均收入，促进当地经济快速稳定发展，而且能使他们对这片自己出生、成长的地方更依恋，古村落凝聚力也由此得到增强。同时，当文化和旅游为他们的生活带来明显的质量变化时，他们对横沙村的感情就会更加深厚，并会积极主动地保护村内的一草一木、一砖一瓦，认真了解和传承横沙村的历史文化，形成可预见的良性循环。

一、横沙村的考察与分析

（一）实地考察

要想更好地规划横沙村的发展路线，首先必须摸清横沙村自身的优势与不足，这就需要通过调研手段来掌握数据信息。本次调研采用实地考察方式，调查人员经过实地考察，认为目前横沙村村内建设尚有以下几点不足。

（1）村中大量民宅久未修葺，风格并不统一，尚未形成与古建筑一致的景观群。

（2）古建筑保护措施很不到位，除招氏宗祠得以改建利用，其他地方无人问津甚至荒废。

（3）巷道较窄，路口繁多，某些潜在景点被隐藏起来难以发现。

（4）村民环保意识较低，水资源污染严重，道路脏乱，电线横肆，环境较差。

（5）自然景观分布不均，有些地方树木茂密，有些地方却只有灰头土脸的水泥。

（6）自身文化价值没有凸显，既无有特色的饮食产业，又缺乏对历史文化的解说。

（7）在与游客的交流中发现，几乎所有人都反映横沙村的宣传形象和实际形象反差很大。

（8）作为广府文化古村，没有自己的饮食文化或特色不明显，特色工艺品没有得到推广。

根据横沙村的现有条件，初步规划发展方向，提出以下基础建设的相关建议。

（1）建立完善的下水道系统，净化水资源，清理垃圾，增加绿植，改善环境。

（2）保护古建筑，有条件的还可建筑或改造与之风格相一致的古风建筑群。

（3）扶持具有岭南特色的餐饮、工艺品店，引进文化创意产业。

（4）增加儿童游乐及老人健身用的各类公共设施，增设停车场。

（5）竖立方向指示标识，增设古建筑、历史文化简介牌。

（6）打造横沙村专用网络平台，利用现代技术完成古村落的信息化管理，尽可能做到实时信息发布、人员管理和数据分析。

（7）加大宣传力度，从口碑、电视节目、网络平台等多方面对外宣传，吸引客流。

（8）对村民进行文物保护教育和文化普及教育，鼓励村民展现原生态传统生活方式。

（9）成立地方文化（如粤曲、武术）兴趣组，定期举办交流活动。

（10）可凭借网络平台举办摄影比赛或绘画比赛，吸引初期客流，提升知名度。

（二）宏观分析

在此基础上，为了更好地反映宏观环境对横沙村保护发展的影响，可采用 PEST 法[①]进行分析。

图 1　采用 PEST 法分析横沙村

①PEST 法：指宏观环境的分析法，P 是政治（Politics），E 是经济（Economy），S 是社会（Society），T 是技术（Technology）。

1. 政治法律

党的十八大把生态文明建设纳入中国特色社会主义事业总体布局，使生态文明建设的战略地位更加明确。习近平总书记强调指出：这是我们党对社会主义建设规律在实践和认识上不断深化的重要成果。保护生态环境就是保护生产力，改善生态环境就是发展生产力，我们要用真情，使真劲，下大功夫和力气，对祖先传承下来的农业文化遗产予以科学的保护和传承，把古村落拥有的物质财富和精神财富留给今天，留给未来。因此，广东省广州市各级文化单位亦非常重视古村落的保护，对古村落的建筑特征、文化意象、节日空间、文化精神、民间文化传承人、古村落的保护与发展等方面都非常关心，并提出了古村落保护与发展的六点共识。

一是通过科学的程序保护古村落，通过实地调研认识古村落，通过高端论坛提升对古村落特征和理念的认识，完善古村落保护与开发的经验，探索古村落保护与开发的规律，实现古村落的科学保护与发展。

二是努力保护古村落的文化多样性。在保护与开发过程中，注意避免古村落文化开发的“泛文化”现象。注意挖掘各个古村落的差异性，保护各个古村落的性，使各个古村落保持自己的本真性和自然性。

三是注意防止古村落的博物馆化倾向。提倡以人的居住实现活态保护。无人居住的古村落如形成博物馆，要以搜集和展示本村、本地域文化和工艺品为主，以加强古村落自身的历史厚度。

四是要在全面保护古村落地表文化遗产的同时，努力挖掘古村落背后的活态美，并努力实现对其活态美的展示和表述，如村落手工艺作坊、工艺传承的过程展示。活态地恢复村落的生成过程，给文化传承人一个立体的展现空间。

五是努力挖掘古村落特有的节日文化。通过带有村落自身内容的民俗节日、仪式活动，展示村落的历史、民俗、信仰和观念，展示古村落活态的文化生命和村民们的情感。

六是杜绝和防范对古村落的过度开发。要在保护古村落原样原貌的基础上，组织相关专家学者做出积极有效的规划方案，同时联合社会各界进行保护性开发。对不具备开发条件的古村落，可暂时保留原状，以保持原生美感和生存能力。

这6点共识不仅给横沙村的发展指明了方向道路，也让人们看到了政府对保护古村落的决心和重视。

2. 经济

一方面，我国旅游业已圆满完成了“十一五”规划确定的主要任务，保持平稳且较快发展的良好势头。“十二五”期间，我国旅游业更进一步提升了旅游业现代化水平，更加注重提高游客满意度，创新服务方式，形成旅游服务质量持续提升和旅游市场规范有序的长效机制；更加注重普惠国民，让旅游、休闲成为普遍性需求，保障国民旅游权益；更加注重资源环境保护，推进旅游节能减排，倡导绿色消费，实现绿色发展。统计数据显示，2015 年国内旅游人数突破 40 亿人次，旅游总收入达到 4 万亿元，中国成为全球最大的国内旅游市场，旅游直接就业人数达到 2798 万人。到 2020 年，中国更有望成为世界第一大旅游目的地国和第四大客源输出国。可见，作为六大新兴消费热点行业之一的旅游行业，对我国经济社会发展的积极作用不可小觑，在今后几年内将存在重大的投资机会。横沙村可以也应当发掘利用自身的优势资源，以旅游文化建设入手，带动其他各项产业发展，促进全村经济转型，实现共同富裕。

另一方面，广东作为互联网大省，长期以来互联网发展的多项指标在全国均名列前茅。2013 年，广东省网民规模达到 6992 万人，继续位居全国第一。宽带网民规模达到 6510 万，手机网民规模达到 5984 万，全省网站达 535960 个，依旧名列全国榜首。截至 2014 年 6 月底，广东省网民总数已达到 7075. 8 万人，普及率达为 66. 8%；手机网民达到了 6325. 8 万人，占网民总数的 89. 4%。截至 2014 年 8 月底，广东电信业务收入达到了 1043. 8 亿元，互联网宽带接入用户达 2332. 5 万户；随着智能终端的发展与普及，广东移动电话用户已增至 14641. 0 万户，尤其是在 4G 浪潮的推动下 3G 移动电话用户实现了 30. 2% 高增长。

在这种大好形势下，电子商务将成为新时代经济社会总体发展强有力的助推器。早在 2005 年 4 月 1 日，《中华人民共和国电子签名法》就已颁布，从法律制度上保证了电子交易的安全，这使得全国尤其是广州市的电子商务发展变得更加迅速。2008 年，广州市被评为国家移动电子商务试点示范城市，2009 年被评为中国电子商务应用示范城市，2010 年获中国电子商务最具创新活力城市奖，并摘取福布斯 2010 年中国大陆最佳商业城市的桂冠。在这样优良的大环境影响下，横沙村的发展应该既能保持自己的传统特色，也能够把握趋势，抓住机遇，将网站建设和电子商务纳入发展项目，线上强化科技，线下突出传统，相互支撑，共同进步。

3. 社会人文

与广州市其他村落相比，横沙村是为数不多的拥有浓厚历史文化底蕴的古村落。它始建于元朝，不仅“有峰秀耸，溪流环抱，景物清旷”，而且地灵人杰，曾出过多位优秀的历史名人，如此前提到的招子庸、招宝莲等。

此外，广州市第七批文保单位名单中的卧云庐，也在距横沙村不远的金沙洲街区内。沿着横沙村南围大道，放眼就可以看到中式屋顶、西式柱子、黄墙黑瓦的卧云庐，让习惯现代化钢筋水泥建筑的人们眼前一亮。卧云庐原名“藏修精舍”，建于清末民初，以其著名的“云庐赏月”跻身白云“横沙八景”之一。随着时光的流逝，这座古老的建筑虽然已经饱经沧桑，但是其非凡的外观还是吸引了大批游客前来观光。

4. 技术

在计算机技术、网络通信技术高速发展的今天，电脑和网络正在以惊人的速度进入人类社会的各个角落，信息技术的发展也因之空前加快。人们了解信息的渠道增多，速度变快，信息的及时性和有效性也将会变得更强。因此，在未来的经济竞争中，只有建立起高效的信息网络平台，才能为经济发展获取一个新起点和有效保证。

目前，我国的计算机网络技术已趋成熟，2015 年中国互联网络信息中心（CNNI）发布的第 35 次《中国互联网络发展状况统计报告》（以下简称《报告》）显示，2014 年我国网民规模达 6.49 亿，企业互联网普及率为 47.9%，已达到较高水平。随着各类互联网商业模式的发展，互联网与经济活动的全面结合深度、对传统商业模式的影响和改革力度将进一步扩大，互联网将成为企业日常经营中不可分割的部分。因此，正确地使用互联网进行宣传推广，能有效地提高横沙村的知名度。《报告》还指出，2014 年中国网民手机商务应用发展大爆发，手机支付用户年增长率达到 73.2%，手机旅行预订用户更是增长了 194.6% 之多，成为增长最快的移动商务类应用。手机端即时通信则由于其随身、随时、拥有社交属性和可以提供用户位置等特点，逐渐从单一的通信工具演变成融支付、游戏等高附加值业务于一体的多功能应用。截至 2014 年 12 月，手机即时通信的使用率已高达 91.2%，较 2013 年底提升了 5.1 个百分点。可以说，拥有庞大用户基数的手机客户端即时通信，为各项服务提供了巨大的潜在商业价值。

可见，新的信息网络技术为传统行业提供了各种可能的发展机会，如何抓住这些机会并从中获得发展，就要看我们能否利用这些技术建立起标准、专业、高效的定制化信息平台了。

（三）SWOT分析[①]

关于横沙村的文化保护和有效利用SWOT分析，可见表1。

表1　横沙村SWOT分析

内部 / 外部	优势（Strengths）	劣势（Weaknesses）
	（1）拥有悠久历史的岭南古村落 （2）有深厚的文化底蕴和文化遗产 （3）有具备当地特色的饮食产品 （4）有一定的自然人文景观	（1）村内环境遭到了较大破坏 （2）建筑风格不统一，古村特色不明显，无方向标识 （3）缺乏能吸引人的特色产业和足够的公共设施 （4）宣传力度不够，知名度低
机会（Opportunities）	策略（OS）	策略（OW）
（1）广州市民乐意到优美且有特色的古村落游览 （2）金沙洲地区无同类型区域可供游玩 （3）高消费力的人群对摄影、文化相关的活动非常热衷	（1）突出当地文化历史价值，保持并且弘扬古村落文化 （2）统一引进文化创意产业，引导时尚清新情调的装修风格 （3）大力扶持具有岭南特色的饮食、手工业 （4）定期举办适合年轻消费群体的比赛、活动	（1）整改村内环境，清洁水源 （2）保护古建筑，统一周边建筑风格 （3）增设必要的公共设施和方向指引 （4）对内进行普及教育，提高村民素质；对外进行多平台宣传，提高知名度
威胁（Threats）	策略（TS）	策略（TW）
（1）横沙村还未正式发展，管理还比较混乱 （2）横沙村的知名度还很低，很多人根本不知道横沙村	（1）建立专用网络平台，一方面优化管理，一方面扩大宣传 （2）先整改后宣传，利用原有的宣传空白，树立历史文化名村、摄影休闲胜地的形象 （3）加大对传统文化、历史发展的宣传，打造与其他古村落不同的独特优势	（1）着重改善旅游资源的管理优化 （2）建立微信公众号，实时发布最新动态；如有能力可尝试开发手机app，动态呈现村内美食、商店、古建筑、停车场、公用设施方位，使导游、新闻、优惠信息可第一时间呈现给游客

①SWOT分析：指通过确定研究对象的竞争优势（Strengths）、劣势（Weakness）、机会（Opportunity）、威胁（Threat），从而将内外部环境有机结合，进行分析。

二、横沙村资源规划与利用建议

依据以上分析结果，针对横沙村的现状，笔者认为，结合当地环境、文化条件，引入新的经济形式，形成新的产业结构，对于产生新的经济增长点，改善居民的生活状况，将会是最直接便捷的方式。通过对经济、环境、文化三者的关系分析，可以分别提出相应的补充和协调。在环境上，必须首先完成历史建筑修复、自然环境整治；在文化上，利用横沙村浓厚的文化底蕴，应该重视历史、文化、粤曲、武术等方面的开发；在经济上，则在前两者的基础上，引入以文化旅游、动漫潮流、特色餐饮业为主导，辅以房屋、商铺租赁、产品销售等辅助服务业的经济模式，三者共同发展，互为支撑，才可走上良性发展道路。

（一）基础资源的配置与优化

良好的基础资源配置是任何一个地区得以顺利开发必须首先解决的先决条件，横沙村作为一个新兴发展区，基础资源亟待改善，可分三方面开展优化方案。

1. 优化水资源

横沙村沿河而建，水资源是其重要的天然资源，要整治横沙村的水资源，就要对河道进行清理，将河道周围垃圾及淤泥清除，并且避免污水直接排入河水。适当提升水位，使游船或小艇可以下水经营。还应沿河栽种绿植，美化河道环境。

2. 优化建筑群

横沙村内有很多独具广东特色的祠堂，这些老房子所散发出来的魅力让人不得不折服，但是这些古建筑的保护状况不容乐观，所以不仅必须重视横沙村的保护，而且对其保护不应该只停留在修缮的层面，而应该通过功能置换、建筑技术等手段来实现建筑的“返老还童”，如仲山招大夫祠现成为广东粤剧虾腔艺术研究会活动中心及广州市白云区金沙曲艺社社址，就是一个很好的功能置换的例子。其他古建筑亦可效仿，兼作艺术家工作室或展厅用，可增加古建筑的吸引力，成为公共设施的补充。此外，根据这些古建筑的建筑特色，建议对村内的其他旧宅进行“穿衣戴帽”的改建工程，使横沙村能保持统一的古村落建筑风格。

3. 优化交通路线

珠江长2224千米，年径流量3300多亿立方米，居全国江河水系的第二。珠江广州河段风光旖旎，两岸的名胜古迹和特色建筑数不胜数，因此珠江游船成为广州游客甚至本地居民都非常乐意选择的交通手段。横沙村临近珠江西航道，可申请就近增设码头，以便游客乘船时了解金沙街，下船后又可至横沙村休憩游览，购买手信。村内则应规划标准停车区域，以便自驾前来的游客安心停放。如有条件，还可对村内河道做进一步开发利用，如售票游船或在船上售卖“艇仔粥”等特色食品，让人一边享受美味，一边更直观地领略旧日岭南风情。

4. 优化其他细节

逐步完成供水、供电、供气、电信工程的点对点供应；对生活垃圾和生产垃圾进行集中清理，建造卫生条件良好的公共洗手间，增设可读性和艺术性兼备的特色方向指示牌。如有可能，还应适当开辟绿地、文化广场、公建设施等活动场所，创建横沙村的交往空间。通过原有当地活动与外来活动、传统街巷和院落为代表的公共活动空间与现代广场空间等新旧元素的融合，达到现代活动空间和新活动形式的融入，既而为村民提供活动场所，还可以吸引金沙洲区域内的年轻人、老人前来娱乐、休闲、健身，形成融合原有社区生活模式的新社区。应该鼓励社会各界力量和村民共同参与，确保村内地理位置的清晰性和指引性，逐渐完善横沙村的基础设施。

在发展古村落旅游业时，应将景观的构图搭配纳入考虑的范围，以便游客游览时有更多的留影区域，甚至可以考虑将横沙村打造成“处处皆可摄影”的美丽古村。这一点可与涉及摄影资源开发的规划相结合，使园林景区同时担负起“外景基地”的重责。

（二）历史文化的保护与开发

发展横沙村的一个重要原因，就是不能让历史文化湮没在经济发展的进程中，因此，历史保护也是横沙村可持续发展的一个重要环节。必须经由“三位一体”，即政府指导、社会力量支持和村民参与相结合，让全社会认识横沙村及其历史，并且肯定这段历史及相关文化的重要性，才能谋求长期稳定的发展和传承。此外，依据传统文化进行新型产业的开发，则是使历史财富得以展现，特色文化得以向前发展的重中之重，建议从以下四个方面着手。

1. 广府文化开发

横沙村的历史文化积淀具有与其他古村落不同的特色，值得也应该被重点开发。其中，直接可看可感的艺术形式应进行保存和展示，非物质形态的文化则应想办法与其他艺术形态相结合，使之实体化，这样不仅能让游客直观地了解，也有利于保存和传承。

（1）粤讴/粤曲。粤讴是极具岭南特色的戏曲艺术形式，作为粤讴创始人招子庸的故乡，横沙村发展粤讴乃至粤曲文化具有得天独厚的条件。建议将特色古建筑租借给相关机构作为常驻活动地点，使建筑与曲艺二者有机结合，粤讴声声不绝于村落，最好做到村民人人都可哼唱几句，亦可不时举办专业的演出活动。这样，游客游览横沙村时，不仅有供视觉享受的建筑风景、供味觉享受的特色美食，还有供听觉享受的传统戏曲，从而形成了其他古村落所不具备的独特竞争力。

（2）武术。佛山是我国著名的“武术之乡”，中国南派武术的主要发源地。现在世界上广泛流行的蔡李佛拳、洪拳、咏春拳等均发端于佛山，著名武术大师黄飞鸿，咏春宗师梁赞、叶问，影视武打明星李小龙等祖籍及师承亦在佛山。横沙村紧邻佛山，深受习武之风的影响。虽然近年来传统武术发展较为缓慢，但考虑到金沙洲住户多为外来务工的年轻白领，在工作之余有一定的休闲健身和塑形美体需求，建议非临街铺面或二楼房屋出租时优先选择武术、瑜伽、跆拳道、健美操等产业。一来可以葆有横沙村“广州武术村”的美名，二来也可以吸引金沙洲地区的住户前来消费，形成比游客群更为稳定的收入来源。此外，还可定期举办比赛活动，以此打响名号。

（3）广绣。广绣是以广州为中心的珠江三角洲民间刺绣工艺的总称，以构图饱满、形象传神、纹理清晰、色泽富丽、针法多样、善于变化的艺术特色而闻名。广绣与潮州的刺绣合称的粤绣，更是与江苏的苏绣、湖南的湘绣、四川的蜀绣并称中国四大名绣。因此，建议引入传统绣坊及相关产业，展示广绣的艺术成就，出售精美的广绣作品，最好能让游客观看到绣娘的工作过程，使他们充分体会到刺绣工艺的精湛绝美和广绣作品的珍贵。此外，还可不定期开办绣花、布艺体验班，吸引家长带孩子前来体验，不仅可以增加儿童的阅历，提升亲子感情，还可以通过吸引游客停留更长时间，刺激消费增长。

（4）工艺。广府民系的工艺美术，品类繁多，有的在国内外享有崇高的声誉。广州的牙雕、骨雕、玉器、积金彩瓷，佛山的陶瓷、剪纸、彩扎、木版年画，还有肇庆的端砚、新会的葵扇等，都是极具特色的岭南工艺品。建议适当选择具有较高审美价值和经济价值的工艺加以引进，丰富横沙村文化产业的艺术形式，使来访游客仅游一村，便可体会广府文化的丰富内涵，提高横沙村的游览价值。同时，引入多种工艺，也可以让购买手信者有更多选择。

（5）历史。横沙村有很多有趣的传闻典故，如招子庸逸事等，这些内容虽然不能直接接触，但可以选择将其附在其他艺术形态上体现。例如，广东各地建筑装饰中的木雕、泥塑、灰塑、砖雕等，都是极具岭南特色的，结合这些工艺，不仅可以直观地展示出有趣的历史事件，还可以使横沙村的建筑形式丰富多彩，富有文化意义，更可以长期保留，历代传承。此外，还可将这些故事与上面所提及的工艺结合，制作实用性强的特色纪念品出售。

2. 民俗风情开发

民俗文化是人民群众在生产生活过程中所形成的一系列物质的、精神的文化现象，具有普遍性、传承性和变异性，是传统文化的重要瑰宝。横沙村作为清代古村落，也有一些沿袭已久的风俗习惯，这些习惯和现代都市生活相比，不仅有趣，更具有较高的文化价值，应当予以传承和开发，并提高参与度，吸引人们的兴趣。尤其是各大传统节日时，均可结合传统民俗风情，开展相应的游园活动，使游客在假期有处可去，体验久违的节日气氛。例如，春节花市、元宵沿江花灯会、花朝节踏青、端午龙舟赛、七夕节乞巧、中秋节拜月放灯、重阳节浔峰山登高、冬至吃汤圆等，使得村内一年四季欢声不断、喜气洋洋，周围的居民不用远赴市中心，就可以感受到节日的气氛。

（三）创意产业与特色餐饮

除去广府文化，横沙村自身在民间艺术方面的传统保留较少，因此可以引入文化创意产业这类吸引年轻人眼球的新兴经济形式来与传统商业互补共存。如可引进较有情调和文艺气息的咖啡馆、甜品点、书店、花店等，打造与厦门鼓浪屿相似的“文艺一条街”，吸引年轻人长时间逗留消费。为保持自身特色和竞争力，建议除此之外，重点考虑投资和推广两大新兴产业。

1. 摄影基地建设

横沙村具有优越的自然条件和地域资源，非常适合开发成广州最好的商用摄影基地，尤其建议向动漫产业和电商产业靠拢，为电子商业拍摄商品图片或动漫爱好者拍摄 Cosplay（动漫角色扮演）照片提供切合主题的摄影布景，并以此收取场地、道具租用费。

由于广州地处亚热带沿海，属海洋性亚热带季风气候，夏季漫长且高温多雨，非常不适合在室外取景，而室内的大部分区域却禁止商业取景，更不要说年轻的动漫迷们穿着角色扮演的“奇装异服”前往拍照了。因此，在夏天的广州要想舒适地拍出高质量的照片，通常只能选择专门的摄影棚，现在广州的摄影棚多为写真照相馆私有，不对外招租；小部分私人搭建的摄影棚为了降低租金，一般位置较为偏远，交通不便，又多为居民住房改建，一般有3个面积不大的主题房间可供使用，这大大限制了摄影师的创意发挥。因此，无论是电商的商品摄影、独立摄影师的创意摄影，还是动漫爱好者的Cosplay摄影，都亟须一个场地开阔、采光良好、主题多样、道具齐全的摄影基地。而且，这两大产业都是近年来飞速发展的“朝阳产业”，与其进行捆绑发展，有利于未来的长期稳定发展，具有异常广阔的市场前景。

横沙村发展摄影基地有以下优势。

（1）交通便利，成本低廉。横沙村的交通便利前文已有提及，不再赘述；而铺位则为横沙村自有资产，可灵活利用，省去了一大笔开销。摄影用地也无须使用临街铺位，可以实现非临街铺位的利润最大化。此外，摄影基地不同于住家，对硬装修的要求较低，基本上只要安装普通的门窗灯具、刷白色墙壁、铺地板即可，剩下的布景都可通过家私道具实现。而家私道具也只须满足摄影需求，无须购买贵价正品。前期投入的总成本和装修房间比起来，还是相对低廉的。

（2）回报周期短，利润高。摄影基地的装修和道具购置基本都是一次性投入（消耗型道具还可收取租客的使用费），除去房屋租金、每月必要的水电杂费和人工投入，收益却是持续不断的。就现在的广州摄影棚均价来说，布置得非常简单的主题房间（仅道具，无家私），都可以租到70—100元/小时；面积较大且有实木家具的，则租到120—180元/小时；而且超出人员限制时加收人头费、使用消耗型道具或租借棚内摄影器材亦需收费，几项叠加起来，每小时收益比直接按月出租非临街房间要高出许多。对于目标客户群体（电商、独立摄影师等）来说，他们要么是高收入群体，要么是热心于此、乐意消费的群体，这个定价也在他们的接受范围之内。

（3）靠近江边，便于利用外景，并能刺激消费。横沙村距离江边公园路程并不远，摄影师们下午阳光猛烈时拍内景，傍晚则到江边利用黄昏时的柔和光线和沿江美景继续创作。在这一过程中，由于摄影逗留时间较长，还可以刺激周边饮食产业的消费。

如果能够将这一产业发展起来，还可在浔峰山一带搭建外景基地，并将横沙村打造成广州第一取景基地，吸引巨大的客流和商机，前景十分广阔。

2. 多肉植物产业

在离村落较远且景色较为一般的空地，则建议搭建多肉植物养殖大棚，并在村内进行销售，不仅可以带动相关产业的兴起，还可改进横沙村自然条件和美观程度。其中，多肉植物种植有以下优势。

（1）尺寸娇小，形态可人。从尺寸上来说，多肉植物出售时植株一般比较娇小，茶杯大小的花器甚至拇指花盆均可种植，非常适合桌面种植。从形态上来看，一方面，肉质叶片丰满可爱，成株多呈花型，具有较高的观赏价值；另一方面，经过培养，多肉植物也会长得比较大，部分品种甚至能达到一人高，不同的尺寸可适合不同的需求。

（2）品种繁多，形态各异。全世界共有多肉植物一万余种，在植物分类上隶属几十个科，不同的品种具有不同的形态，各个品种之间可以杂交出新品种。这不仅使普通消费者有了更多选择和更多购买需求，还使多肉植物的组合发展成为可能，开拓了广阔的商业前景。

（3）成活率高，种植简易。多肉植物多为沙漠植物，生命力顽强，许多品种几乎有土就能活，只要适当加以照顾，就不会大面积死亡，导致亏损。多肉植物一般需水量较少，对肥力要求也不高，普通人也可以轻易种好。基于这两方面优点，多肉植物几乎可以种植在任何容器内，这也为组合造景提供了更多可能性。

（4）成本低廉，繁殖迅速。一方面，多肉植物的“普货”价格较低，无须投入过多成本即可购入；另一方面，大部分多肉植物扦插率非常高，有些甚至能用叶片直接繁殖，因此对于贵价品种，也只需购入少量母株即可大量繁殖。

（5）安全环保，功效繁多。多肉植物大部分采用“景天酸代谢”，这种代谢方式晚上吸收二氧化碳，白天释放氧气，24 小时不间断地净化空气，因此非常适合室内种植，许多白领都认为在桌面上摆一盆多肉植物可净化环境、防止辐射，年轻人也喜欢在家里种上几棵多肉植物吸收室内甲醛。此外，部分多肉植物还具有一定的药用价值。

（6）市场广阔，利润可观。由于多肉植物具有以上优点，相应的它们也有不同的功能，如美化家庭，净化办公室环境，充当创意礼物，作为甜品店、咖啡店、书店的店面装饰，某些花园或公园也会订购多肉植物组合造景装饰环境，这些造景往往由几元钱一棵的“普货”拼成，拼合后价格则远超原价，形成巨大的利润空间。

3. 饮食文化开发

粤菜是我国的八大菜系之一，其特点是善于博采众长，能在模仿中创新，用料广博，选料珍奇，配料精巧，做工考究，讲究“镬气”，注重形象，品种繁多，五味俱全，浓淡适宜。广州更是作为粤菜文化的代表地享誉海内外，体现了岭南文化融通善变的韵味。其中，广式茶楼的点心精美而又丰富，是众多游客争相品尝的美味。建议将这些具有岭南特色的美食引入发展，使人们在游览时亦可饱尝地道广府小吃。

此外，横沙村有极具民间饮食特色的冬瓜酒，具有祖传秘方、手工酿造、口味独特、有益健康、老少咸宜等多种优点，既可直接饮用，又可以作为手信馈赠亲友，建议大力推广，不断完善配方及制作工艺，并加大宣传力度，把其作为主打文化产品进行销售。

三、横沙村的宣传推广

基础建设完成后，我们就可以大力进行横沙村的宣传推广了。总的来说，就是利用原有的宣传空白，一举打响名号。在宣传中，应以“历史文化保护区”“岭南鼓浪屿”“粤讴发源地”“文化古村游”等符合横沙村实况又具有吸引力的标签作为关键词，通过各种渠道进行宣传。

在横沙村前期建设阶段，因为各项资源尚不完备，不宜做大范围的宣传推广，以免游客产生“虚假宣传”的不良印象，影响以后发展。此时，应以金沙洲区域内的口碑宣传为主，如树立老人健身、儿童游玩设施的方向指引，在周边大型超市附近发放带有横沙村宣传介绍的小赠品等。此外，还可邀请一些现居广州的驴友达人前来游玩，让他们以个人名义在常驻旅游网站、论坛发布图文并茂的横沙村一日游游记，号召村民前往顶帖回复，以非官方的角度将横沙村呈现在人们面前。

当横沙村基础建设基本完备时，一个功能齐全的主题网站便必不可少，依托这个网站，捆绑微信公众号、微博企业号，实时发布相关信息，形成高效的互动宣传平台，最大限度地在年轻群体中宣传横沙村。此外，与旅游门户网站合作也应成为横沙村网络宣传计划中的重要一环。旅游门户网站是驴友们获取信息的主要方式，是旅游业在互联网发展的中坚力量，国内知名的旅游网站如蚂蜂窝、携程等，在广大旅游爱好者尤其是年轻驴友中有很大的影响力。因此，可以将横沙村的信息及主站链接发布到旅游网站的推荐栏目中，浏览者打开主页即可看到横沙村的信息。

纸质媒体和电视节目是在传统消费人群中影响最大、效果最显著的宣传手段。在横沙村改建完成后，可选择于某个小长假前在传统媒体发布宣传文章及电视节目，这对提高横沙村在广州市其他行政区的名气是极为有效的。在报纸上，还可附赠横沙村消费折扣券，吸引人们前来消费。

另外，主题活动宣传具有时间短、效率高的特色，应与以上三种宣传方式结合使用。例如，在建设早期可举办墙绘比赛，以较高的比赛奖励吸引人们（尤其是在校大学生）前来参加，在不属于古建筑的旧房子的墙上创作风格不一的涂鸦作品，不仅可以提高横沙村在年轻群体中的知名度，让更多的人了解横沙村，比赛的作品还可保留下来，成为横沙村一道靓丽独特的风景线。此外，还可举办书画、摄影大赛，为古朴淡雅的横沙村营造一个良好的文化氛围，参赛作品亦可长期保留在古建筑中参展。

在横沙村发展的中后期，则可举办“品酒大赛”来打响横沙村特色饮品“冬瓜酒”的牌子，甚至可以举办美食狂欢节，吸引人们前来游玩放松。如果能够建立多肉植物产业链，还可以举办多肉植物展销会，让喜欢种绿植的人或有此需求的公司前来观赏消费。

最后，笔者希望横沙村能重视自身的文化资源，并采取各项有力措施对这一难得的古村落进行文化保护与有效利用，最终达到广府文化的传承与发展双重效果。

（陈晨：广州大学人文学院中国古代文学专业在读研究生，导师曾大兴教授）

小洲村的保护和开发

刘小晨　刘介民

古村落是一种历史文化资源，是了解一个地区历史人文环境的重要见证。小洲村是一座典型的艺术文化村落，是个性较鲜明、影响力颇大的古村落。它既有古南越的遗传，又受中原汉文化的哺育，也有西方文化和海洋文化的影响，具有多层次的文化构成因素。小洲村位于广州市海珠区南端，可考的村民族谱可追溯到明代洪武元年（1368 年），小洲村开村时间可以追溯至元末明初。小洲村作为一座具有悠久历史的古村落，是广州最具岭南特色的古村落之一，曾被评为“广东最美丽乡村”“广州市特色乡村旅游点”“广东省古村落”和“岭南书画原创基地”等。

古村落也是一个文化综合体，它不仅有充满地域特色的民居建筑等物质文化遗产，也附着一方地域的乡风民俗、宗教信仰、节庆礼仪、民间艺术等多样的非物质文化遗产。保护和开发古村落就是保护和传承一个地域的历史记忆和文化。本文主要探讨小洲村的现状和特色，小洲村多元化的外延，小洲村凸现的广府艺术特色，小洲村园林特色保护和开发的建议，从而深入了解小洲村新的发展模式、发展困境，将艺术与传统文化相融合，促进其创意产业和艺术产业发展，同时带动其旅游业走向成熟，再以旅游业反哺艺术产业和古村宝贵的文化遗产，达到发展艺术村与保护古村落相结合的目标。

一、小洲村的特色

小洲村整体村落格局与街巷肌理仍较完整地保存了岭南水乡人居聚落特色，仍保持着广府普遍而传统的“梳式结构”聚落景观，古树参天的道路亦是点景之作，取天然石材，富有自然野趣。拥有丰富的历史文化古迹、良好的艺术创作环境的小洲村已逐渐为人所知，成为广州市著名的艺术聚集地。近年来人们关注它，是由于它“画家村”“艺术村”的美誉。艺术村不仅在小洲古村中，也在通往瀛洲生态公园的路上——那一望无际的果林边，是著名艺术家关山月、黎雄才、曹崇恩等人自筹基金建立的“艺术村”。众多艺术家因此纷至沓来，建立了很多设计工作室、美术工作室。不少画家租用村民的祠堂作为展览馆或画室，外地的艺术家和美术学院的师生也常来此摄影、写生，寻觅灵感，小洲村成为艺术的天堂。

1. 广府水乡特色的整体布局

水乡特色和独特布局是岭南园林的基本特色。从村落整体看，临水而建、临水甚至立水而居是小洲村的最大特点。小洲村有自己特色的“瀛洲八景”——古渡归帆、翰桥夜月、西溪垂钓、孖涌赏荔、崩川烟雨、松径观鱼、古市榕荫、司马府第。小洲村未通公路前“古渡归帆”，有民谣唱“水乡路，水来铺，出村入村一把橹”①。小洲村西的“翰桥夜月”，寄托了前辈对后辈书运亨通的期望。西溪祖祠外可见“西溪垂钓”，老人在河溪悠然垂钓。“孖涌赏荔”，描述的是果树在孖涌的滋养下成长结果，荔枝成熟时赏荔、尝荔。“崩川烟雨”，描绘了小洲春雨时节的清新与氤氲。“松径观鱼”是指在小洲的河堤上，可观倩影倒映水中、游鱼相映成趣。“古市榕阴”，是指村民们在大榕树下自设墟市，买卖或交换物品。小洲村中心地带的大榕树倚石而生，故称“华台奇石”。“司马府第”，卿官司马为小洲一未解之谜。“瀛洲八景”原本是明清之际人们对崇明岛美景的描述；而在昔日的小洲村也有“瀛洲八景”，成为人们心中的记忆。独特的岭南古建筑艺术风格，小桥、流水、人家的水乡美景，果林飘香的万亩生态公园，保存美好的民间风俗，是喧闹城市中独有的一方宁静。小洲村处处被江环河绕，民宅临河濒涌，看似无序实则规整严格：两两相对或彼此相错，正门紧闭仅从侧门通过，家家临水移步可入舟。这里的巷道呈放射状直通河涌边，都与河涌水道相平行，因此多称水巷。古宅“水”巷——石桥“蚝”屋——古树“果”木，皆因山为山、更因水为水，自然灵活不拘一格。村里大大小小石桥、木桥、砖桥、混凝土桥百余座，尤以麻石板桥最多，最著名的有翰墨桥（又称大桥）、娘妈桥、细桥、东园公桥等，这些桥或简易别致或造型精巧。小洲村的美丽有目共睹。随着一幢幢楼房在耸立，千姿百态的古建筑被现代化取代，小洲村也在变化、在重生。②

小洲村是最典型的果林水乡代表，素有“岭南水果之乡”的美誉。小洲村河口沙洲地形经千年来的耕耘形成岭南独特的“果基河涌”，是广府乃至整个珠江三角洲地区唯一保留至今、独具河网堤围果林生态系统的古村落，属今日广州“万亩果园”保护区内。从某种意义上讲，果林是小洲村的湿地背景、人文景观，也是小洲村得以保留的“人工屏障”。而且，临水园林汇聚成“果林水乡”，自然形成宽敞葱茏的水道景观。

---

①广东省文学艺术界联合会、广东省民间文艺家协会编著：《广东古村落》，华南理工大学出版社 2010 年版。

②曾应枫、周翠玲、冯沛祖：《小谷围》，广东教育出版社 2004 年版。

2. 单体建筑齐全、形态各异、因地取材、工艺精湛

小洲村内，宫、庙、亭、榭等各种形式的单体建筑众多，而且每一单体建筑均风格不一。这其中，最著名的有嘉告堂（即简氏大宗祠）、西溪简公祠、天后宫、玉虚宫、司马府第、三帝庙、泗海公祠、慕南祖、粤梅祖、东池祖、吕山祖等，清代商业街、登瀛古码头、古寨墙等也遗存其间，与明朝古桥翰墨桥、娘妈桥及明清古井等相映相合，均精雕细琢，移步换景。无论是上述“水”性建筑，还是祠“堂”建筑，或高墙冷巷或连房博厦，均柱础高大、檐廊宽阔、墙体厚实，而且灰垣素瓦中灰塑砖雕遍布门头、门联、窗楣、基座、栏杆、屋脊等处，无一不彰显岭南园林的建筑与组合特色。园林修建无水不活，任何时候水都是最富有生气的因素。小洲村河涌乃天成且自成网络，石桥、水巷、拱廊交叉辉映并自然分割水域，使整体园林层次丰富、清晰、自然。①

二、小洲村的发展优势

近年来，由于广州市行政区划调整和大学城、生物岛等项目的开发与投入使用，小洲村已由历史上的城市边缘之地，转变为耀眼的城市中心古村落，实现了多元化的外延。于是，问题也随之而至，认识和保护历史遗留的独特而完整的岭南水乡精华，使之不被城市化吞没而演变为“城中村”，显得尤为重要。

1. 时空变化是小洲村外延的要素

古村落是各种文化要素相互作用构成的一种文化景观，具有时空变化的特点。不同地域的文化景观的环境背景和构成要素不同，使得构成的文化景观也多种多样。小洲村是广府民居的代表，能代表广府民居的多样化和民居含义的外延，在房屋朝向、村落布局、村前装饰等方面都有广府人的风格，对梳理广府古村落、探讨其特殊意义是很好的示例。重视古村落的人文资源、利用和开发，有利于千年古风的传承；对于一些具有历史价值的建筑采取妥善保管、增加经费投入等措施，有利于古村落的保护和活化。

作为广州市首批历史文化保护区之一，小洲村拥有广府地区唯一的保存最完整的自然景观和人文景观。国内艺术界早有“北有798、宋庄②，南有小洲”

---

①张万玲：《广州小洲村的岭南园林特色》，载《古建园林技术》2011年版第2期。

②798和宋庄是北京比较成功的艺术区，不仅促进了艺术的发展和繁荣，也产生了较好的经济效益和社会效益。参见北京联合大学旅游学院管理系2011级李丹：《宋庄与798艺术区的发展对比研究——〈旅游经济、产业与政策〉课程论文》，见 www. doc88. com/p-1952209537318. html。

之说。小洲村清幽古朴的文化氛围以及廉价的房租吸引了众多艺术家在此寻找创意灵感，从而形成了艺术家的聚集地。2010 年，小洲村建成艺术区，使小洲村的发展向规模化、体制化迈进了一大步。

然而，小洲村在发展过程中出现不少问题，如改建风破坏古村原貌、外来人员入驻加剧村内空间不足、环境破坏和房租上涨造成艺术家逐渐撤离等，不仅阻碍了小洲村的发展，也破坏了小洲村的生态环境以及历史遗迹。

2. 水乡环境是小洲村的优势

小洲村凭借独具特色的水乡环境优势，吸引了大批艺术工作者前往聚居创作，由此形成艺术村。而后，其艺术村特色与岭南水乡古村风情又促进了旅游产业的发展。在小洲村发展道路上，经济发展与文化保护的矛盾受到广大学者、专家以及政府的关注。为了更好地促进小洲村的良性发展，笔者用文献资料评析、实践考察、对比分析、综合性与典型性相结合等研究方法，认真分析了小洲村各个要素的发展情况。小洲村作为梳式布局和网形水乡的结合体，在建筑风貌与景观风貌方面都体现出典型的广府村落和岭南水乡特点；而时代变迁又使其独具特色。笔者认为，小洲村应该根据自身实际，创新性地将古村的发展与艺术的发展相结合，用现代化方式量身定做属于自己的发展模式，从而成为知名的具有古村风貌的艺术村。

如何才能将小洲村的经济发展与艺术文化保护相结合引起了笔者的思考。什么样的发展模式才真正适合小洲村的发展实际？小洲村的发展需要哪几方面的引导？这些问题都值得去探讨与解决。探索小洲村作为艺术村的发展外延，为小洲村的艺术发展提供一个行之有效的发展模式，无论是对于小洲村还是对于发展广州市的文化创意产业都有极大的意义。基于此，笔者以小洲村作为研究对象，致力于探索适合小洲村的外延发展模式。

三、小洲村艺术特色的形成和发展

小洲村历经演变，独特的地理位置、独有的生态环境、厚重的文化积淀，独具广府特色的古朴风貌和田园风光，使其成为自然与人工相结合、园林与艺术相融合的美丽、灵秀、典雅的民俗艺术园区。

1. 小洲村建立艺术区

2010 年，小洲村建成艺术区。深入了解并探讨其形成过程、影响因素、发展困境，实现艺术与传统文化相融合的经验，可以促进其创意产业和艺术产业的发展。小洲村艺术区要带动其旅游业走向成熟，再以旅游业反哺艺术产业和古村宝贵的文化遗产，由此达到发展艺术村与保护古村相结合的目标，探讨小洲村新的发展模式。但由于某些政策和历史原因所限，目前投资小洲村建设和运营的民营企业在诸多方面显得乏力，以致小洲村艺术区目前的规模、资源仍远远不足。很多要求入驻的艺术家经常来艺术区寻找机会，不断提出希望扩大规模的需求。这种要求如能因势利导，采取一些灵活的变通政策，在资金上有所支持，在巩固和完善已建成的区域的基础上，利用目前艺术区附近的旧房屋、荒地进一步扩大规模，增加工作室的数量，增加学术交流和艺术交流的场所，改善附近生态、休闲环境以及配套设施，沿珠江边发展较大规模的文化创意产业园区、艺术原创基地，小洲村艺术区将会发挥更大、更好的影响力，给广州市的文化创意产业发展增加新的活力和亮点。以上措施对小洲村发展当地经济、解决村民的就业、有效利用万亩果园等方面也有益处。

2. 艺术家入驻，艺术村发展迅速

小洲村艺术区的迅速发展以及影响，吸引了大批艺术家入驻，艺术活动频繁，艺术氛围浓厚，距离广州市核心区和大学城较近，交通比较方便，生态条件优越，工作室费用、生活成本较低，加上较为完善的内部管理和治安保障，越来越显示出其在广东省艺术界的重要地位。小洲村艺术区的发展与小洲村原有的艺术原创基地互补，为解决当地农民就业、增加集体收入、丰富乡村旅游和发展地区文化创意产业都起到了积极的作用，理所当然地受到欢迎和支持。小洲村较好地体现了广府文化、建筑艺术、审美情趣等岭南文化的精华，并表现出文化的多样性，具有多面价值：具有科学研究价值，被称为“人类文明的活化石”；具有人文旅游价值，文化古村落满足人们对独特旅游资源的需求；具有文化遗产价值，小洲村文化景观丰富，拥有风水文化、农耕文化、宗祠文化、池塘文化等；具有艺术价值，强调园林特色，追求实用美观，讲求民间工艺。

四、对小洲村岭南园林特色的保护建议

小洲村拥有极富吸引力的文化旅游资源，应积极开发、重点保护，深入挖掘其文化内涵，提炼其特色，凸显其独特的审美价值、文化价值和经济价值。在保持古村落整体风貌的前提下，建设适合旅游需要的古色古香的度假村，提高古村落的旅游品味。

1. 小洲村园林面临的现实难题

小洲村的核心价值在于古香古色的岭南水乡特色，在漫长的历史中保存了

丰富的自然历史遗存。但在发展经济的需求下，小洲村的违建与环境污染问题日趋严重，致使岭南水乡的自然历史遗存保护乏力，水乡整体环境保护并没有得到实质性重视。这其中最突出的，一是村民不愿吃眼“钱”亏，改建、重建、拆建现象突出，致使古民宅受破坏严重，且今古民宅夹杂，整体建筑风格凌乱；二是由于河涌缺乏控制，工厂废水与生活污水任意排放，致使河道变浅、污染严重，岭南文化符号“小舟”被搁置并几近消失；三是公共及水陆交通廊道被挤占，难以找到驻足之地，居民活动空间被压缩，而且由于大气、水质污染等原因，果林功能锐减，原有园林格局正在遭到破坏。小洲村的发展具有先天优势，其浓厚的古村文化是798艺术区、大芬村等现代艺术区所没有的。但后天不足、规划不合理、经济发展与古村保护相矛盾等原因造成了小洲村当前的畸形发展，既没有足够的空间来发展艺术，逐渐膨胀的人口也使得小洲村在人的生存和艺术的发展之间难以抉择。艺术发展陷入两难境地。

2. 对小洲村岭南园林特色保护的建议

小洲村需要立足自身特色，从水乡的真实情境出发，在杂乱中去芜存菁，从中抽取具有自然或历史代表性的园林元素，形成强烈的园林入眼点、切入点和积聚点，发现河涌、果木、古宅、古庙等之间的内在和谐美，达到技艺精、建造美的效果，具体有以下三点建议。一是优化整体外部空间。完成旧建筑的修缮与有机更新，创造更为人性的景观节点；组合旧建筑群落并延展其功能，赋予其持续的生命力；疏通交通，扩大公共空间，再造整体水乡流线。二是梳理内部局部空间。开展旧景观评价，在保证历史原真性前提下，调整充实内部空间；同时，适当插入新肌体、新功能，通过适度的新旧对照，借助新元素的视觉冲击，凸显旧景观的历史特色，再现水乡的历史价值与韵味。三是适度注入当今时代的人文精神情感。小洲村首先是一个历史悠久的聚落，不能被抽象为纯粹的单一园林，相反它是多元形态的综合园林，应该被赋予丰富多样的特质，并借之再现水乡的人文情怀。

古村落作为特殊的文物，随着岁月的流逝、修缮的不利，大部分古建筑处于风雨飘摇之中。在现代文化的冲击下，各种新式建筑点布其间，与传统风格格格不入。然而，在此过程中小洲村受到经济利益的驱使出现越来越猖狂的违建行为，河涌污染严重，古迹未得到很好的保护等，大大破坏了古村风貌。之前对小洲村的研究大多集中在其房屋违建、基础设施不完善等问题上，提出一些不太全面的发展建议。当前，乡土文化面临自然和人为损坏的双重劫难，使古村落的保护工作十分艰巨。

如今的产业变迁和城乡一体化令小洲村迎来了巨大的挑战和机遇，亟须对濒危的建筑与景观风貌进行系统化的调查、整治、设计和研究，以引导小洲村建筑与景观风貌的发展。正是基于这样的时代发展趋势和研究背景，本文通过从宏观层面到微观层面的系统调查，对小洲村的建筑与景观风貌现状进行梳理归纳，进而研究整治策略，希望能丰富和完善村落建筑与景观风貌整治的相关理论。

（刘小晨：广州松田职业学院外语系讲师；刘介民：广州大学人文学院教授，广府文化研究中心研究员）

建筑文化遗产保护与地方风物的再创造

——以悦城龙母祖庙与三水大旗头村为例

文一峰

一、引　言

近年来建筑文化遗产的保护受到社会各界的关注，特别是在中国发达地区逐渐进入后工业化时代的背景下，文化产业以及相关文化遗产保护与再利用的研究更是凸显其重要性。改革开放以来，广东一直处在全国经济发展的前列，特别是珠三角地区，按照人均GDP水平已迈入中等发达国家行列，但现阶段，传统以第二产业为中心的经济发展模式遇到了瓶颈。在新的形势下，广东省作为改革开放以来全国经济社会发展的领头羊，在当代的经济社会转型发展中应有所作为，探索出一条产业转型、升级发展模式的新路径，文化以及文化产业的大发展应运而生，广东省不失时机地提出了文化强省战略。

本文是在新形势下结合广东文化强省建设的战略需要，以综合的视角对建筑文化遗产保护与再利用进行相关实践与理论的探索。建筑文化遗产的保护，不仅是物质遗产的保留和维护，更要着眼于文化遗产在当代经济、社会、文化各方面的意义，通过对遗产在科学、文化和艺术诸方面价值的认识，更加注重文化遗产对建立和充实当代人本身的文化认同的作用。在物质遗产保护的基础上，需更加注重基于这些遗产的活态文化的保护和发展。在现阶段新形势下，过去那种被动式的遗产保护很难适应当代社会发展的新需要。不同建筑文化遗产在当代有不同的社会和文化意义，不同的利益攸关方对遗产的保护有不同的侧重点，都要求采取适应社会需要的灵活性的保护和再开放策略。

二、文化遗产保护综述与存在的问题

建筑文化与建筑遗产保护一直是建筑学科的重要领域，近年来相关课题更是引起广泛关注。在建筑遗产保护方面，清华大学的吕舟认识到，自1990年代以来，中国文物保护进入快速发展时期，经济建设的高速发展促进了社会对文物保护的广泛关注，保护文物、历史城镇、乡土建筑成为社会共识。然而，对文物保护界自身而言，却仍然存在一些尚未解决的基本问题，其中一个关键问题就是保护过程中如何处理建筑遗产的原真性问题。其核心就是在遗产的保护过程中如何保持遗产的原真性，强调遗产在科学、文化和艺术方面的历史见证性。对于这些问题的处理，2014 年吕舟参与完成的成果《中国文物保护准则》不仅应是文物保护工作人员的行业规则，而且宗教和民族等部门在处理涉及文物古迹事物时，也应作为依据。

同济大学的阮仪三常年活跃在建筑与城市文化遗产保护的第一线，抢救了包括平遥古城（世界文化遗产）在内的一大批优秀建筑文化遗产，但也看到由于城市发展的速度和人们对历史风貌与文化遗产保护认识上存在差异，有时保护还是无能为力，新的建设改变或者破坏了历史街区的整体风貌。同济大学的常青在风土建筑谱系研究的基础上，认识到被动式地保护建筑物质遗产常常会遇到困难，在相关实践中提出适应性的灵活保护策略。

在广东，对于文化遗产的关注近年来持续升温，在各大学和相关院所成立了数量可观的研究机构，对于文化遗产相关的文献研究和资源现状调查做了大量工作。例如，中山大学广东文化地理学泰斗司徒尚纪、中山大学民俗学学者叶春生、广东民间文化博物馆专家黄淼章、佛山史专家罗一星等对遗产的文史方面的研究做了大量奠基性的工作。华南理工大学吴庆洲及其带领的团队，依托东方文化研究所等研究机构，发挥其理工科的学科优势，做了大量文化遗产整理和保护工作，其成果包括孙中山故居等一批优秀遗产的研究和保护。广州大学成立了多家以广东文化为对象的研究机构，如广府文化研究中心、广州十三行研究中心、岭南建筑设计研究所等，做了大量文献梳理和建筑文化遗产的实际修缮工程，如纪德君、冷东、曾大兴、杨宏烈、刘介民等编辑出版了相关文集和发表大量相关学术论文，汤国华依托岭南建筑设计研究所修缮了大批广东建筑文物，其中包括广州石室等优秀建筑文化遗产。从整体上来看，建筑文化和建筑文化遗产保护持续受到重视，但也存在文理分科、学术视野分散等相关弊端。对于理工科研究院所而言，虽已有大量的相关实践，但相关的理论建设相对滞后，物质文化遗产的保护与非物质文化遗产的传承之间缺乏有机联系；对于文科学者而言，不同学科关注的焦点还有待整合，不同利益攸关方对待文化遗产的不同价值观存在分歧，还有待理论上的分析以引导实际问题的解决。建筑文化遗产保护事业中的诸多问题和不利因素，表明亟须在理论层面上有一些整体性的认识，以便全面把握建筑遗产保护和再利用中的复杂局面，提出具有实践价值的可持续文化遗产保护与再利用策略。

在建筑文化遗产保护的实践过程中，政府、学者和原住民意见不同甚至发生冲突的现象屡见不鲜，脱离原住民原真文化的过度外来干预、局限于暂时的经济发展需要而牺牲依托于建筑遗产的文化原真性的现象时有发生，最终导致在开发利用中文化遗产的异化甚至造成遗产的破坏消亡也不在少数。因此，有必要探索能结合各利益攸关方的各种利益诉求，能全面可持续发展的文化遗产保护和再利用策略，其中重点是对于不同文化遗产在当代不同的社会文化意义背景下应采取活态的适应性保护和可持续发展再利用策略。

以下的例子普遍地说明了活态文化的重要性和文物保护不同于一般社会事业的特点。大同市是一座我国北方保存较为完整的古城，拥有众多很有价值的历史遗迹，这些文化遗产包括城墙、寺庙、历史街区、民居等，在全国大拆大建、旧城换新颜的风气下，以及所谓的重现辽代大同城市风貌的主张、改善人民生活和居住条件的政绩要求下，这些遗产遭到破坏或者被新建的仿古建筑等假古董所替代，让相关学者痛心疾首。然而，主政这些事情的原大同市市长耿彦波在调升太原市市长时，大同市市民却纷纷请命挽留。耿彦波在文化遗产保护的问题上与相关学者、专家有很大的意见分歧，但在改善旧城区人民的居住条件等民生方面得到民众的支持。这至少说明了一个在文化遗产保护事业中的基本问题，即民众对于博物馆式的文保事业的隔离，也反过来说明活态文化保护的重要性。这个案例表明，对于文化遗产这样涉及面广的事业，不同的利益攸关方有不同的关切点：对于学者来说，其关切的是遗产在科学、历史等方面的见证价值，保持民族文化记忆的长远利益；对于当地民众来说，其关切的是当前生活和居住条件的改善、文化建筑的可参与性及满足现实的文化生活需求；对于政府来说，其关切的是政绩和形象工程，未免会有一些追求短期效应甚至表面效应的可能。面对城市发展的复杂局面和实际的繁杂工作，决策者和主政者如果在理论和策略上没有较全面的认识和把握，在城市发展与遗产保留之间不能协调整合，让人遗憾的实践在国内就难免时有发生。如何有效地统筹各方关切点？活态保护文化遗产是解决问题的关键思路之一。

针对上述问题，可基于原型理论探究建筑文化和融合在建筑中的活态文化的深层内涵。原型是荣格及其学派文化学说的关键概念，其成果普遍应用于语源学、语义学、图像学，特别是宗教图像学、民俗文化图像学等领域，对建筑历史理论、建筑文化人类学研究都有重要的理论参照意义；可用于研究文化、原型、意义、图像和建筑符号、建筑空间诸方面的相互关系，建构基于原型理论的建筑符号学及建筑文化遗产理论。现阶段国内在这方面的研究还相对薄弱。按照荣格对原型的基本论述，原型本身不可见，必须通过人与人、人与诸事物的“神秘互渗”而得到象征表达，其体现的是存在于建筑中的原真文化的内核。因此，本文倡导的重点是：在建筑遗产物质保护的基础上，在遗产的开发再利用的实践过程中，如何保持原真文化，不破坏文化原型的基质，保持文化遗产事业的可持续发展。在理论成果研究的基础上，本文通过翔实的田野调研，掌握广东建筑遗产现状的第一手资料，对建筑遗产的不同文化意义、类型进行梳理，研究不同类型的建筑遗产在现代社会中文化转义的适应性，提出地方风物的再创造理念，提倡采取灵活的可持续发展策略，探索建筑遗产与现代建筑设计创作有机融合，创造新的地域性建筑文化，为建筑遗产保护与再利用事业拓展新的理论与实践方向。下文以两个实际案例为对象探讨建筑文化遗产保护与地方风物的再创造。

三、文化遗产保护相关案例

（一）悦城龙母祖庙

坐落于广东肇庆市德庆县悦城镇的龙母祖庙是西江人民的圣殿，养育和滋润了西江人民数千年的文化生命，是广东省具有代表性的重要文化遗产。综合各种研究来看，龙母文化在非物质文化遗产方面，其演化主要体现在如下几点。①图腾崇拜与模仿巫术。百越先民因害怕蛟龙而断发文身，模仿蛟龙以求得蛟龙的认同和保护，进而演化出龙母拾卵豢龙、龙子衔鱼敬母的故事。②祖先崇拜与英雄崇拜。龙母是百越族母系社会或向父系社会过渡时期的一位女首领，带领百越人民战胜各种困难，做了很多好事，被百越人民赋予超凡的能力，最后被神化。③水神及自然神崇拜。西江流域风物丰富，河网密布，但水患也频繁，龙具有呼风唤雨的超自然能力，被神化了的氏族祖先被赋予这种能力，从而造就了龙母。④封建宗法和孝道思想助推了龙母文化的开拓发展。历代封建统治者对龙母的封表实际上维护了边远地区的安定。这些研究结论的重要价值毋庸多言，其缺憾是都有游离于宗教体验本身的客位研究之嫌，未能从主位的立场在更深的层面来揭示龙母文化的内涵。虽然如今参与到龙母民俗活动的人群中，不乏外来的以休闲娱乐或考察等现代方式的参与者，也不能排除有一些“从众心理”支配下的被动参与的本地人，但其基本层面还是最广大的信众，他们仍然保留了宗教信仰最本质内在的东西，这就是神话意象（如荣格所说）是人的主体性不可或缺的一部分。从龙母诞的盛况可以看出，宗教原型激发了集体无意识的内在生命力（见图1）。

龙母文化的原型是基于自然崇拜的大母神崇拜，作为一种基于乡土的民间宗教，既有一般宗教的普遍性，又有其自身不同于普世性宗教的特点。如龙母护身符正面是龙母像，背面印的却是《般若波罗蜜多心经》（见图2、图3），

图1　2007年龙母诞盛况

可见在信众的心里龙母信仰的精神与佛教观音信仰在内涵上并无本质的差别。实际上，从原型的观点来看，无论是龙母、妈祖，还是观音、圣母，都是大母神崇拜这一主题在不同的文化环境中的变奏。龙母崇拜被称之为民间宗教，其与佛教、基督教等世界性宗教的区别在于：基于民间传说的民间宗教在哲理、世界观方面没有全面的理论诉求，民间传说与宗教神话虽然有着相似的叙事结构和不同于日常的语法，但民间宗教是在一个较小的地域范围、较日常的伦理基础以及较分散式的风土叙述，其基于原型的集体无意识特点表现得更加淋漓尽致。如果勉为其难地在某种特点的文化情境中——如调适于普世性的宗教或现代转型时期要求其做出系统性、理论性的表达，民间宗教往往借助于普世性的宗教文本作为补助。龙母崇拜的内核是结合龙的自然崇拜基础上的大母神崇拜原生态文化，其为西江流域的信众提供了基于风土的意象群，千年不断地延续了西江人民内在的文化生命力，离开这一点，即离开了文化遗产的原真性的内核。其他方面如旅游开发，甚至如所谓的“文化搭台、经济唱戏”，以及一切外来因素的干涉都不应损害到这一内核，否则所有的发展愿景都将是不可持续的。徐亚娟在《近百年龙母传说研究综述》一文中对于涉及中国的遗产保护事业所提出问题很具有共性，引述如下：

> 龙母传说在当代受到前所未有的关注，固然是因其传说本身的魅力所致，但是多个“龙母故乡”、“龙母发源地”在新时期对龙母超常关怀的动机并非如此简单。通过对几地“龙母情结”的实地考察，我们就会很容

易感受到隐藏在龙母文化背后的利益本性。在经济驱动下开发龙母文化，使产业文化为地方文化产业提供服务，这种做法无可厚非。地方政府能为营造龙母文化提供充足的资金保证，这看来也是龙母传说在当代最大的收益之所在。只是传说本身是由民众信仰所支撑的文化结构，如果一味地追求经济利益来发展文化产业，而忽略了龙母传说的主体身份，忽略了龙母传说本身的文化意义，势必造成龙母传说主体性的丧失，进而造成龙母文化在市场经济时代的悲剧命运。这就引出了一系列问题：市场经济的时代如何处理文化与经济的关系？为经济搭台的产业文化将向何处发展？不能为经济搭台的文化我们还需要么？而这些问题的答案显然目前还不得而知。①

图2　龙母护身符正面

图3　龙母护身符背面

如果放宽眼界，联系到所谓梁祝故里之争、诸葛亮故里之争、西施故里之争、曹操故里之争、七仙女下凡地之争等，这类问题在今天颇具广泛性。政府或者外来参与者往往在文化遗产事业上显得急功近利。对于龙母文化资源的再利用，“外在”参与者应该是依附性的，无论是政府主导的开发计划，还是外来者的观光旅游等不恰当地过度干预或参与，都会危及文化原真性本身而使文化遗产遭受异化，失去根本，离开龙母文化的内核和原生态文化演化的自然内在过程，就谈不上对遗产的可持续开发和再利用，这不能不引起我们的警觉。

坐落于悦城镇名为“珠山”的山谷盆地上的龙母祖庙，其建筑格局“门、

①徐亚娟：《近百年龙母传说研究综述》，载《广西民族研究》2007年第4期。

殿、寝”保持完整，整个建筑群面向西江，背靠五龙山，是中国风水文化的活教材（见图4、图5）。龙母祖庙至今还延续着如龙母诞、龙母得道诞、龙母感恩节等盛大的庙会活动，龙母信众遍及西江流域、港澳地区及周边省份，这些都是龙母文化的珍贵遗产。正是因为有这些资源，引来各方对利益的追逐和对遗产的再开发利用。如笔者2015年拍摄的龙母祖庙旅游导览图片所示（见图6），龙母祖庙东边地块已开发成新的旅游配套项目及停车场，旅游指示标牌等一应俱全，一派现代旅游区景象（见图7）。这些都是笔者在2007年还未曾见到的新建设项目，新的建筑在风貌上很难与旧建筑协调，形成了街道两边新旧建筑风格迥异的“阴阳脸”现象（见图8）。旅游开发带来了一定的经济效益，带动了如祭祀用品等民间工艺产业（见图9）、旅馆餐饮业（见图10）等的发展。但从现状来看，除了与宗教直接相关的祭祀用品等工艺产品外，其他如旅游住宿、餐饮业等并不繁荣，江边的农家餐馆还相当简陋，规模也比较小。龙母祖庙主要还是一个民间宗教场所，有宗教活动的季节性，信众在参与完成宗教活动后，并不会较长时间逗留，这是有关业态发展不充分的直接原因。为了发展旅游，处于龙母信仰祭祀文化之外的政府已强势介入，发布旅游开发告示（见图11），政府的积极参与看中的是龙母祖庙在旅游开发中的潜在经济价值。据当地居民反映，在旅游开发中政府占主导地位，他们并没有得到多少直接的好处。在遗产的开发再利用过程中注意处理各利益攸关方的利益诉求，这本是政府应尽的义务。更重要的是，政府在涉及这类活态文化遗产时应持适度参与、适当引导的态度，积极引导地方风物的创造，而不是过度行政干预，否则极易破坏原生态文化的原汁原味，造成文化遗产原真性的损坏，文化遗产的开发和再利用事业本身必然因此而不可持续。在开发利用龙母文化遗产的过程中，必须意识到作为一个正在使用的民间宗教场所，龙母祖庙所承载的活态民间宗教活动是其主要功能，是地方风物的主要载体，旅游等开发活动必然要附属于此，不然就会失去其根本。

图4　龙母祖庙背靠五龙山

图5　龙母祖庙的风水格局

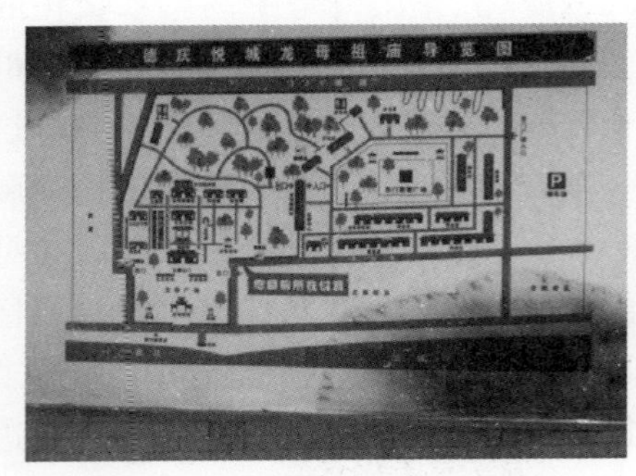

图6　龙母祖庙旅游导览图

图7　新旅游区指示牌

图8　新旧建筑的“阴阳脸”现象

图9　祭祀用品等民间工艺品

图10　西江边农家小餐馆

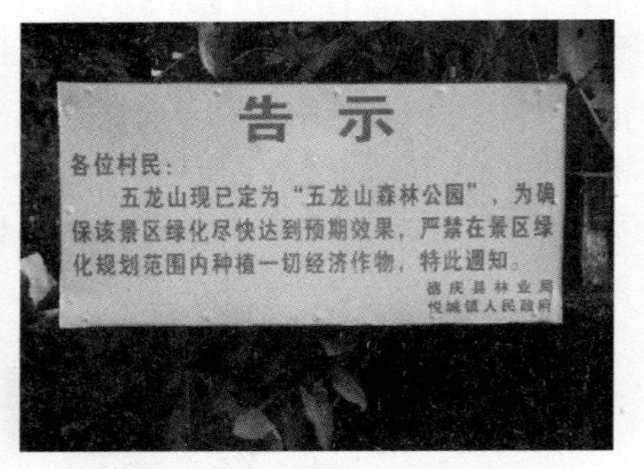

图11　地方政府的旅游开发告示

（二）三水大旗头古村

三水大旗头古村的案例，更是直接说明了活态文化遗产保护的重要性。对于保持遗产的物质原真性我们尚需努力，其主要问题在于遗产在修缮维护过程中，参与遗产修缮的工匠囿于师承的工艺很难恢复到遗产建筑原有的真实历史工艺，但诸如此类的问题毕竟能够明确其问题所在；但如果说要保持遗产的文化原真性，则问题要复杂得多。何为文化的原真性？如何界定其在发展过程中是自然的传承演变还是发生了异化？不对这些问题进行回答，就很难说我们对遗产保护事业的可持续发展有充分的认识和采取了正确的策略。

遗产的保护不仅是物质性的，更重要的是遗产在科学、艺术等方面的价值对当代人本身的文化、历史认同建构所发挥的不可或缺的作用。遗产保护也不仅是经济开发性的或者一般性的社会事业，它必须通过适当的方式切入当代人的生活。广东佛山三水大旗头村被列为中国第一批历史文化名村和广东省文物保护单位，是建筑学、民族学、历史学等各个学科研究我国古代农业聚落文化和广东文化地理的实例，具有相当高的文物价值。大旗头古村，其总体的梳式布局和建筑的三间两廊形制都代表了广东历史村落的典型（见图 12、图 13），村头的文笔塔、池塘、坪场、条石组成了笔、墨、纸、砚文房四宝的意蕴，形成生动的风水格局。对于这样一座有文化遗产价值的古村，对其进行博物馆式的保护无可厚非，但当前这种脱离现实生活被动式的文物保护也产生了一些消极影响，一度被有些学者戏称为“活棺材”。为了更有效地利用大旗头村的建筑遗产，2004 年首届深圳国际文化产业博览会上，三水区文化局与广东省活力旅行社有限公司正式签约，三水大旗头村利用民间资本进行开发、保护和产业化发展的项目正式启动，开发宗旨是将其打造成岭南文化代表景点和佛山市知名的文化产业项目。对于这次佛山市首次将文物保护单位交付民间资本进行开发的项目，专家一致认为：在保护文物与发展经济之间必须取得平衡，尤其要重视当地居民在开发利用大旗头村的参与机会。大旗头村将出现民俗手工艺作坊、泥塑、剪纸工艺和民间说唱艺术馆等，此外还有村民们开设的家庭旅馆等。项目必须在严格的保护制度下进行开发，预期达到社会效益和经济效益的统一。然而，实际结果却并不理想。2006 年笔者曾造访大旗头村历史遗产保护区，除了笔者静静地参观之外，其中不见一个人影，整个保护区没有一丝人味。2015 年，笔者重访这个古村时，情况也无明显改观，仅偶然碰到两个参观者，倒是村民们在村头休憩使这里显得有一些生气。

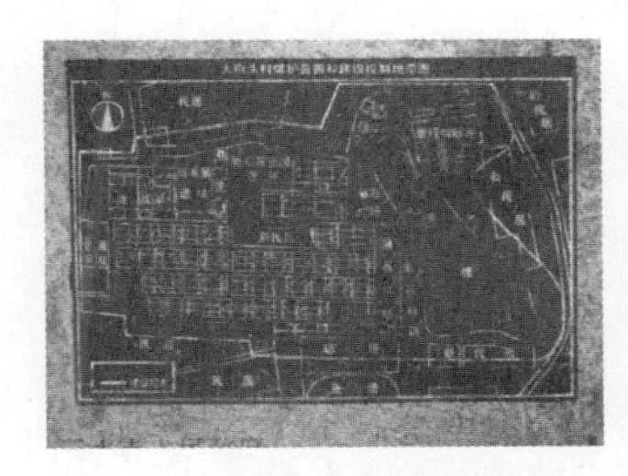

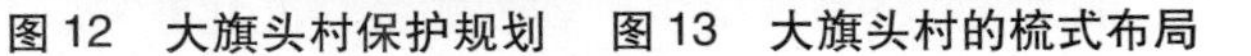

图 12　大旗头村保护规划　图 13　大旗头村的梳式布局　图 14　大旗头村村头

大旗头村建筑遗产项目值得研究的问题可从两个方面来看。从保护方面而言，这个项目获得过文化遗产保护方面的奖项，细究起来是因为其严格保护了遗产的物质原真性，有着真实的历史见证价值。但是，现在还很难见到除相关部门和学者之外的参观群体，这种博物馆式的遗产保护未能发挥其应有的社会效益。大旗头村为清代广东水师提督郑绍忠于光绪年间（1875—1908 年）一次性统一建造的民居建筑群，依据修建的年代和当时建筑的使用现状，是否有必要立即进行原住民的搬迁、实施博物馆式的保护也是值得商榷的。从开发利用方面而言，大旗头村远离人口密集区，缺乏相应的文化产品消费群体，建筑空间格局和环境氛围本身也不适合民俗手工艺作坊、泥塑、剪纸工艺和民间说唱艺术馆等策划项目，最后造成由于缺乏相应的参与活动和维护主体，遗产已有自然败坏的现象（见图 15）。这说明，从文化原型和原真文化的角度来看，古民居这类遗产是不是适合博物馆式的保护是有疑问的。古民居真正的遗产价值是依于建筑场所的活态文化的延承，如村民们又自发地把保护区的房屋当作祖屋进行诸如婚丧嫁娶之类的活动，这反而证实了建筑所承载的原真文化的生命力。文化遗产必须活在现实生活中，延续和承载地方风物。这都说明，保留原住民和保持原住民的积极参与性是维护活态文化原真性的必要前提，离开这个基础，开发利用不可能取得真正成功，遗产保护也必然是不可持续的。

图 15　大旗头村自然败坏的场景

大旗头村在保护利用过程中有一些值得推广的做法，在原大旗头古村周边新建了一些仿原来梳式布局的民宅，既部分延续了大旗头村的居住文化文脉，又改善了原住民的居住条件（见图 16），解决了涉及改善民生的现实问题，是值得推广的好经验。然而，大旗头村的遗产保护实际情况也存在不利于长远发展的地方。大旗头村目前有比较好的条件创造地方风物，如保持完整的古村落建筑、生动的风水格局和丰富的村史资料，比较好地融入再开发利用当中，自然地延续古村落的文脉风情，可以预见将呈现出生机勃勃的乡村文化景观。但眼下的情形令人担忧，从图 17 中可以看到，大旗头村周边的土地开发处于混乱之中，谈不上与古村落之间的风貌协调，更谈不上对古村落风土文化的延承和地方风物的再创造。物质环境是承载活态文化的基础，文化是建筑原型的内在灵魂，二者缺一不可。在可持续地开发利用古村落遗产的策略中，既要考虑“统筹规划一盘棋”，又应注重“文化活态有生机”。当前许多地方都在借助文化遗产发展文化产业，所谓“文化搭台，经贸唱戏”，搞活动、贴标签、造影响，一时间很热闹，但对于深层文化的构筑作用十分有限，并不利于文化本身的内涵挖掘和发展。这里的关键问题是我们需要持有这样的观点：原真文化的内在生命力对当代人自身文化认同的建构作用比一时的经济效益更重要，这是我们处理文化遗产事业的落脚点。

图16　大旗头村新梳式布局民宅

图17　大旗头村周边混乱的开发建设

五、结论与策略

当代西方建筑理论中的一个关键词“place”，中文并不太好翻译，在国内建筑学界一般翻译为“场所”，有词不达意之嫌，也有简单地翻译成“地方”的译法，但很明显，西语的“place”与中文的“地方”无论是内涵还是外延都有很多不对应之处。“place”的核心意涵是地理环境结合了人文精神与人的活动，所以“take place”意味着“发生”，这是一个西方常用语，却充满了隐喻的意蕴。在现象学的建筑美学中，常常“place spirit”连用，中文翻译成“场所精神”。笔者认为这些意涵与中国传统文化中的“风物”一词比较切合。“风”者，风土人情；“物”者，物质环境。这两者的互文创造了充满人文精神的“风物”，只不过“场所精神”（place spirit）更侧重于空间性的实物感，而“风物”则强调一种抽象的韵调。在建筑文化遗产保护与再利用实践中，地方风物的延承和再创造是活态文化遗产保护的关键。如悦城龙母祖庙、三水大旗头村等案例所示，依据建筑文化遗产的各种类型在现代社会的不同文化意义和适度文化转义的可能性，采取地域灵活性、人文适应性的遗产保护和再利用策略，其中活态文化的延承和地方风物的创造始终是遗产事业可持续发展的内在灵魂。广东遗留有众多犹如龙母祖庙、大旗头村这样的文化遗产，有的已列入文物保护单位，有的没有，但它们都承载着基于某种原型的活态文化，蕴含着一笔宝贵的精神财富。在地方风物创造的理念引领下，在宏观的建筑文化热潮和建筑中国式探索的背景下，这些遗产必将进一步为实现建筑遗产的保护利用与新的创作的有机融合，为创造、融汇古今的新地域性建筑文化提供广阔天地。

（文一峰：广州大学广府文化研究中心研究员）

使命与责任：海珠区民协对古祠堂的抢救工作

刘小玲

一、缘起：让青砖石鼓说话

广州在秦对岭南统一之后就进入了文献纪实阶段。自秦始皇三十三年（公元前214年）设郡至今，已经有2200多年的历史了。在这两千多年的社会历史发展进程中，中原文化与百越文化、华夏文明与外来文明激荡与交融，广州形成了独具特色的城市风貌和人文特性：岭南文化的中心地、中国南海海上丝绸之路的发祥地、近现代革命的策源地、当代改革开放的前沿地。两千多年的积淀，先辈们为我们留下了丰富多样的历史文化遗产。

而古祠堂则是历史文化遗产中最具体、最深刻和最丰富的体现。海珠区民间文艺家协会为保护古祠堂这一文化遗产，从2003年开始就把抢救海珠古祠堂、弘扬岭南祠堂文化作为协会中期发展计划的重要工作之一。为此，我们成立了海珠区民间文艺家协会民俗文化工作委员会、民间文学工作委员会作为执行该项工作的机构。2013年9月，我们向海珠区文联提出了策划、承办“海珠祠堂文化节”的建议，这个建议很快就被中共海珠区委宣传部采纳，并于同年的重阳节，由区委宣传部主办，海珠区民间文艺家协会协办，成功开展了首届“广州海珠祠堂文化节”的活动。这个活动引起了社会的极大反响，唤起了人们对宗族、对民族之根的怀想。在活动开展期间，当我们走在祠堂文化节举办地黄埔古村时，抚摸着每一座古祠堂冰凉的青砖块，心中涌起一种联想：这冰凉的砖块里面蕴涵着什么样的家国故事呢？此刻，祠堂大门下的石狮、石鼓仿佛在张口说话，可是当时我们都听不到，听不懂。但是，我们坚信，它们一定在说话。它们站在这古村里默默诉说，说了多少年？它们说家族的奋斗史，说时代的变迁史，它们不少已经在历代战争、运动以及现代化城市建设中被摧毁了，而残存的已经是风烛残年，破败不堪。

因此，祠堂文化节刚结束，我们就向主管部门海珠区文联提出第二项建议——编辑出版《海珠古祠堂》。因为我们知道，只有把海珠区的古祠堂挖掘出来，才能引起社会的关注，古祠堂的抢救和保护才会得到政府的重视。这项工作马上得到了文联主席钟晖女士的大力支持。

二、组织严整：确定编写队伍和采访线索

很快，海珠区委宣传部采纳了我们的建议，并拨出了专款，供我们采访、出版之用。2013 年 11 月，我们成立了编辑委员会，宣传部长刘晋生为总策划，聘请中山大学博士生导师、广东省民间文化遗产抢救工程专家委员会主任叶春生教授，广东省民间工艺博物馆（陈家祠）馆长、祠堂文化专家黄海妍，海珠区著名民俗专家罗国雄、谭乃忠为顾问，由海珠区文联主席钟晖、海珠区民间文艺家协会主席刘小玲担任主编，组织了以民俗专家崔志民、何礼谦，本区历史学博士、副研究员、海珠区博物馆馆长潘剑芬为主要骨干的，有社会知名作家、文化志士、大学生参与的 20 多人的编写队伍。同时，我们还通过海珠区民间文艺家协会下属两个工作委员会，梳理出海珠古祠堂的守者名单，他们有的是本族祠堂的后人，有的是村干部，多年来他们关心这些记载着家族兴衰和时代流变的古老建筑，当知道古祠堂能有朝一日能重见天日，他们都显得非常兴奋。所以，我们很快就建立起一个社会关系网络。

我们列出的古祠堂抢救名单，是根据由广州市文物普查汇编编纂委员会的《广州市文物普查汇编·海珠区卷》（以下简称《汇编》）上列出的古祠堂名录，共 62 座。当时我们以为任务并不繁重，但是从总序上看，海珠区文物普查部门历时 3 年，动员了 2000 多人和大量的经费去完成这部《汇编》（除了古祠堂还有其他内容），而我们十几个人要用不到一年的时间去完成对这 62 个古祠堂的调查整理，便觉得不是一件容易的事，大家都感到压力比较大。幸亏我们有崔老师和何老师这两位对海珠古祠堂很有感情的专家，给了我们很多启发和鼓励。所以，经过两次碰头会议，我们就初步组建了编委会，确定了编写大纲。

三、旗帜鲜明：我们要表现的是海珠祠堂文化

非常感谢崔志民老师，他一开始就提出了《海珠古祠堂》的编写宗旨：不要只是把祠堂当作一座建筑，要把它当成一座祠堂文化的金矿。于是，我们也一开始就旗帜鲜明，把这次编写《海珠古祠堂》当作一个神圣的工程，我们不仅要挖掘某一家族的历史，更要通过挖掘，打通一条通向历史纵深的路，将已经被时代湮灭的中华民族最鲜亮的器皿拭亮，让它重新焕发光彩。

刹那间，我们热血沸腾，内心充满神圣的使命感。记得当时不仅我个人激动，钟晖主席作为政府官员也很激动，而且连一些参加会议的对祠堂并不了解的大学生都很激动。那时，几位大学生正面临写毕业论文，但都非常愉快地接

受了这个任务。

在我们的编写大纲里，有以下采访要求。

（1）古祠堂所属家族的源流。

（2）古祠堂建筑历史、特色。

（3）家族名人故事。

（4）祠堂建制。

（5）祠堂文化，包括宗族规例、传统、节庆、族谱等。

（6）祠堂文物。

因为有了这样明确的工作指引，所以我们一起步就没有走弯路，这决定了《海珠古祠堂》面世时是一本真正反映岭南古祠堂文化的大书。

四、使命神圣：翻开了广州近代史

2014 年 12 月，由黄埔村起步，我们走访了龙潭村、土华村、沥滘村、赤沙村、仑头村……我们为纶生白公祠华美的建筑艺术陶醉，为卫氏大宗祠规格之高级震撼；我们在庄严的邓氏大宗祠前追思，在破落的潘氏家祠前扼腕；我们敬慕白纶生先生的乐善好施，也向往胡璇泽先生人生的多彩多姿；我们在纯阳观前凭吊南雪祠和菊坡祠，在小洲村粤梅简公祠抚摸明代的遗砖……走进一座座祠堂，走进一个个家族，每天都在翻阅一页页史书，其中有志得意满的辉煌，也有多灾多难的泪水，家族史就是民族史的一个章节，我们从中读到太多的悲欢离合，太多的起伏升沉。然而，让人振奋的是，海珠的先人通过祠堂留给我们的是一部气壮山河的创业史、奋斗史，这就是一种精神，一种有着浓郁广州特色的刻苦、务实、创新、乐善的精神。我们蓦然发现，广州惊世特立的近代史，几乎都发生于河南的海珠区——十三行是中国近代商贸史重要的一页，这一页的“写手”就是居于江南的潘氏、伍氏、梁氏；广州第一座发电厂、第一座制糖厂在中国民族工业史上有着举足轻重的地位，其缔造者是黄埔村的冯氏；中国第一个外交官、追回庚子赔款、送学子出国留学的是黄埔村的梁氏；兴建中国第一条铁路的官员是黄埔村胡氏；改写华侨血泪史，成为多国侨领的是黄埔村胡氏；被皇帝颁赠“乐善好施”牌坊的是龙潭白氏；在甲午战争中抒写爱国浩歌的是龙涎里邓氏。

当时，作者们都很激动，特别是莫凌，她调查的祠堂最多，了解到的史料也非常丰富。当她在大塘采访李氏祠堂时，发现民国时期的一位广州市市长、一生毁誉参半的李福林就生活在这里，她立即去查阅更多资料。这样的发现，在我们的调研过程经常发生。有时，我们在村里走着走着，就会发现一些躲在街边角落的破房子，再认真一看，原来是没有写入《汇编》提纲的祠堂。

在一次由何礼谦带领的联星乡的座谈会上，乡民们向我们提供了一大批没有进入文物保护部门视野的祠堂，而这些祠堂在历史上都曾经辉煌过。

在调研过程中，我们还发现一些有文物价值的物件被丢在村里的街头，被湮没在行将倒塌的破祠堂里。所以，我们越走心越沉重，同时步伐就越坚定，而祠堂在我们眼中也就越来越生动。

最后，我们决定，不能只靠《汇编》，必须重新开展调查，要在最短时间内把能找到的祠堂都找出来，写进《海珠古祠堂》里，只有进了书目，这些祠堂才有可能保住。

五、痛心与忧思：大部分祠堂亟待抢救

用了一年的时间，海珠区民间文艺家协会的民俗工作者带领着社会上热爱民俗的志士和大学生，走遍了海珠区的大街小巷、村庄院落，对海珠区的所有祠堂进行了一次寻访调查。这是一次空前绝后的旅程。是的，在我们的前面还没有人做过这样工作，不仅仅登记祠堂名录，丈量祠堂规模，还要了解祠堂的历史、祠堂的故事，通过挖掘那湮没在历史深处的细节，还原历史的枝蔓。但遗憾的是，由于不同时代、不同理由的破坏，我们需要的资料几乎是空白的，所以在寻访的过程，我们内心充满了焦虑——在宗族中口口相传的祠堂旧貌已经不复存在，更多的只有颓垣败瓦，甚至有些只剩下一截断碑或一段回忆。即使尚存，也逃避不了成为“贴面楼”的命运。我们在土华村就见过一个祠堂的一半已经变成高楼了。

而更令人忧心的是，目前亲历者已经相继故去，而掌握家族发展线索的老人们也是垂垂老矣，如果不及时抢救，那么历史的经纬将会断裂，一切的浮华都将成为无本之木。所以，我们常常在心里说，“必须赶快，这是最后一次寻访，因为很快这一切就会消失了”。

六、曙光初现：海珠古祠堂重回人们视野

2015 年，第二届岭南祠堂文化节在黄埔村举行，《海珠古祠堂》也如期和读者见面。虽然这部大书还是很粗糙，甚至还有错误，但是这本收录了 140 座海珠古祠的大书终于面世，并且一石击起千层浪，在社会上引起巨大的反响。祠堂、宗亲、传统……这些有着浓浓中国元素的字眼走进人们的视野，唤起一种久违的温暖：原来我们是有祠堂的，我们是有根的。出版社的存货竟然已经只剩下几十本，因为不少人都想寻找自己的根。

到黄埔村、龙潭村、土华村寻根的乡亲多起来了，而原来就住在祠堂旁边

的村民也开始打开祠堂那把生锈的锁，推开那扇积满尘的大木门。在春节，更多的祠堂贴上了鲜红的春联。不到一年间，一些本来已经颓败的祠堂因为族人们的努力，开始修葺了。在沥滘村，在黄埔村，在棣园，卫氏、冯氏、范氏先后有一些祠堂已经以全新的面貌接待子孙后人。而在传统节日里，祠堂活动也越来越活跃、丰富，敬老迎春宴、龙舟庆功饭，开灯上匾……中华民族的传统文化借着祠堂文化，正舒枝长叶，初见成果。

我们不敢把海珠区祠堂文化的复苏归功于一本书，更不敢把这一切喜人的成果纳入海珠区民间文艺家协会的功簿，但我们乐见自己的辛勤汗水洒在有回应的土地，我们因此而受到鼓舞。

是的，我们不会放弃海珠古祠堂的抢救工作，我们会一直做下去，这是延中华民族之丽泽，振中华民族之高风的使命。全海珠区历史记载有近300座，而《海珠古祠堂》才收录140座，可想而知，我们的路还有多远。

（刘小玲：广东教育出版社编审，海珠区民间文艺家协会主席）

社区影像：互联网时代社区/古村落营造的影像参与

罗祎英

社区营造（Community Development）是20世纪60年代以来，人们应对高速发展的现代社会中不断涌现的各类社会问题而采取的一种整体性策略，是“指居住在一定地理范围内的人们为保护生活环境，提高生活质量，持续以集体行动来处理共同面对的社区生活议题，在解决问题的同时创造共同的生活福祉。在此过程中，居民与社区环境、居民相互之间建立起了紧密的社会和心理联系”①。其中，紧密的社会和心理联系既是社区营造理论实现创造共同的生活福祉这一终极目标的必要手段，也是该策略的重要表征。但对于社区/古村落而言，要在居民与社区环境、居民相互之间建立紧密的社会和心理联系必然涉及长期流转的共同生活印记与彼此认同的文化记忆，这是一种不同于官方话语中的“民族遗产”和“国家遗产”的“家园遗产”。

一、“家园遗产”——文化权力的社区回归

所谓“家园遗产”，从本质上来说，是归属于遗产的原生性创造者，并与某一特定人群、世系、团体具有紧密联系的一种价值遗存。它明确指认遗产主体继承和传承遗产的权利与能力，也是“族群应对全球化，应对民族—国家权力，自我认同与宣称的手段和策略”②。显然，“家园遗产”是一个历史性的、情境性的概念，它还原了遗产地方性、社区性这一事实，并且揭示了遗产主体如今往往陷于自身失语、边缘化的境地，而其后果极有可能是造成集体记忆和认同的异化乃至消失。因此，“家园遗产”是对遗产过程官方化、民族—国家化的一个反拨，这在社区/古村落的活化议题中常常陷入的国族政治权力和经济利益群体力量的入侵和扩张焦虑中显得格外重要。

然而，在现实中“家园遗产”对国族政治权力与利益群体的反动缺乏实

---

①胡澎：《日本“社区营造”论——从“市民参与”到“市民主体”》，载《日本学刊》2013年第3期，第120页。

②林敏霞：《“家园遗产”：情境、主体、实践——基于台湾原住民及“社区营造”经验的探讨》，载《徐州工程学院学报》（社会科学版）2013年第5期，第86页。

现的土壤。由于目前社区/古村落的“活化”与“开发”[1] 必须依赖政府的施政政策与资金投入，以及商业机构的运作。因此，我们所提出的权力回归更多地表现为一种文化权力的补偿，即从社区及其成员中寻找“家园遗产”的价值重现。即便客观存在这种难以克服的悖论，对于这种文化权力的补偿/回归的强调仍然是必要的。因为它首先满足了社区成员之间对于社区及自身历史的自我认同的需要。重新确认“家园遗产”的主体权利归属，让不论是迁移在外的居民后代，还是留守在社区生活的社区成员，拥有了解和传承社区历史和文化的能力，对建立完整的自我认同感和文化共同体意识尤为重要。尤其是在我国岭南地区，历史上大规模、长期性的海外迁徙活动让许多社区/古村落与海外关系密切，许多社区的海外移民及其后代都迫切需要与自身族源建立联系。另外，随着社会发展与个人发展的需要，许多社区都面临居民外流、社区凋零的问题。显然，重新要求年轻一代回到祖屋居住目前看来不太现实，而通过“家园遗产”的文化传承则在一定程度上能够维系社区成员在精神上、心理上的纽带。其次，它满足社区对抗社区外社会成员内殖民心态的需要。在众多的社区/古村落的活化讨论中，旅游开发似乎成了最符合各方利益的方式。然而，对于身处其中的社区成员而言，目前通行的开发样式并没有更多顾及他们的文化需求。尤其在许多以少数民族风情为特色的地区，旅游资本对传统村落的改造和重构实际上是对“家园遗产”资本化，将其丰富多元而富有意义的遗产内容扁平化、标本化，并按照符合奇观需求的原则进行裁剪和夸大，抹杀了遗产内容包含的文化意义。因而，这些“家园遗产”降格为一种“异域情调”，游客的光顾实际上是对边缘文化的一次猎奇。而要在实现社区发展目标的同时避免这种状况的出现，培育根植于社区自身的力量，重新掌握“家园遗产”的运用和传承能力才是可行的办法。换言之，社区/古村落活化发展的原动力不在外来资本以及政治意志，而在于社区成员内部，以“家园遗产”为核心的文化权力回归正是展开社区营造、焕发社区活力的第一步。再次，它满足帮助社区成员对抗自身失语、边缘化境地的需要。在我国社会发展的进程中，社区/古村落的日益凋敝已经是不争的事实。即便是在社会发展较快、整体经济较为发达的广东地区，社区/古村落同样面临边缘化的境地。有些地方虽然可以依靠居民或村集体的力量勉强保存过去的生活遗迹和社区的文化传统，但遗产最重要的元素，也是社区营造得以开展的先决条件——社区成员却难以保证。这无疑加剧社区/古村落在时代与社会发展的洪流中被日益边缘化，

---

[1] 事实上，对于目前盛行的“活化”与“开发”观念，笔者认为仍存在一定的商榷空间，因为这一提法本身即反映了外来权力的介入，而忽视社区本身的自主力量，这与社区营造与家园遗产的原则有悖。

社区成员集体失语的危机。因此，让社区成员重新掌握自身家园遗产的归属权，并以适宜的方式在当下社会有效传播，不仅是让社区真正回归主流社会，同时也是强化社会内部自身认同的有效方式。

二、社区影像——文化权力的公共参与性

在厘清“家园遗产”对于社区/古村落活化发展的重要意义以及它与“国家遗产”“民族遗产”之间的对抗性合作关系之后，我们直接面临的一个问题将会是如何在现有社会和技术条件下利用并掌握“家园遗产”赋予我们的文化权力。

目前我国关于社区营造的借鉴经验大多来自日本和台湾地区。两地成功运作的社区营造模式大多包含两个共同点。一是成熟完善的社工服务体系和活跃的基层非营利性组织。这些构成了上层权力机构与基层民众之间重要的联结，并在社区营造过程中扮演着传播引导与社区培育的双重责任。但在我国，城镇地区社工组织和民间非营利机构体系并不完善，难以承担引导社区成员开展社区营造的责任。二是城乡差别较小且居住空间相对集中，这就为开展各种社区营造活动提供了基本的人群。但在我国，以广东地区为例，多年来的经济发展带来乡土社会的不断萎缩，同时外来移民通过租住、购买、婚姻联结等方式一定程度上重新进入社区/古村落，这些人群在短时间内并不能对自己居住的社区产生真正的认同，因而这些地方的文化权力回归往往无处落归。因此，在展开实际的社区营造工作之前，我们似乎需要进行一些必要的准备，即通过微小的、个人化的、简捷的、易于理解和可提供广泛参与的方式对我们的家园遗产和文化权力进行宣示、指认、再现和传播。

（一）社区影像的工作机制

影像是当今媒介发展中最为活跃的一种方式之一，尤其在与互联网传播方式的结合中正以一种全方位、全媒体的姿态与人们的生活发生关系，并逐渐成为一种生活方式，影响着各阶层人群。随着个人化拍摄技术手段和工具的不断涌现，个人应用基本拍摄手段的门槛近于消失，传播效力却成倍地增长。“由于影像语言适应乡村地区的口头文化传统，加之 DV 便宜、轻便，易复制、回放和传播，因此成为一种‘理解的语言媒介’，逐渐成为社区建设中的一种理想传播工具”①。显然，运用影像方式将家园遗产加以宣示、指认、再现和传

①韩鸿：《参与和赋权：中国乡村社区建设中的参与式影像研究》，载《国际新闻界》2011 年第 6 期，第 21 页。

播，是一种兼有操作性和现实性的方式。

事实上，采用影像方式传递社区的声音并非新生事物，从“二战”后开始就已经在许多国家有过成功应用，在我国也曾在西部地区的乡村、城镇社区中应用，对于民众自我教育、自我解放、凝聚共识起着显著的促进作用。这种社区影像（Community Video）① 以社区成员自身为创作主体，利用并不复杂的拍摄工具和并不专业的技术手段完成对社区生活、社区历史、人际关系等内容的观照，并以回馈社区为最终价值指向。它可以是集体创作，也可以是个人思考，但对象主要集中于与社区生活相关联的人、事、情、史。在美学样式上，社区影像目前虽然以纪录片为主，并有较为成熟和多样的产出，但笔者认为其样式并不必局限于此，纪实与虚构的杂糅、想象虚构的叙事创意甚至静态照片与实验短片都有可能成为社区影像采用的表达方式。

必须指出的是，正是由于范围的广泛性和边界的模糊性，“社区影像”更近似于一种操作方式、一种拍摄观念，而非单纯精确的美学概念。之所以要在社区营造和前期的“家园遗产”所包含的文化权力的宣示、指认、再现和传播中强调影像的重要性，正是因为这种以社区为出发点并以社区为最终落脚点的影像制作方式，能够让全体社区成员共同享有“家园遗产”并参与行使社区文化权力的机会——公共参与正是实现文化权力回归的标志之一。

（二）社区影像的促进机制

诚如前文对工作机制所做的解释一样，社区影像与社区成员的公共参与需求有着天然的契合。从影像的特质来说，社区影像极其重视参与性、回馈性和反身性三个价值取向。这其中有与普通纪录片共通的部分，同时也有其自身的独特关切，但三者都对实现社区文化权力的公共参与密切相关。

其一，参与性。在社区影像的工作机制中，参与性表现为社区成员自己担任拍摄者、被摄者和接受者，利用镜头再现的也是关乎社区的公共事务。通过镜头的记录、叙述，将社区的问题、困惑、历史与前景呈现在社区成员面前，从而营造出一种以影像为媒介的公共空间。由于社区影像对于社区成员广泛参与的强调，使得社区既是造像的主体，又是显像的对象，这种影像身份的共通与互融有效规避了单方面被观看的境地，从而具备自我发声、自我陈述的机会。而这种独立但并不封闭于主流论述的公共空间的建立，让社区自己的声音具备了内向与外向的沟通渠道，即“社区影像在本质上是一种群体传播的影

①关于社区影像的概念有不同的说法，有人认为它与参与式影像（participatory video）、草根影像（grassroots video）、过程影像（process video）同属一种形态的不同提法，但笔者认为尽管它们之间在操作方式、创作理念及美学形态上有所交叉，但社区影像有明显的范围界限，在传播方式上仍有更多的空间。

像实现方式，它能帮助特定群体或社区成员认识自己面对的问题，从而获得发展与进步。借助社区影像，社区或社区成员还可以与其他群体和社区进行横向交流，彰显话语权和自身文化的存在”。[①]

其二，回馈性。回馈性是指社区影像最终要让社区成员看见。这不是一次简单的观看对象的问题，而是让社区成员在影像媒介中完成自我的确证，影像中发出的声音也是对抗自身失语的一次补偿。视觉即权力。换言之，社区影像的制作与观看过程完成了边缘化社区在对于自身文化权力的一次重新掌控，而影像作品在社区的回馈正是将被摄者与拍摄者并置于同一个场域，在观看中重现和指认自身身份和社区形象。因此，社区影像的制作过程与观看方式都是一种视觉的赋权。所谓赋权，是指“人能支配自己的生活，制定自己的生活议程，获得技能，建立信心，解决问题，能够自立。它不仅是集体的、社会的、政治的过程，而且还是个人的过程。它不仅是一种过程，也是一种结果”[②]。“赋权的过程是重新唤回边缘群体对自身能力与知识的自信和重建自尊的过程，也是一个递进过程”[③]。因此，社区影像的回馈性首先是在社区中间建立身份确证的依据，而社区影像记录、叙述的内容本身也将随后成为社区“家园遗产”的一部分。

其三，反身性。尽管最初反身性作为一种纪录片的美学特征，出现在比尔尼可尔斯的《纪录片导论》中，但它在社区影像中的作用显然超过了纯粹的美学设计。简单来说，反身性就是让躲在摄影机后面的拍摄者进入摄影机取景框之内，从思维、情感到行为，都与原初的被摄者一起呈现在未来的观众面前，形成一种镜头前的反身效果。抛开单纯的美学问题，社区影像所关切的反身性目的在于，希望从中激发拍摄者与被摄者与观看者的反思与争辩。社区影像中并不存在什么单一身份，其所呈现的身份多重性让人们有可能思考和检视影像与自我、与他人、与社区的关系。通过反思与检视，社区成员将自主参与到社区影像所创造的公共空间，而这一过程即为掌握和分享社区文化权力的过程，从而结成一个依靠家园遗产维系着的“想象的共同体”。

显然，社区影像自身的特质在实现和强化社区文化权力的公共参与性上有着深刻的关联，它体现了公共参与的综合性需求和多元化价值的共生。而其作为影像本身的吸引力、活泼性和包容力又能够让严肃的赋权过程富于感染力和趣味性，尤其在互联网高速发展和终端媒体多元化的今天，影像也更容易成为

---

①罗自文：《社区影像：电视民生新闻的新出路》，载《当代传播》2011年第3期。

②罗峰、郭静：《从“传声”到“赋权”：中国社区影像生成路径的思考》，载《现代传播》2014年第5期。

③韩鸿：《参与和赋权：中国乡村社区建设中的参与式影像研究》，载《国际新闻界》2011年第6期，第24页。

沟通不同世代社区成员的看法和思想的手段，而这也为社区影像多元化传播和自身丰富性提供了可能。

三、互联网：社区影像参与社区营造的新情境

作为社区影像在工作方式与核心价值交叉最为明显的一种影像，参与式影像重在关注实际的、针对性的、工具性和议题性的内容呈现，并且“在它发生效用的文化社会环境之外并不具有什么意义，一般避免大众传播，也不会进入商品市场流通，而是进行针对性的小众传播”[①]。这种维持在低技术性和低传播性而高度功能性的影像形式有着特殊的生存土壤，[②] 但对于一些处于城镇化发展夹缝中的社区/古村落而言，一方面面临快速发展的经济而带来的社区人口结构重组，另一方面各类新媒体快速更新和占据人们的生活，经典参与式影像所宣称的生产和传播原则显然已经难以满足，甚至存在一定程度的失灵。因此，对于社区影像而言，适应这种新的情境势在必行。

2009 年以来，微电影在我国快速兴起，这种网络短片逐渐以另一种“草根”姿态出现在我们的生活中，并广为人们熟知和接受。似乎这种网络与影像的结合恰好成为传统影像媒体积极顺应新媒体潮流的一个典范。而从近年来各地层出不穷的大小微电影或相似媒介的比赛、展映活动举办情况来看，地方文化或地方题材是频率颇高的一类主题，并且许多民间的作者最开始想要讲述的也是自己以及与自己生活密切相关的社区、族群的故事。这不禁让人联想到社区影像的某种新可能。实际上，仔细观察这些微电影作品不难发现，它与社区影像存在诸多共同点。例如，都是非专业作者操控业余演员，都得益于拍摄器材的轻便和低廉，大多以社区故事为拍摄对象，篇幅不会很长并且有明显的宣传、宣示企图等。然而，这种所谓的微电影与社区影像最大的区别是，前者供后者可资借鉴的地方或许正是对于社区故事不同的表述方式和传播方式。目前，我们通常指称的“微电影”其实默认了它是一种叙事而非记录，[③] 但并不妨碍我们对它多元趣向发展的预期。而它最为核心的优势则是与互联网的结合，这正是目前社区影像亟须适应的新情境之一。事实证明，影像与互联网的结合所产生的传播效力已经让我们无法忽视其蕴含的潜力。

---

①韩鸿：《参与式影像与参与式传播——发展传播视野中的中国参与式影像研究》，载《新闻大学》2007 年第 4 期，第 75 页。

②经典参与式影像所追求的原则大多适用于人口相对集中、媒介发展程度和应用水平较为平均的区域，如我国的中西部乡村。

③这其实也是对微电影理解的一种窄化，在其强烈的传播特质面前，微电影的其他可能性，如微记录、先锋实验等还远未被深入了解。

（1）互联网的传播优势解决了社区影像辐射局限的问题。正如前文所说，经典参与式影像所认为的小众传播在当前一些社区的营造过程中存在明显的不足，而为保持社区的文化权力较少地受制于官方意志和商业资本，社区影像的传播又必须对一般意义上的商业化制播渠道保持审慎，以互联网为载体的自媒体传播方式显然能够兼及独立与效力的要求。从传播学的角度而言，自媒体的出现本身即是对主流媒体威权的争夺、协商和分享，这与社区文化权力的回归要求不谋而合。通过自己掌握的传播渠道，社区影像一方面可以在更大范围内持续产生效应，这尤其对社区/古村落人口的流动性和置换性所产生的认同稀薄具有重要的抑制作用；另一方面，经典参与式影像原则所认为的其在与之发生效用的文化社会环境之外无意义，恰恰是社区文化权力回归力图弥补的部分。社区影像在促进文化权力的社区回归和为家园遗产归属合法化、透明化所做的努力，正是要让社区的声音与形象去边缘化。因而，影像不仅是要让社区看见，还要让社区之外的世界看见。

（2）互联网的存储优势解决了社区影像文献存储、再现的问题。互联网有强大的文献储存、迁移和再利用功能，有能力将社区影像文献转换为可资自由便捷读取和分享的家园遗产。如前文所述，社区影像并非完全满足于经典参与式影像工作方式所宣称的功能导向，即以某一议题的呈现或解决为制片目的，此任务一旦完成，该影像便失去其意义，而是能够作为一种视觉权力的物质载体成为家园遗产的一部分而存在。在某些议题倾向明显的社区影像作品中，问题的争辩、讨论以及解决或未决都将被视为一种过程的明证，而非单纯事件，因而也就在社区的历史上具备文献资格。而其他形式或表达趣向的社区影像作品也将作为对社区不同角度的认知而成为社区文化多样化的体现，这显然也应当被视为社区家园遗产的一部分。此外，互联网的存储优势最终的意义在于能够提供有效的利用。互联网空间的开放性和自由度保障了影像文献有可能被社区内外的成员看见，这其实也是一种文化权力的宣示。

（3）互联网的交互优势解决了社区影像与外界纵向、横向以及社区内部对话的问题。互联网媒体最显著的特征是，它能够提供卓越的沟通交流平台，这一平台可以是共时性的，也可以是历时性的；可以是地域的，也可以是超地域的，并且极少限制。对社区的家园遗产而言，其合法化焦虑需要通过建立社区在空间的家园感和时间的存续感来逐步缓解，社区影像所反映的内容即是为实际上业已流散、重组的社区成员建立起一个影像的公共空间，也是将抽象概念中的家园遗产具象化的有效方式，而互联网所提供的交互对话空间正是对影像的公共空间的有力补充，因为它提供了未知观看者与被摄者、拍摄者同时在场并有效交流的机会。从某种程度上说，社区影像空间在社区成员之间构建的是一个“想象的共同体”，而网络的交互性让这种“想象的共同体”不仅仅是虚无。

可以想见，利用互联网在传播、存储和交互方面的巨大优势，社区影像将超越经典参与式影像的功能性局限，在已客观形成的互联网新情境中以更为灵活、更富吸引力和创造力的姿态完成其对社区家园遗产及其蕴含的文化权力的宣示、指认、再现和传播。

四、结　语

社区营造是一项长期的系统工程，它涉及对整个社区的“人”“文”“地”“产”“景”的综合改良和运用，“其重要目的是保持地域的多样性和独特性，发掘地区传统文化潜力”“旨在通过地方社区自身的力量促进社区协调与整合，从而为地区找到一条有效发展的道路”①。而建立社区稳定的认同感与荣誉感，既是社区营造的核心价值，也是必要的准备。社区影像虽然并不直接对社区面貌产生形而下的改变，但作为社区自我认同、自我确证的一种方式不容忽视，尤其是在社区面临自身失语、边缘离散的境况中，在应对社区对抗边缘化和由家园遗产所表征的社区文化权力旁落的焦虑过程中，互联网的独特优势能够为社区影像提供有力的支持，并且在网络媒体日益活跃的新情境中，社区影像将把社区营造的实践带入一个更具时代性的新境界。

（罗祎英：佛山市艺术创作院助理研究员）

①胡澎：《日本“社区营造”论——从“市民参与”到“市民主体”》，载《日本学刊》2013 年第 3 期，第 120 页。

中国古村落的地理分布及其特点和原因

曾大兴

古村落是指民国以前建村，保留了较长时段的历史沿革，村落的地理位置、建筑环境、建筑风貌未有大的变动，具有独特的民俗民风，至今仍为人们所居住的自然村落。古村落中蕴藏着丰富的物质文化遗产和非物质文化遗产，保留着大量的农耕文明信息和文化景观，是文化地理学研究的重要内容。2012年9月，“中国传统村落保护和发展专家委员会”第一次会议决定，将习惯称谓“古村落”改为“传统村落”。本文为行文方便，多数时候仍使用“古村落”这一名称。

一、中国古村落的地理分布及其特点和原因

据统计，至2000年，中国自然村落总数为363万个，至2010年锐减至271万个，仅仅10年就减少90万个，平均每天消失近250个村落。在这些消失的村落中究竟有多少古村落，则无人知晓。

2012年4月，国家住房和城乡建设部、文化部、国家文物局、财政部联合启动对中国古村落的调查。调查结果表明，中国现存的古村落近12000个。

2012年9月，国家住房和城乡建设部、文化部、国家文物局、财政部联合成立由建筑学、规划学、民俗学、艺术学、遗产学、人类学等方面的专家组成的专家委员会，评审《中国传统村落名录》。2012年12月19日、2013年8月26日和2014年11月17日，国家住房和城乡建设部、文化部、财政部先后3次联合发出通知，公示《中国传统村落名录》，全国28个省共2556个古村落入选该名单。笔者根据这个公示的名录，制成表1、表2、表3、表4（见下页）。

表1　第一批《中国传统村落名录》（2012年12月19日公布）分省统计表

黑龙江	吉林	辽宁	内蒙古	北京	天津	河北	河南	山西	山东	陕西	甘肃	宁夏	新疆	青海	西藏
2			3	9	1	32	16	48	10	5	7	4	4	13	5

续表

四川	重庆	湖南	湖北	江西	安徽	江苏	浙江	上海	福建	广东	广西	海南	云南	贵州	合计
20	14	30	28	33	25	4	43	5	48	40	39	7	62	90	647

表2　第二批《中国传统村落名录》（2013 年 8 月 26 日公布）分省统计表

黑龙江	吉林	辽宁	内蒙古	北京	天津	河北	河南	山西	山东	陕西	甘肃	宁夏	新疆	青海	西藏
1	2		5	4		7	46	22	6	8	6		3	7	1
四川	重庆	湖南	湖北	江西	安徽	江苏	浙江	上海	福建	广东	广西	海南	云南	贵州	合计
42	2	42	15	56	40	13	47		25	51	30		232	202	915

表3　第三批《中国传统村落名录》（2014 年 11 月 17 日公布）分省统计表

黑龙江	吉林	辽宁	内蒙古	北京	天津	河北	河南	山西	山东	陕西	甘肃	宁夏	新疆	青海	西藏
2	4	8	16	3		18	37	59	21	17	2		8	21	5
四川	重庆	湖南	湖北	江西	安徽	江苏	浙江	上海	福建	广东	广西	海南	云南	贵州	合计
22	47	19	46	36	46	10	86		52	35	20	12	208	134	994

表4　第一、二、三批《中国传统村落名录》分省统计及排序表

省份	黑龙江	吉林	辽宁	内蒙古	北京	天津	河北	河南	山西	山东	陕西	甘肃	宁夏	新疆	青海	西藏
数量	5	6	8	24	16	1	57	99	129	37	30	15	4	15	41	11
排序	25	24	23	18	20	27	13	8	4	16	15	21	26	21	14	22
省份	四川	重庆	湖南	湖北	江西	安徽	江苏	浙江	上海	福建	广东	广西	海南	云南	贵州	
数量	84	63	91	89	125	111	27	176	5	125	126	89	19	502	426	
排序	11	12	9	10	6	7	17	3	25	6	5	10	19	1	2	

就上述 4 个表来看，中国古村落的地理分布具有以下 3 个显著特点。

一是这些古村落全都分布在农耕文化区。游牧文化区是没有古村落可言的，“逐水草而居”的生存方式，使得长城内外的广大草原只有稀稀落落的、随时可撤可建的帐篷或毡房。表中所列内蒙古、新疆、青海、西藏境内的84个古村落均是处于游牧文化大区内的农业文化亚区。

二是南方的古村落明显多于北方。在第一批公布的647个古村落中，南方占488个，北方只占159个；在第二批公布的915个古村落中，南方占797个，北方只占118个；在第三批公布的994个古村落中，南方占773个，北方只占221个。三批总共公布了2556个古村落，南方占2058个，北方只占498个，南方是北方的4.13倍。

三是山区的古村落远远多于平原。拥有广袤的东北平原的黑、吉、辽三省只有19个古村落。安徽111个古村落，仅皖南山区（黄山、宣城、池州三市所在地）就有94个，还有12个分布在皖西南山区（六安、安庆二市所在地）。湖北89个古村落，在江汉平原上的只有一个，其余全在鄂西北和鄂东南山区，仅鄂西山区就有38个。山西是我国北方山地最多的省份，其所拥有的古村落多达129个，在北方居第一，在全国居第三。贵州素称“八山一水一分田”，是我国山地最多的省份，有426个古村落，占全国的17%。

为什么南方的古村落远远多于北方呢？主要有以下两方面的原因。

一是发生在北方的战争远远多于南方，使得北方许多古村落遭到战火的破坏。我国现存古村落历史最长的有1000多年。这1000多年来，我国长城以南的广大地区先后遭受女真、契丹、蒙古、满族等游牧民族所发动的战争的破坏。19世纪以后，长城南北又先后受到俄罗斯、日本等外国侵略者的破坏。长期的战争使得无数村庄被毁。比较而言，长城以南、长江以北，即整个黄河流域所遭受的破坏最为严重。而在长江以南，如安徽、浙江、江西、湖南、湖北、重庆、四川的大部分地区，尤其是云南、贵州、广西、广东、福建等省份，则较少受到战争的破坏。

二是我国北方的气候环境普遍不及南方好，常见的大风、大雪、大风沙、冰雹、冰冻等自然灾害，对古村落的破坏也是很严重的。我国南方虽然多雨，但是其破坏强度显然不及大风、大雪、大风沙、冰雹、冰冻等自然灾害。

为什么山区的古村落远远多于平原呢？主要原因大约有以下5点。

一是古人建村落，大都讲究阳宅风水。即要选择风水宝地居住，以求人财两旺，富贵显达。而所谓风水宝地的第一要求，即后有靠山、左有青龙、右有白虎。如果有平原和山地供建村者选择，人们毫无疑问会选择山地。

二是中国的古村落多为砖、瓦、木、石结构，砖、瓦在山区、平原虽均可烧制，但以在山区烧制更方便。因为中国用煤烧制砖瓦的历史还不到150年，更长的时间内是用木材烧制砖瓦，而木材主要来自山里，石头也来自山里，所以在山区建村落要比在平原方便得多。在山区建村落，取材既方便，运输也方便。

三是在战争的背景下，山区比平原要安全一些。侵略者的首要目标是占领城市，而城市多建在平原。为了占领城市，他们往往一路烧杀抢掠，因此交通线一带的平原村落，尤其是城市附近的平原村落，就难逃一劫了。比较而言，山区的古村落受到战争破坏的概率就要小很多。

四是山区遭受的自然灾害比平原要少，尤其可以避免洪水的淹没。虽然山区也会有暴雨、泥石流、虫蛀等自然灾害发生，但山里人有一整套经验来防范这类风险。

五是近100年来，中国的工业化、城市化建设主要是在平原进行的，山区由于在交通、物流、信息流等方面相对落后，不被那些急功近利、竭泽而渔的开发建设者们所看好，因此反而落得一个清静，大量的古村落得以保留。

二、广东古村落的地理分布及其特点和原因

在国家住房和城乡建设部、文化部与财政部先后公布的3批《中国传统村落名录》中，广东村落有126个，居全国第五位，仅次于云南、贵州、浙江、山西四省。这126个村落的地理分布见表5。

表5　《中国传统村落名录》中广东村落分布表

广州	佛山	肇庆	清远	东莞	深圳	惠州	中山	珠海	江门	阳江
12	4	9	13	6	1	7	2		4	1
茂名	云浮	韶关	河源	梅州	潮州	汕头	汕尾	揭阳	湛江	合计
1	1	3	1	40	2	1	2	4	12	126

就广东古村落的地理分布来看，有以下两个突出特点。

一是平原村落与山区村落的比例发生重大变化，平原村落多于山区村落。如果说客家文化区（韶关、河源、梅州）的44个古村落多数在粤北和粤东山区，那么潮汕文化区（潮州、汕头、汕尾、揭阳、湛江）的22个古村落以及广府文化区（广州、佛山、肇庆、清远、东莞、深圳、惠州、中山、江门、阳江、茂名、云浮）的61个古村落则多数在潮汕平原和珠江三角洲平原。见表6。

表6　广东三大文化区古村落分布表

文化区名	广府文化区	客家文化区	潮汕文化区
所在行政区	广州、佛山、肇庆、清远、东莞、深圳、惠州、中山、江门、阳江、茂名、云浮	韶关、河源、梅州	潮州、汕头、汕尾、揭阳、湛江
数量	61	44	21

二是广府文化区的古村落最多，达61个，而客家文化区和潮汕文化区加起来有65个，广府文化区几乎占了全省的一半。因此，研究广东的古村落，应以广府文化区为重点。

广东的平原为什么会有那么多的古村落？主要有以下4方面的原因。

一是历朝历代的战争烽火很少烧过岭南，而岭南本地的战火则很少燃起，这就使得无论是山区还是平原上的古村落都极少遭到战争的破坏。

二是广东三大民系各有地域范围。广府民系主要分布在珠江三角洲平原和粤西地区，潮汕民系主要分布在粤东南的潮汕平原和粤西南的雷州半岛，客家民系主要分布在粤北和粤东北山区。由于各有地域范围，因此只能在自己的地盘上建村落。而平原上的人口显然多过山区，经济发展水平也高过山区，故平原上的古村落总体来讲就比山区要多。

三是广东特殊的地理环境使然。一方面，广东地处南海之滨，自西汉以来即有发达的海外贸易，因此对海外商业文化多有吸收。另一方面，广东又处中国大陆的最南端，是中国农耕文明的最后一道防线。广东三大民系多由中原迁徙而来，他们在吸收海外商业文化的同时，又顽强地保留着中原农耕文化的传统。许多学者只认识到广东人开放的一面，而对其守旧的一面则缺乏认识。其实正是这守旧的一面，使得广东大量的物质文化遗产和非物质文化遗产得到较好的保护，包括大量的古村落、古城镇，还有在数量上居全国前列的“国家级历史文化名城”。

四是近100年来，尤其是改革开放以来，广东的工业化和城市化发展水平虽领先全国，但是支持这种发展的资金来源主要靠对外贸易和外商、港商、台商投资，而不是像内地许多省份那样主要靠出卖土地。由于这个原因，广东许多古村落得以保存。虽然某些城中村，如广州的杨箕村、猎德村都被破坏了，但是总体来讲，这种毁村扩容的事件在广东还不是很普遍。

古村落研究既是文化地理学研究的重要内容，也是建筑学、规划学、遗产学、艺术学、民俗学、人类学、社会学等学科研究的重要内容。本文从文化地理学的角度，即空间角度研究古村落的地理分布及其特点和成因，还只是一种外部空间研究，尚未深入到村落的内部空间，因此这种研究是很初步的，希望专家们批评指正。

附录：广东境内被列入《中国传统村落名录》的古村落

一、广府文化区内的古村落

广州市荔湾区冲口街道聚龙村
广州市海珠区琶洲街道黄埔村
广州市海珠区华洲街道小洲村
广州市番禺区沙湾镇沙湾北村
广州市番禺区石楼镇大岭村
广州市黄埔区九龙镇莲塘村
广州市花都区炭步镇塱头村
广州市花都区花东镇港头村
广州市增城市正果镇新围村
广州市增城区新塘镇瓜岭村
广州市从化区太平镇钟楼村
广州市从化区太平镇钱岗村
佛山市南海区桂城街道茶基村
佛山市南海区西樵镇松塘村
佛山市顺德区北滘镇碧江村
佛山市三水区乐平镇大旗头村
肇庆市端州区黄岗街道白石村
肇庆市怀集县凤岗镇孔洞村
肇庆市怀集县大岗镇扶溪村
肇庆市怀集县中洲镇邓屋村
肇庆市德庆县官圩镇金林村
肇庆市德庆县永丰镇古蓬村
肇庆市德庆县悦城镇罗洪村
肇庆市封开县罗董镇杨池古村
肇庆市广宁县北市镇大屋村
深圳市龙岗区大鹏镇鹏城村
江门市开平市塘口镇自力村

江门市恩平市圣堂镇歇马村
江门市蓬江区棠下镇良溪村
江门市台山市斗山镇浮石村
中山市南朗镇翠亨村
中山市三乡镇古鹤村
东莞市企石镇江边村
东莞市石排镇塘尾村
东莞市茶山镇超朗村
东莞市茶山镇南社村
东莞市寮步镇西溪村
东莞市塘厦镇龙背岭村
惠州市惠城区横沥镇墨园村
惠州市惠阳区秋长街道茶园村
惠州市惠阳区秋长街道周田村
惠州市博罗县龙华镇旭日村
惠州市龙门县龙华镇绳武围村
惠州市惠东县稔山镇范和村
惠州市惠东县多祝镇皇思扬村
茂名市信宜市镇隆镇文明村
云浮市云城区腰古镇水东村
阳江市阳东县雅韶镇西元村阳江雅韶十八座
清远市清新县龙颈镇凤塱村
清远市佛冈县龙山镇上岳古围村
清远市佛冈县高岗镇社岗下村
清远市连州市西岸镇冲口村
清远市连州市西岸镇马带村
清远市连州市连州镇沙坊村
清远市连州市龙坪镇元壁村
清远市连州市西岸镇石兰寨
清远市连州市保安镇卿罡村
清远市连州市东陂镇白家城村
清远市连南瑶族自治县三排镇油岭村
清远市连南瑶族自治县三排镇南岗古排
清远市连南瑶族自治县三排镇三排村

二、潮汕文化区内的古村落

潮州市潮安区古巷镇古一村象埔寨
潮州市潮安区龙湖镇龙湖古寨
汕头市澄海区隆都镇前美村
汕尾市陆丰市潭西镇大楼村
汕尾市陆丰市大安镇石寨村
揭阳市榕城区仙桥街道西岐村
揭阳市揭西县东园镇月湄村
揭阳市普宁市洪阳镇德安里村
揭阳市普宁市梅塘镇溪南古村
湛江市雷州市白沙镇邦塘村
湛江市雷州市龙门镇潮溪村
湛江市雷州市南兴镇东林村
湛江市雷州市杨家镇北劳村
湛江市雷州市北和镇鹅感村
湛江市雷州市纪家镇周家村
湛江市雷州市南兴镇关新村
湛江市雷州市调风镇调铭村
湛江市雷州市英利镇青桐村
湛江市遂溪县建新镇苏二村
湛江市遂溪县河头镇双村村
湛江市遂溪县岭北镇调丰村

三、客家文化区内的古村落

河源市和平县林寨镇林寨古村
梅州市梅县区水车镇茶山村
梅州市梅县区南口镇侨乡村
梅州市梅县区桃尧镇桃源村
梅州市梅县区雁洋镇桥溪村
梅州市梅县区雁洋镇石楼村
梅州市梅县区雁洋镇松坪村
梅州市梅县区松口镇大黄村
梅州市梅县区松口镇梅教村
梅州市梅县区松口镇南下村

梅州市梅县区松口镇小黄村
梅州市梅县区南口镇谢响塘村
梅州市梅县区松口镇铜琶村
梅州市梅江区城北镇玉水村
梅州市蕉岭县南礤镇石寨村
梅州市蕉岭县蓝坊镇大地村
梅州市蕉岭县蓝坊镇高思村
梅州市蕉岭县南礤镇南礤村
梅州市丰顺县埔寨镇埔北村
梅州市丰顺县汤南镇新楼村
梅州市丰顺县埔寨镇埔南村
梅州市丰顺县建桥镇建桥村
梅州市丰顺县丰良镇璜溪村邹家围
梅州市丰顺县汤南镇龙上古寨
梅州市平远县东石镇凉庭村
梅州市平远县上举镇畲脑村
梅州市兴宁市罗岗镇柿子坪村
梅州市兴宁市石马镇刁田村
梅州市兴宁市叶塘镇河西村
梅州市兴宁市新陂镇上长岭村
梅州市兴宁市刁坊镇周兴村
梅州市兴宁市径南镇星耀村
梅州市兴宁市龙田镇鸡公侨村
梅州市兴宁市龙田镇龙盘村
梅州市大埔县高陂镇银滩村
梅州市大埔县西河镇北塘村
梅州市大埔县三河镇汇城村
梅州市大埔县百侯镇侯南村
梅州市大埔县西河镇车龙村
梅州市五华县岐岭镇凤凰村
梅州市五华县横陂镇夏阜村
韶关市翁源县江尾镇湖心坝村
韶关市仁化县石塘镇石塘村
韶关市南雄市乌迳镇新田古村

（曾大兴：广州大学广府文化研究中心常务副主任、教授）

第二辑

广府民俗研究

传统村落与乞巧民俗文化

曾应枫

一、村落祠堂是乞巧文化的根

在中国古代，家族观念根深蒂固，一个村落往往生活着一个姓氏家族或者几个姓氏家族，在依山傍水的风水宝地建立本族群的家庙祭祀祖先，这种家庙一般称作“祠堂”。“祠堂”之名最早出现于汉代，南宋朱熹《家礼》立祠堂之制，从此称家庙为祠堂。在文化层面上讲，祠堂既有祭祀的功能，也有端正和延续风俗的作用，承载着族人的精神归属感和价值认同感。但凡族里重大活动或重要节日庆典，都会在祠堂举办，很自然祠堂也就成为族群竞相展示风采的场所。笔者从小生活在广州城里，认识祠堂正是从民俗节庆开始的，如每年的清明节在祠堂拜太公、分猪肉，端午节回乡看扒龙舟，在祠堂吃龙船饭，但都没有这些年在广州天河区珠村、车陂村的祠堂，在黄埔区的横沙村各姓氏祠堂看“摆七娘”（即“摆七夕”）过乞巧等那般印象深刻。

1. 在祠堂“摆七娘”成俗例

2001 年，时任广州市民间文艺家协会主席的笔者收到一份来自天河区沙河文化站的请柬，请柬上简单介绍了广州的七夕民俗乞巧来源，邀请笔者去珠村参观，笔者才第一次知道，原来七夕在广州民间叫作“摆七娘”。七月初六傍晚，在珠村村民潘剑明的带领下，我们走进了一个貌不惊人的祠堂——以良潘公祠。一迈进天井，出现在我们眼前的景象只能用“惊艳”二字来形容，在一个珠村牌坊的引领下，八仙桌上摆着琳琅满目的小巧展品，有 3 支尺多高的芝麻梅花香，7 个“斋塔”，两边摆有七姐秧和拜仙菜，里面摆有牛郎、织女等人物，有典故“鹊桥相会”的鹊桥造型，还有“花木兰巡营”等一套套传统故事人物及众多工艺花果，四周围摆满各式谷花、米花、瓜子壳花、珠花、珠片花等。这就是七夕期间在村落的宗族祠堂摆贡台祭拜七姐，民间所说的“摆七娘”，在广州消失了三四十年的民间传统节日乞巧节，在天河区珠村的以良潘公祠“复活”了，珠村乞巧就这样走进了大众的视野。

广府乡村传统习俗，祠堂主要是男性当家，是男性的活动场所，珠村也不例外，只有几年一次的“摆大七娘”才会设在祠堂里摆，一般年成的七夕摆“小七娘”多在村的公屋或“妹仔屋”或“姑婆屋”里摆。风调雨顺的好年景在祠堂摆“大七娘”，这就不是几个妇女玩的小事，而是上升到整个宗族的大事，需要族长、父老参与决策，女子主持。虽然几年才一次，但七夕节期间女子当家倒是破了多年“女不进祠堂”的封建俗例。进入21世纪，在广州天河珠村、番禺潭山村、凌边村，还有黄埔的横沙村、茅岗村等村落，每年在村祠堂或村会所里摆七夕渐成俗例，村落的七娘会以宗族祠堂为单位，在祠堂摆巧、拜仙、乞巧、吃七娘饭、看七娘戏等，巧女巧男齐上阵，围绕得巧、斗巧、赛巧而进行传承。广州市民要过乞巧节，都得去村落祠堂看乞巧，和村民一起过节，这成为广州乞巧节的特色。

2. 从乞巧牌坊看姓氏祠堂文化的血脉传承

人们每到一处村落祠堂看乞巧供案（俗称“摆七娘”），第一眼看到的就是牌坊，牌坊上面写有村落祠堂的名称，标志这台七娘是属于哪个村哪个社坊的。乞巧牌坊在众花众果众人的前呼后拥中，当仁不让地站在乞巧供案的前头，这是一台七娘的标志和门面。

民俗文化与传统村落是血脉关联的，广州地区各村扒龙舟是以氏族宗祠为单位，龙船上的神也是本宗祠的。同样的，乞巧节的“摆七娘”，广州天河、番禺、黄埔等村的乞巧牌坊也在本祠堂显示本族群的来源，如珠村乞巧供案上有的牌坊写“荥阳”，车陂梁氏牌坊写“安定”，番禺潭山村许氏祠堂的供案牌坊写“高阳”郡，表明该氏族从中原迁徙而来。牌坊是村的徽号，不论你将村子迁徙到哪里，牌坊是不会变的，表明村中各姓氏祖先来自“荥阳郡”“安定郡”“太原郡”。珠村“摆七娘”有的牌坊写上“荥阳”，潘姓以“荥阳”为堂号；珠村钟氏，以“颍川”为堂号，是黄帝第59世孙钟接的后代。实际是表示本村源自中原（河南）荥阳郡。

起初笔者走进车陂村，看到梁氏族人供案中一个大型门楼的门楣正中那“安定”两个大字，以为这是民众的一种美好的愿望，希望天下安定、人心安定，后来才知“安定”即为中原的“安定郡”。还有那在乞巧供案中摆的《六国大封相》，用行家话说，《六国大封相》为台柱，任何一台乞巧，只要先把《六国大封相》一摆上，这台乞巧就有了中心，定格了，其他所有工艺品都围绕着它展开。

《六国大封相》是一部著名的传统历史戏剧，说的是秦始皇统一中国前，中国处于秦、楚、燕、赵、齐、魏、韩等七国乱战中，即粤语常说的“七国咁（这么）乱”的战国时期，六国联合一致抗秦的故事，距今已经2000多年了。2000多年来天下发生了多少事？中国古代各种神话、故事也多如满天繁星，而且六国抗秦失败，最终还是秦始皇统一了中国，为什么“摆七娘”会单单选中这场失败的反秦战争来做乞巧的公仔来摆？似乎没人说得清楚，是否与这些古村落的家族均是在宋代遭受异族入侵才从中原逃难到本地，对那段被强敌入侵受尽欺凌的耻辱没齿难忘，便以乞巧公仔的形式于每年7月摆到桌面上，以警示子孙万代要团结一致，与入侵敌人血战到底？

南宋是南粤七夕乞巧活动的兴旺时期。南宋诗人刘克庄（1187—1269年）的《即事》："瓜果踸拳祝，睺罗扑卖声，粤人重巧夕，灯火到天明"，写出了千百年前粤人通宵乞巧的盛况，从中原迁徙到南粤安居乐业的民众没有没有忘记来自中原的祖上，所以在广府地区的姓氏宗祠进行的七夕民俗活动，以及龙舟民俗活动中，追根溯源写上来自中原故里的标识，成了广府地区民俗文化的一个鲜明的地域标志。但在城区摆乞巧就没有，城市民俗与村落民俗不同，城区的族群来自五湖四海，城市民俗手艺和商品视市场发展可进可退；村落不会，村落的文化之根在祠堂，民俗之根在民间，祠堂没有倒，一旦恢复了宗祠文化，一遇春风，各种传统的民俗活动就会随之恢复，如扒龙船、"摆七娘"等。珠村将广州地区停止了几十年的乞巧民俗活动率先恢复，很重要的原因是村落民俗是祖上的血脉相传，在村落里知根知底，以姓氏宗祠为单位，对村落对民俗文化发展是利好。

二、保护传统村落和民俗文化的互动关系

一个村落的生命之源往往缩影在非物质文化形态的生活中，中国农耕文化和民间文化的栖息地和精神堡垒也在这些传统村落中。村中的民俗文化基因让这些村落扬名了，同样地，民俗文化对保护这传统村落具有至关重要的作用。

根据2003年联合国教科文组织通过的《保护非物质文化遗产公约》，非物质文化遗产是指"被各社区、群体，有时是个人，视为其文化遗产组成部分的各种社会实践、观念表述、表现方式、知识、技能，以及与之相关的工具、实物、手工艺品和文化场所。这种非物质文化遗产世代相传，被不同社区和群体在适应周围环境和自然的过程中和与其历史的互动中不断地再创造，为他们提供持续的认同感，增强对文化多样性和人类创造力的尊重"。可见，保护非遗和传统村落是有机的统一体。在广州天河、黄埔、番禺等传统村落搞得风生水起的乞巧节有如下几方面的功能：促进传统生活和现代生活的和谐，城镇文化和乡村文化的和谐，村落与村落之间的和谐，人和自然的和谐，人与家庭、人与人之间的和谐。因此，笔者有以下建议。

1. 做好村落民间文化传承人的现状调查

村人自古即聚族而居，绵延数百年，各村尽管开发年代不一，但其先祖大都来自中原，每个氏族都建有宗祠，记录着各自的血脉源流。宗族作为乡村社

会的基本组织，在民俗活动中发挥的作用不可或缺。传统村落是民俗文化传承人之根，民间文化传承人是传统村落的活力和文化基因，两者互为依存，要彼此保护和发展。目前，村落和民俗文化传承人都面临濒危的境地。“传统村落”曾有一段时间叫“古村落”，2012年9月，经国家传统村落保护和发展专家委员会第一次会议决定，将习惯称谓“古村落”改为“传统村落”。2015年6月，住房和城乡建设部、文化部等联合发文，要求贯彻落实2015年中央一号文件关于完善传统村落名录和开展传统民居调查、落实传统村落和民居保护等，进一步做好中国传统村落的保护工作。同样，民间文化传承人更需要保护，要做好相应的调查、研究、展示、人员培养、建立档案和信息网等工作，因为他们是村落活态文化的保护者。

这些民间文化传承人中，可分为土生土长的文化传承人、从乡村走出来的传承人、基层文化传承人。村落的文化习俗有着强烈的地域特色和氏族文化色彩，村落文化的传承人起着十分关键的保护和传承村落文化的作用。由于对本土文化的深刻了解和文化责任，基层文化传承人通过收集整理民间故事，推广各种民俗文化，发展民间工艺，将村落的文化空间扩展、延伸，在上级政府部门和民众之间架起沟通的桥梁，让深藏乡村的民间文化走进民众视野，让民俗文化不断地重生，从而进入更深层次的保护当中，让古村落特有的文化基因得到延续和传承，古村落的文化活态因此有了向前发展的新鲜血液。

还是以广州乞巧文化为例。祠是整个村落的精神核心，村中七娘会也多以氏族祠堂或经济社为单位，按照传下来的规矩，凡是重大节庆，如清明节、龙舟节等有“做节”活动的，人人要凑钱合份“做会”，大家选举一个懂行、热心、有组织工作能力的人来统一指挥，主持操办此事。所以，以氏族祠堂的七娘会（乞巧会）是村落最基层、最具原生态的单位。广州天河珠村之所以能率先恢复乞巧文化节，重要原因之一是民间有一批乞巧文化传承人，他们自发组织的七娘会分别活跃在6个祠堂和社坊，珠村东南社以良潘公祠是珠村最早建立的七娘会，2000年建立，2001年大胆亮相于公众视野。几个乞巧婆婆黄彩余、陈宝好、谢丽霞、周文莲、谢惠琼等成为当年珠村乞巧文化的先锋，这些元老级的乞巧婆婆对乞巧文化的传承起了中坚作用。10多年过去后，除了年迈及身体原因消失在众人视野的老人，仍能坚持参加做乞巧的元老级传承人有黄彩余（93岁）、谢丽霞（69岁）、谢世联（80岁）、钟丽馨（77岁）、潘丽钻（66岁）等人，是她们带起一些中年人及年轻人传承乞巧文化。在珠村撑起门面的还有明德堂七娘会，其供案地点是珠村潘氏大祠堂。明德堂七娘会包括梅隐潘公祠七娘会，主要是十社和十三社两个经济社的人（25人），即文华社坊。珠村还有元德陈公祠七娘会（18人）、七社（20人）、八社（14人）、北帝庙七娘会（21人）等，全村有6个宗祠社坊七娘会30人，合起来珠村做乞巧传承人的就有100多人。

至于作为广东省乞巧文化之乡的黄埔区，分布在横沙村、茅岗村、双岗村、庙头村和沙浦村等5大村12社坊的七娘会的人数更多，范围更广。2014年笔者做了深入统计，广州市分布在天河区珠村、车陂，黄埔区横沙、茅岗、双岗等村，番禺潭山、凌边等村参与组织传统摆七娘的共有28个七娘会（或叫七姐会或文艺组），他们分别以各个姓氏祠堂或社坊为单位，组织摆七娘，参加乞巧文化节的有三四百人之多，既有本村同姓的，也有外姓媳妇，还有本村外嫁女，不管有何因素，彼此身份认同，同样热心族群活动，乞巧节期间他们就会回到本村，手工做花、做公仔等，精心在祠堂摆上一台七娘。至于一些传统乞巧家族，那更是男女老少齐上阵，夫随妻唱，将家庭作为工场，如珠村潘名江家族的四代传承，潘荛珊家族的兄弟姐妹相帮，在乞巧节期间齐齐亮相，成为村落乞巧文化的一大亮点。

本土文化的传承人具有原生性，他们依赖于本土的文化空间，将自己与人类的文化和精神世界构建成一个永生的图景，让一代代人在此传承、互补和发展。因此，乞巧文化的传承，基本上属于族群间的集体传承，他们和街区基层文化人员和省市的文化人互相作用，所起到的传播作用更为持续，影响更为深远。

2. 重视村落“文化空间”的保护和修复

民间文化是传承性的文化。所有有关文化载体的语言、传统表演艺术、民俗活动、节庆、传统手工技能等都在这一相关的文化空间，被划在“非物质文化遗产”范围内。拥有如此丰富的传统文化的村落，也就是非遗所说的“文化空间”，因而亟须保护修复。

自从2005年珠村“摆七娘”上了一个大台阶，上升为广州乞巧文化节，珠村人深知这是珠村发展的宝贵机遇，在天河区的大力支持下，珠村加强文化场地的建设，结合“美丽珠村”建设规划，整治珠村水系，改造部分道路、河涌、绿化景观，并对珠村乞巧文化的人文景观进行整合设计包装。乞巧主题公园、七夕文化广场、珠村牌坊、广州乞巧文化博物馆、七夕路等相继建成。这些基础设施的建立，与众多古祠堂、名人故居、文物古迹等丰富的文化资源有效整合起来，吸引了众多游客前来观赏，然后让广州公交车开进珠村，站牌就是七夕路、七夕广场，把乞巧文化与旅游商业文化进行了有效对接，提高乞巧文化的品牌影响力。

为方便市民参观，在珠村设置了七夕路旅游路线，将主会场—祈愿树—以良潘公祠—北帝庙—三间铺头—水浸社—潘氏宗祠—七社展馆—八社展馆等景点有机连接。经过10年的不断发展、总结和提升，2011年天河的乞巧习俗已被列入国家非物质文化遗产名录，珠村被评为“中国民间文化艺术之乡”和

"广东省历史文化名村"，珠村不但以乞巧文化闻名，而且留住了乡村美丽宜居的文脉。

如果其他区也能像珠村那样，村落的保护和民间文化的发展就会越来越好。

3. 教育传承互为提高

村落民间文化传承人的成长过程复杂多样，多由家族传承，也有师徒相授，或口耳相传，耳濡目染。由于所处的环境和知识欠缺，导致民间文化传承人主要依靠他们的心领神会来传承，对文化的理解缺乏理论学习影响他们的深度发展。因此，应提升传承人的层级培养，要有专门培养人才的部门和机构帮助他们在实践中创新技能，把传和学结合起来，实现从文化的自觉到技术上的自觉。

文化传承的本质是文化实践，传承人在传承过程中动态性和变异性会受到诸多因素的影响，有时恰恰是他们自身想得到释放，才使古老的民俗得到新生的表现，广州乞巧节在珠村的恢复就是例子。总之，有计划地实施传承人的培养，才能使濒危的民间文化有人"传"，有人"承"。不要放任民众盲目抛弃传统，需要在更深、更广的程度上保障民间文化的保护、传承、创新与开发，解决观念、技术、资金、人才、市场等方面存在的问题，尽可能地为后代留下先人的生活智慧，使之造福于未来社会。

村落都有小学，好些乞巧文化之乡如珠村小学、潭山村、横沙村等，如今都让传承人走进该村小学，以讲学、传授技艺的形式，对学生进行民间文化教育。在学校建立民间文化传承基地，让教育参与到文化遗产的传承中，尚存的活态传统民间艺术才能得到传承，只有这样才能为抢救、保护、传承和弘扬民间文化和艺术铺路搭桥。在传承传统文化的过程中，让少儿懂得传统文化的重要性，传承人自身的学习能力和创造力也能得到提高。如珠村乞巧传承人潘慧君，横沙村巧姐罗燕娟、朱小萍等做了文化志愿者，走进学校课堂，给孩子们传授民间文化，为保护村落民俗文化发挥了骨干作用。

所以，村民对传统村落文化的珍视是发展和传承的重要因素。随着经济全球化趋势的加剧和城镇化进程的加速，我国的文化生态环境发生了巨大变化，非物质文化遗产受到猛烈的冲击，应使传承人与村落文化、历史文化互动，不断使这种代代相传的非物质文化遗产得到创新，同时也培养他们的文化认同感和历史感，促进文化的多样性发展，提升人们的创造力。

（曾应枫：广州市文学艺术创作研究院一级作家，广东省民间文艺家协会副主席）

以重塑价值为手段　推动乞巧的活化传承

梁凤莲

活化乞巧，推动乞巧节离开政府扶持，重新回到民间、扎根民间、深入民间，作为活态节日存在，用学术语言来表述这一行为，是在特定时代、特定区域，处于不同社会地位、承担不同社会角色的社会成员在特定情境下对节日习俗活动的全部或部分实践；用通俗的话来说，就是必须有一定数量的人把这天当作“节日”来过。

对于普通百姓来说，随着社会变迁，农耕时代寄托在乞巧节中的信仰已经不复存在，过节的价值何在？大家为什么要过这个节？这是迫切需要解答的问题。“情感”是每个人希望在节日中找到的东西，乞巧节必须带给大家新的情感体验，这是每个节庆的价值所在。唯有重塑价值、重建情感体验，乞巧节才能真正成为百姓热爱的节日，而不仅仅是政府的文化惠民行动。对于天河乞巧节而言，其中的情感构建可以尝试向愉悦感、参与感更强的“乞巧嘉年华”转型。

从台湾推广客家桐花节等节庆的经验来看，古代民俗是由下而上产生的，而当代节庆则可以由上而下产生。在新时代下，社会管理者研究民众情感需求，根据市场调研而人为推出的节庆，受到了市民的欢迎。部分非重要传统节日的转型，也需要政府的推动，使之更加年轻化、时尚化，天河乞巧节的发展正处于这一关键阶段。

对于传统文化的活态传承，还需要区别日常文化行为与节庆文化形态的不同。乞巧是一种文化行为，它与乞巧节最大的不同在于时间的固定与否，乞巧可以日常化，但乞巧节不行。乞巧节是一种民俗节日，它的形态构成包括名称的特殊性、在历法中的特殊位置、特殊的活动内容、特殊的活动空间、参与主体特殊的情感寄托等众多特殊的要素。

传承乞巧节与活化乞巧紧密联系在一起，把握两者的区别，有助于我们推广乞巧文化。没有活化了的乞巧，人们便没有对于节日的期盼；没有乞巧节，人们也就失去了对于乞巧的热爱，两者互为因果、相辅相成，从政府部门的角度来看，其文化推广工作同样包括了活化乞巧和转型乞巧节两大板块。

一、乞巧节现状与乞巧文化的特点

珠村是广州典型的城中村，耕地的消失使得珠村曾经拥有的农业经济、农村组织荡然无存，便利的交通、大量的外来人口等城市化要素成为珠村的新特色，村中祠堂、寺庙等历史建筑和乞巧等民俗文化，随着文化土壤的流失，逐渐演变为确证传统的标本，进入被保护的行列。

从发展的立场看，区域经济转型在削弱传统文化影响力和生命力的同时，也为乞巧节带来了更大的人流量和更多变化的机遇，从“村”到“城”的进化过程中，越来越优越的地理位置和越来越繁华的商业氛围，为珠村带来了各种全新的消费观念和文化体验，也为珠村乞巧文化的整合提供了无限可能。

（一）10年来乞巧节取得的成绩

将珠村乞巧节视为一个文化品牌，在10年的品牌建设过程中，不仅传统文化得以保存延续，而且品牌自身的内涵外延、主体客体也得到进一步确认，为品牌的进一步发展打下了坚实的基础。10年间，以政府为主导，天河区投入了大量人力、物力、财力，完善了乞巧文化发展必备的硬件空间，搭建了文化向产业化、市场化拓展的平台，活动内容不断丰富，活动形式不断创新，珠村乞巧节的品牌影响力已经深入人心、广受好评。

1. 品牌的知名度和美誉度不断提升

天河区珠村乞巧文化先后入选“国家第三批非物质文化遗产名录”“广东省第二批非物质文化遗产”“广州市第一批非物质文化遗产”，天河珠吉街也因乞巧被文化部授予“中国民间文化艺术之乡”的称号。

2009年，时任广东省委书记的汪洋同志参加天河珠村乞巧节活动，汪洋书记观看完再现古时祭拜“七仙”盛况的“七夕典礼”后，又参观了乞巧文化主题公园“乞巧苑”，并仔细观摩了乞巧艺人的手工制作。

在宣传报道方面，10年来省市主流媒体如《南方日报》《广州日报》《羊城晚报》以及省、市电视台、电台每次均以重要版面、在重要时段对乞巧节进行了详细的跟踪报道，中央电视台《新闻联播》及各大中央媒体也都做了充分报道，人民网、新浪、网易、腾讯等门户网站也纷纷转载对天河乞巧节的报道。

2. 建立了稳固的文化消费群体

天河乞巧节历时6天，每届都有数十万各地群众前来参观。2007年，前来参加乞巧文化节的游客逾52万人次，2009年游客人数为30万，2012年共有50万人参加乞巧节。乞巧文化节以其古老而又神奇的魅力吸引了50多万市民和游客到珠村游览观光。

3. 品牌的文化内涵得到确认

天河乞巧作为中华传统文化，传达虔诚祈福之音、营造天地谐和之境，热烈祥和，寓意深远，充分体现自古以来中华女性对心灵手巧、勤劳智慧和幸福生活的美好向往和追求。天河区委、区政府借助乞巧文化节举办这一契机，将传统乞巧文化的内涵又做了延伸与拓展，例如，通过在全区范围内开展“十大和谐家庭”评选活动，推动以家庭和谐促社会和谐；同时进行社会主义价值观教育，乞巧节是女儿节，借助传统仪式，目的在于提醒年轻一代，长大成人就应该担负起自己应该担负的家庭责任、社会责任，要孝顺父母、和睦兄妹、团结邻里、善待他人，做一个贤良淑德之人。

4. 文化节活动内容日渐丰富

恢复了传统的“七夕祭典”仪式，以珠村乡民代表、天河区中学生为表演主体，仪式按照古礼程序举行“七仙祭礼”，包括致祭文、三叩首、三颂唱等环节，整个仪式表演庄重精美、虔诚大气。兼顾传统与现代且日渐丰富多元的乞巧节活动内容，是吸引各个年龄层观众前来参与文化节的首要条件，也是10年来乞巧文化节越办越好的主要原因。

5. 文化空间从无到优

2012年，投资近3000万元的融七夕文化广场、乞巧主题公园为一体的乞巧文化核心区如期完工，为乞巧文化节的顺利进行提供了基本保障。全新打造的乞巧文化核心区域，增设了七娘阁、鹊桥、雕塑，加挂灯笼、旗幡等七夕饰物，使公园主题更加鲜明突出。

全国首个以乞巧文化为主题的博物馆——广州乞巧文化博物馆在天河珠村建成，并在2014年7月29日对外开放第一期展览，广州乞巧文化博物馆总建筑面积1328平方米，一期工程共410平方米，由5个分馆构成，除了可以看到传统“摆七娘”展示之外，还通过文字、图片、视频、实物等手段了解乞巧历史、渊源、习俗、故事。硬件环境的有效改善，大力提升了珠村的乞巧文化氛围。

6. 文化队伍得到充实

通过举办10届乞巧节，天河区发现和保护了一批老乞巧艺人，借助他们精美的工艺，让广州市民重新认知乞巧，扩大乞巧文化的影响力。2004年，珠村小学将乞巧文化融入课堂，为小学生开设了乞巧手工艺制作课程，开展了乞巧文化传承课题研究。在文化主体的组织建设方面，2006年成立了天河区七夕·乞巧文化协会，2014 年成立了广州市乞巧文化交流协会，开展老、中、青三代乞巧工艺的学习与交流，争取乞巧的世界级非遗申报，使乞巧文化代代相传。

（二）乞巧活化遇到的障碍

1. 内容：已经与当今生活脱节

过去，针是女性的常用工具，女红是女性的基础技能，因此，大量的乞巧故事与针有关。例如，最为常见的穿针乞巧、漂针乞巧。湖南《湘潭县志》记载清嘉庆二十二年（1817 年）：“七夕，妇女于月下暴水浮针，以卜女工之巧。”今天，年轻女性多购买成衣，少缝补衣服，使用针的机会远远低于使用手机。

借助各种植物、昆虫乞巧，也是过去常见的手段，最为普通的是蜘蛛乞巧。除此之外，还有河南洛阳七夕夜陈瓜果乞巧，四川万县养豆芽观影乞巧，或者看流云、观星象乞巧；而在现代都市化生活中，再让青年女性采用原始手段、农耕道具寄托情感，是一件颇为勉强的事情。

2. 时间：传播时效过于短暂

乞巧节采用农历纪年，固定在每年的七月初七，中国传统农历节庆在公历中的日期漂移不定，也是其逐渐在民众意识中淡化的原因之一。传统大节自然受到重视，如春节、清明、端午、中秋、重阳，国家通过放假和宣传来强化传统；而依靠农历纪年的其他中国传统节日，如龙抬头、三月三、七夕，随着一代代的年轻人成长，长期被排挤在官方节日体系之外，地位显然无法与传统大节、西方节日同日而语。

乞巧作为文化行为，得到关注的时间往往就是乞巧节前后，给人“来也匆匆，去也匆匆”的感觉，作为一个暂停多年又重新恢复的节日，乞巧活动的推广、大众审美的培养，都需要较长时间的预热，没有持续一段时间的推广，乞巧文化影响社会各界的力量还是不够的。

3. 主体：渐趋老龄化

文化传承是为后代设计未来，年轻人是传统文化传播与传承的主力军，未来社会的消费趋势将以这一群体为主导，所以，珠村乞巧文化的发展很大程度需要得到年轻人的认可，年轻人的文化消费心理独立而多变，具有强烈的品牌归属感、时尚意识。

目前珠村乞巧文化仍无法与年轻人的消费需求契合，这一群体对文化的消费选择将决定珠村乞巧文化的生存状态。当代乞巧与传统乞巧在主体方面最大的不同，用一句话概括就是，从小姑娘变为老太太。广州旧时乞巧，与其他地方一样，摆七娘的主体是未婚少女，乞巧是少女的专属节日，可以视为少女的成人礼。到了今天，新时代的小儿女对于传统的乞巧节并无浓厚兴趣，参与珠村乞巧的多是中老年妇女。根据研究者储冬爱的观察，2005 年珠村东南社有 19 位妇女参加乞巧活动，最大的 85 岁，最小的 41 岁，平均年龄 60.7 岁，用“乞巧婆婆”来称谓这个群体毫不过分。

4. 风格：官方色彩浓厚

民节官办，内容高大上，可看不可玩，官方色彩浓厚是当今乞巧节的最大特点。各地政府对节日的利用和再造，使得大量节日失去了原本的“土气”，开始向适应现代化大都市的“洋气”转化。例如，在乞巧节举办选美活动，进行诗歌朗诵、歌舞表演、非遗文化展示，群众在活动现场的参与度较低。地方政府在推动民俗复兴的同时，也把适应政府需要的规模化、高端化特色植入民俗，这在一定程度上消解了节日原有的文化风格，加速了文化表演化的趋势。

5. 产品：乞巧工艺品难以进入销售市场

珠村艺人创造的乞巧手工艺品，是一种特定环境中的摆设，性质类似供品，实用性不强，一旦脱离了乞巧文化的土壤，便很难得到认同。就工艺品本身而言，也缺乏时代和商业元素，难以进入寻常百姓家，成为成年人把玩的工艺品或者儿童嬉戏的玩具。从实地调研中发现，珠村绝大多数的乞巧工艺品是由村民手工制作，制作工艺沿袭传统，程序繁复，耗时长久，款式创新较慢，欠缺市场竞争力，这在一定程度上制约了珠村乞巧文化的推广。

6. 根基：信仰的消亡导致文化功能减退

乞巧节内在的、最根本的困境，在于节日信仰的消亡和文化功能的减退。乞巧节的形成，来源于民众的信仰支撑。古代天地一体、原始崇拜的思想，导致人们寄望于天；这个节日得以发展，是因为它满足了封建社会女性渴求灵巧的需求，是古代典型的男耕女织经济模式的反映。

在耕地面积大量减少的城中村，男耕女织已经不再是现代村民的谋生方式。在科技发达的当下，迷信也失去了往日的市场。乞巧节存在的社会根基已经受到动摇，乞巧节内在所蕴含的乞求巧智、乞求姻缘的祈福功能，不再满足现代社会女性的需求，个性意识的增强和个人主义的崛起，使得女性相信自己胜于相信上天，传统的乞巧信仰已经被当今社会所忽略，乞巧节功能转型势在必行。

（三）乞巧节的特点

1. 女性专属

在古代，女性地位没有得到应有的重视，乞巧节可以说体现了农耕时代对女性价值的认同，也正因为如此，乞巧节在中国的分布并不十分广泛，呈点状、带状而不是片状分布，很多地方并没有七月初七过乞巧节的习俗。

乞巧文化传承至今，存在“乞巧”和“七夕”两种内涵。“乞巧”是歌颂女性的心灵手巧，隋唐之后，七夕逐渐演化为以女性为主角、以乞巧为内容的乞巧节或女儿节，成为中国历史上唯一的女性节日。在长期男权主义的封建社会里，妇女应该心灵手巧的观念，既符合统治阶级的利益和男性的意愿，又是妇女自身的美德规范之一，所以，乞巧活动在封建社会能够流行并且传承下来。

到了当代，女性的地位有了根本的转变，“心灵手巧”不再是社会对于女性的主要要求，“七夕”转而歌颂爱情的专一。“七夕”脱胎于牛郎织女七夕相会的故事，北方地区存在不少牛郎织女故事的发祥地，河南鲁山、山西和顺、山东沂源和陕西等地一直为此争执不休，都期望将传说中的虚幻世界坐实在本地。对于无从考证的传说，中国民协采用了折中的方法，同时命名山西和顺县和河南鲁山县为中国“牛郎织女文化之乡”。

2. 非功利性

中国传统节庆体系中，第一大类是时令性质的，如春节、冬至，与年岁更替和节气有关；第二大类是教化性质的，具备某种明确的伦理道德职责，如清明祭祖、重阳敬老；第三类是纪念性质的，因为某种食品而得以强化、传承至今，如端午节纪念屈原和吃粽子，随着时间的推移，人们逐渐忘记了节日悲苦的本意，只留下了庆祝的手段。在中国传统的节庆体系中，较少有抒发情感的，如以感恩、爱情为主旨，表达对父母、伴侣之爱的节日。

乞巧节属于祈福文化，但是由于性别的专属，加上乞巧的主神模糊不清，不掌管财权和健康，功利性不强，长期被排除在主流节庆之外，较难流传，在珠三角反而不如观音诞、龙母诞热闹。七夕在乞巧之路上分离出爱情主题，与乞巧缺乏明确的情感诉求有关，七夕节强化爱情的忠贞不渝，算是弥补了现代节日无情感的缺憾，但同样无法解决作为祈福文化，乞巧无利益诉求的问题。

3. 风俗各异

乞巧风俗大同却小异，全国各地有各自的乞巧节风俗习惯，西和乞巧节的时间长达7天，大部分地方的过节时间较短，只是一天一夜而已。乞巧传统的仪式更加大相径庭，有的地方较为繁复，乞巧仪式不仅有祭祀程序，还有歌舞表演，娱人娱神。珠村的乞巧仪式相对简单，其特色活动是“摆七娘”。

二、国内外乞巧节概况

1. 国内乞巧文化活动

目前，全国各地有着众多“中国乞巧文化之乡”或者“中国七夕文化之乡”，甘肃西和以乞巧文化著名，2007年3月，西和县被授予“中国乞巧文化之乡”。湖北郧西县为“中国天河七夕文化之乡”，西安市长安区斗门镇北常庄是“中国七夕文化之乡”。各地举办七夕庆祝活动的方式也大同小异，不外乎举行大型文化节、开展民俗文化展演、进行乞巧仪式、举办研讨会等，举办主体很多都是地方政府，在乞巧节中穿插民俗旅游节。

浙江温州洞头县是“中国七夕之乡”，从2008年起开始举办“七夕民俗风情节”，以海洋民俗与滨海旅游结合为亮点。洞头县投资兴建“中国十大历史文化名楼”望海楼，利用东岙古巷的百年民居，精心打造东岙渔村民间民俗工艺展览馆，集中展示“巧人儿粿”制作模具等。全县共有“七星亭”作坊20多家，年销售“七星亭”达5万余个，观摩“七星亭”扎糊现场成为群众体验七夕文化的重要平台。

广州天河的近邻东莞望牛墩在2010年被中国民协授予“中国乞巧文化之乡”称号，它的做法也是举办系列大型七夕风情文化节，节日规模越做越大，2010年望牛墩的七夕风情文化节被纳入文化部、农业部等主办的“首届农民艺术节”系列活动。望牛墩镇也在小学、幼儿园中大力开展非遗传承活动，非遗传承人走进校园，把乞巧节知识讲座设为学校第二课堂，让广大师生进一步了解家乡的非物质文化遗产。

2. 目前国内传承乞巧节采用的办法

（1）文化内涵重构。

乞巧节本身具有两种意义的维向，可以是歌颂少女心灵手巧的成人礼，也可以是歌颂坚贞爱情的中国情侣节。尽管很多人对于七夕变身中国情侣节持反对态度，但是，毋庸置疑，爱情文化重构对七夕节的命运逆转起了至关重要的作用。

爱情成为七夕节的主题，契合了当代人的生活方式和情感需求，因为这一重构，七夕最大的变化在于吸引了都市年轻人的关注，众多商家的推波助澜、广告的介入和传播迅速为节庆升温，助长了大众消费需求，促使古老节庆与市场联姻，成为时尚男女的生活习惯。

（2）与美食等大众文化嫁接。

为了推广乞巧节，国内很多地方都在七夕文化的“物化”方面想办法，主要手段一是生产七夕信物、纪念品，二是生产七巧果等食品。

河北省举办过“七巧果”设计、制作、包装大赛。2006 年七夕节前，河北省七夕情侣节组委会提出，为让这个传统节日进入寻常百姓家，须有节日期间群众可餐、可用、可赠之物，于是河北七夕情侣节组委会广泛征集节日花卉、节日特定食品。

经过努力，2007 年 6 月河北省评审确定“百合花”为七夕节花，“糯米枣”为七夕食品。2008 年、2009 年又连续进行了相关的推广工作，确定糯米枣的名称为“七巧果”。为进一步推广“七巧果”这一新生事物，河北省文明办、团省委、省妇联、省民俗文化协会等单位于 2011 年农历七月初五在石家庄举行了全省“七巧果”制作、包装大赛，许多酒家、饼店、美术工作室、动漫设计机构都参与了本次竞赛。

（3）复合多种文化内容。

综合办节是大部分地方政府采用的办节方法，使得乞巧节平台化、同质化，百节一面，成为现代文化的集合体。众多乞巧节相似的内容包括论坛、表演、展览等，例如，西和乞巧女儿节一般有 10 项系列活动，包括乞巧文化高峰论坛、乞巧音乐创作活动、专家学者田野考察、乞巧文化摄影采风活动、制作乞巧电视宣传片、创作乞巧歌舞节目、网上乞巧活动、出版学术著作和论坛文集、民间乞巧活动、乞巧文化推广普及等，类似的活动也会在其他地方的乞巧节甚至是任何文化节中看到，说明这些手段经常被复制而且没有经过创新。

（4）民间自由成长为泛宗教仪式。

活化传统祈福文化还有一个常用手段，就是对于民俗文化中祭祀、祈福功能的过分强调，任由迷信部分的内容扩展，导致民俗文化慢慢变为泛宗教仪式，这种转变最大的便利在于容易吸引民众参与，最大的弊端在于改变了民俗文化的快乐本源，成为人们敬天畏地的心理延伸。

西和乞巧被认为有信仰、崇拜世俗化的倾向，叶舒宪在《乞桥·乞巧·鹊桥——从文化编码论看七夕神话的天桥仪式原型》（载《民族艺术》2013 年第 6 期）一文中指出，把西和乞巧节仪礼和屈原的《九歌》以及湘西土家族傩祭仪式相比，大家先请神下凡最后再送神回归天界的仪式，几乎如出一辙。自然崇拜发源于原始文化，西和乞巧文化反映了一种原始的多神思维。

至今，现代社会依然存在源于祭神仪式的民俗节庆，科技的发展给了这些民俗节庆客观上脱胎换骨的环境，在大多数地方，祭祀民俗已经脱离宗教信仰的土壤，变为纯粹世俗化的民间节日了，仪式的娱乐性已经替代了功用性。但是，如果文化主体在主观上依旧强化这些节庆的原始崇拜性，必然给它的未来发展带来阴影。

3. 亚洲各国的乞巧节

世界各地保存乞巧风俗的国家都在亚洲，几乎全部位于东亚文化圈，最有借鉴价值的是日本七夕。日本的七夕改在公历 7 月 7 日，没有任何情人节的色彩，就是祈福，是日本传统五大节日之一。日本各地有不同的七夕风俗，以仙台等地的三大祭最为著名，总体而言，日本的七夕已经完成了从传统向现代的转化，年轻人不再排斥七夕节，反而成为节日的主角，年轻人的加入对于七夕未来的传承发展是非常有利的。

考察日本七夕，最大的特点是祈福仪式的简化。最富有日本特色的七夕风俗是写短册许愿。七夕节期间，日本的神社、商店等公共场所都会辟出专门的地方，移栽一丛丛竹子，人们在上面挂满五颜六色的短册，以示庆祝。最初的短册是用红、青、黄、白的彩色纸和长条诗笺制作而成的，上写个人的各种心愿，用五色线条挂在树上或竹子上。到了江户时代，短册被加上了装饰的檐头，这种挂短册的做法一直沿用到今天。

在日本，政府或者民间组织主要负责组织文化活动、烘托节庆气氛。例如，京都七夕祭的活动就有相扑节会、七夕立花会、御洗手祭、恋爱成就祭、乞巧奠等。仙台的七夕祭是沿用中国农历计算的，令人倍感亲切。仙台的七夕祭还有一个特色，它在正式的七夕祭之前还会有一场大型的烟花祭，届时仙台市役所会组织一场大型的烟花会演，庆祝七夕的到来。

韩国七夕的内涵也与爱情无关，是祈求手艺与丰收。根据崔南善的《朝鲜常识》记载，七夕原来是中国的习俗，大约是在恭愍王（高丽第 31 代王）时期，传到了朝鲜半岛。

韩国民间百姓过去过七夕是最具代表性的风俗，与中国更为接近。七月初七当天早晨，妇女们把香瓜、黄瓜等瓜果放在桌子上，磕头祈求女人们织布的手艺越来越好。过一会儿，如果桌上摆的饮食上面看到有蜘蛛网的话，就认为天仙答应了她们的愿望。与中国古代风俗一脉相承，韩国人也采用蜘蛛卜巧，祈求自己拥有灵巧双手。

三、天河区活化乞巧的目标及原则

1. 重新设置节庆定位

文化传承分为两种，一种是静态传承，一种是活化传承。例如，修建博物馆收藏物证、整理录音录像资料、出版图书、举办讲座等，都是外人而非一定要文化主体才可以操作的。对于传统文化而言，来自外部切片式的固化传承，都是静态传承，静态传承是较为容易实现的目标。将过往的静态传承改为活化传承，是一项长久、艰苦而且成效反复的系统工程。活化传承最主要的目标，就是要完成继承者的培育，继承者一要有传统文化的技艺，二要有继承传统文化的热情。只有解决了主体问题，才能真正实现文化的活化。

主体问题的解决无法通过行政命令的方式简单实现，乞巧活化工程是系统化的，只有完成了从内到外的转变之后，乞巧文化才能被新时代的承继者接受，而且这样的转变不是一次性完成的。而是在未来随着时代的变化将出现多次转变。

从功能定位而言，心灵手巧无法涵盖当代女性对于自身美德的追求，未来的乞巧应该反映女性对于真善美的永恒追求，歌颂美，体验美，成为“中国最美的女性节日”，将是未来乞巧节的定位。从地方政府而言，扩大珠村乞巧节在国内、国际的影响，将天河区打造成“中国乞巧文化体验中心”，吸引世界各地游客的兴趣。从情感体验而言，改变乞巧陈旧的祈福主题，演变为大众参与度高、愉悦感强的“乞巧嘉年华”。

乞巧文化在坚持女性文化、传统文化的基础上，以“日常化”“年轻化”“市场化”为发展原则，配套不同的文化工程，推动乞巧由官方文化活动逐步变回民间的民俗节日。

节庆时人潮涌动，节庆后无人搭理，乞巧活动受乞巧节时间制约呈现出短暂热闹的局面，要突破这一瓶颈，必须使得文化活动“日常化”，长年有人关心乞巧、谈论乞巧、表演乞巧、传播乞巧、学习乞巧。而未来乞巧发展的走向离不开年轻一代的成长，如果不能实现乞巧文化“年轻化”，再过 20 年时间仍将出现后继无人的尴尬局面。仅仅依赖政府投入，文化自身无法赢得群众喜爱，缺乏市场价值，也是不利于民俗节庆成长的。“市场化”是一个复杂的问题，既包括乞巧工艺、乞巧活动的市场化，也包括文化观念的市场化。

2. 原则：以“变”保护“不变”

非物质文化遗产的生命力除了与自身强大与否有关外，还与它适应时代变化的灵活性密切相关，有些非遗文化如端午赛龙舟娱乐性强，有些非遗文化如武术公益性强，它们扎根民间数百年，通过父子、师徒、家族、社群等方式代代衍传、绵延不绝，基本不需要通过改变来适应变化。

而有的非遗文化一旦脱离原有社会环境，就难以维持生存，如龙舟说唱、宫灯制作，它们的传承与发展，关键在于如何在不断变化的现实中“活下去”，以“变化”的手段、“变化”的形式来维持“不变”的本质。源于旧时代生活的非遗文化，要想在新时代的环境中适应新生活，如果没有改变和创新，固守原有的形式和内容，一味依赖政府供养，非遗将渐渐失去活力，也难以融入现代生活中。

因此，在实事求是考量非遗文化时，第一要素是生命力，第二要素是应变力。活化乞巧节等非遗文化，实际上就是增强文化的生命力和应变力。传承人的创新性传承，是非遗保持活力、保持生命力的重要动力。

“变”也是时代对于文化的决定作用所要求的，乞巧节在被列入国家级非物质文化遗产名录之前，传承主体是各地民众，作为一种生活方式，它体现了当地民众的信仰和价值观；乞巧节在成为非遗后，其传统的形式和内容都会因为有政府的强制性保护而存在下来。但是，在民间传统乞巧节不可能被原汁原味地传承下去，肯定要有适当的调整或自我更新，以适应年轻一代的需要。

创造性传承体现了文化对辩证规律的遵守。在西和，年轻女孩在乞巧节期间不愿跳过去奶奶们教的舞蹈，她们用的是流行歌曲，跳的是现代舞，有些年轻姑娘就是为跳现代舞才参加乞巧节活动的。我们不会因为姑娘们喜欢跳现代舞，就认为这不再是乞巧节。应用以人为本的原则来衡量文化传承，本真性不是非物质文化遗产传承追求的终极目标，生命力才是非遗文化的灵魂。

3. 机制设计：搭建“四有”框架

乞巧等非遗文化实现活化传承需要建立“四有”机制，“四有”是指有人教、有人学、有自我组织系统、有传承阵地和成果。

“四有”机制涉及传统文化存在的真实状态、主体传承的自觉性、文化设施、社会组织的参与等软硬件条件，诸多要素联动形成“四有”，这是一个行政区划内的本土文化实现自我传承的最基础保障。

对于珠村来说，“有人教”是指本村存在乞巧传承人，除了省、市文广新局认定的非遗传承人之外，传承人也可以是被公认为该地区、该类型文化的代表人物，传承人由民间推举、官方认定，其主要职责便是传授或组织传授本村年轻弟子学习乞巧技艺，保留传统的基本根基。

“有人学”是指本村或本市的适龄青年，通过自然传承或组织化行为，向乞巧的传承人或家中长辈学习此项技能、知识，意愿是“有人学”的关键核心，“有人学”的意思是“有人愿意学”，而不是“有人被迫学”。

“有阵地和成果”在经济条件优越的情况下，是较为容易实现的。珠村有乞巧博物馆、广场等集体活动场所作为文化阵地，政府的介入保障了非物质文化遗产的阵地和成果问题，乞巧成品陈列在博物馆中，发挥着持续激励和凝聚的作用。

“有组织系统”是“四有”机制的关键，当自然传承出现阻滞的时候，人为建立一套新的组织系统，实现传统文化的传承，变得非常重要。系统中的“组织”最好是村民的自发组织，不需要政府介入便可开展有效的传承活动，在古代宗族往往是这样的组织形式，它通过民俗礼法、村规乡约等载体，刺激或承载着上述文化传承。今天，人口组成的复杂性、社会的开放性，都很难再采用家族式管理来推进文化的延续，组织的延续机制只能是通过服务型非政府组织、协会等民间团体来完成。

四、活化乞巧的系统工程

（一）远景工程：规划乞巧节的未来

1. 重塑节日的核心价值

之前我们提到中国传统节日的构成要素概括起来有以下几点：一是节日名称，二是在历法中的位置，三是特殊的活动内容，四是特殊的活动空间，五是参与主体体验和情感的特殊性，最后一点是最重要的。

为什么要过乞巧节？这是当代和未来年轻人必然不断探寻的一个核心问题。仅仅为了继承传统、承担社会责任，是无法推动乞巧深入民心成为自觉行为的，在娱乐至上、自我为中心的年代，节庆必然要有个体值得投入的价值，才可以为年轻一代接受。总是追溯乞巧节的历史来源，过分强调传统的牢不可破，实际上对于乞巧的活化并没有利。

乞巧节从数年前被发掘到今天再利用的过程，也是一个乞巧节面临挑战、寻求生机的过程，需要以新的姿态呈现，而不能只注重传统的、古老的民俗事项，要将刻板的意识形态转变为适合现代社会的生活乐趣。

设置乞巧节的情感主题是重塑乞巧节核心价值的关键。

老市长朱光将乞巧划归姻缘范畴，他在《广州好》里写道：“广州好，乞巧乞姻缘。巧艺年年祈夙愿，钟情红粉总堪怜。今日得团圆。”一语道破乞巧节妇女内在的心理动机——乞求姻缘，乞求美好的婚姻。

母亲节、父亲节、情人节、感恩节等西方节日获得当代年轻人认可的重要原因之一，就是它们强烈的、独特的抒情性，或是表达爱意，或是表达感激，节庆的客体与主体的关系——儿女对母亲，儿女对父亲，或是情侣之间，都非常明确。

目前，国内的七夕节，部分地方以爱情为情感诉求，倡导高尚文明的爱情生活，推崇忠贞不渝、始终不变的感情，这种健康的爱情理想与现代情爱观是相通的，可以正确引导现代婚姻家庭的健康成长，对提高民族素质、净化社会风气能起到很好的促进作用。

对于天河区来说，转向爱情主题与传统不符，不过也没有必要完全排斥爱情文化，爱情与乞巧有着天然的联系，活化乞巧节要善于发扬岭南文化务实、兼容的特点，在文化的根源上树立情感的归依，因势利导、顺势而为，根据群众的选择和认可来做决定。

随着时代的变化，乞巧节以女性心灵手巧为情感归依，显然无法为当代女性尤其是年轻女性所接受，放弃狭隘的乞巧，而把祈福的主题扩大至与女性相关，基本主题为祈愿“女人一生美丽”，而分主题则可以是对健康、样貌、心灵、家庭、事业等不同愿望的祈祷。

除了功用之外，节庆的情绪体验也是其重要的组成内容。情感是节日的核心价值，现代节日必须是快乐生活的升华，它的活动内容不是沉重的、刻板的，而是愉悦的、幸福的体验。女性的嘉年华尤其是青年女性的嘉年华，是未来乞巧节承载快乐的方式。例如，在乞巧节组织“最美巡游”，世界各地与女性有关的美丽文化，巴西的桑巴、中国的花旦、日本的COSPLAY、俄罗斯的比基尼女郎等，都可以在这个巡游节目中展示。或者组织专属女性的“彩色跑”，只允许女性参加，全长10千米。

节日其实也是一种社交活动，内容必然是便于大众参与的。举办乞巧女儿选美活动，能够参与的人数不多，活动的门槛较高，不妨尝试举办“广州巧女儿”系列技能大赛，如缝纫比赛、裁剪服装比赛、十字绣大赛、快乐厨房大赛、广场舞大赛等，提高活动的参与性，降低公众关注的门槛。

2. 保留乞巧节祈愿文化的本质，简化程序

未来生活同样需要祈祷美好的愿望能够实现，只是人们不再迷信祈祷的作用，与过去人的力量渺小相比，现在人们的自信心十足，祈愿不会改变个人的命运，只是心灵安慰的一种方式，这是传统文化在古今功能方面的巨大差异。

因此，在乞巧文化的价值建设上继续以祈愿为核心，就需要进化祈愿的载体，传统实体祈愿手法是互联网等虚拟科技无法取代的，这是值得保留的。现代生活广受欢迎的祈愿方式要求越简单越好，佛山正月“行通济”为我们提供了一个现代祈愿的成功例证，一是有独特的场所，通济桥“九出十三归”；

二是有一个独特的时间，传统是正月十六行通济；三是有一句独特的口号，“行通济，冇闭翳”。

类似的案例还有黄大仙、车公庙、三元宫上头炷香或者南海观音寺的“借库”，都非常简单，过多的仪式和繁复的环节只会阻碍普通百姓参与。乞巧祈愿也需要与之相适应的场所，乞巧博物馆用于收藏文化发展的物证，无法推进作为祈愿的场所。让传说成为现实的场景，让美好的感情有寄托的载体，无论是爱情含义的七夕文化，还是成长含义的乞巧文化，都需要用实际的方式来表达，桥梁、街道等都可以成为祈愿的场所，建议天河区在珠吉街正式获得“中国民间文化艺术之乡”称号后，选择一个地方，新建一处文化地标，使之成为人们的祈愿胜地。

对于信众来说，还需要一种动作来表达感情，如在七夕桥上挂连心锁或者抽“乞巧签”，一事一签，无需解签，供人抽取，一人只能抽一签，寓意祈愿好事得成。日本乞巧节的祈愿方式值得借鉴，它没有庙宇之类的场所，在街道通过商家就能实现祈愿，非常简单易行。

乞巧祈愿需要改进的第三件事情是设立口号，口号只是表象，它传递的是祈愿活动的核心竞争力或者独特诉求。口号的征集有多种方式，征集口号的过程也是宣传乞巧文化的过程，更重要的是讨论乞巧核心价值的过程，经过研讨将群众特别是青年人认可的乞巧核心诉求过滤出来，确定下来。

总而言之，祈愿的核心是心灵安慰，程序起到的作用是强化暗示力量，到了当代，程序难以发挥心理暗示作用，祈愿需要简化手续，程序不是越复杂越好，而是越简单越好。如果乞巧需要很多复杂的跪拜程序、禁忌仪式，在年轻一代的传承必然遭遇强大的阻力，因此乞巧祈愿必然是一个人就能完成的事情，大规模、步骤化、社团式的集体仪式，只能由政府组织，不可能实现个人化，也必然不可能全民化。

3. 强化“七娘”原型崇拜的两种选择

虚无缥缈的情感表达，对于百姓来说较难有所寄托，他们需要一个明确的载体或者对象，用来诉说要求、宣泄情绪，进行人神对话；而祈愿女性美丽的载体，必然与乞巧有着密切关系，在珠村，这个载体就是“七娘”。

岭南一直信仰多元化，各路神仙和谐相处、兼容并蓄。在中国的神话谱系中，存在着一定数量的女性神，如妈祖、金花娘娘等都是以保护神的母性形象出现，缺少如西方神话中的维纳斯那样司职爱情、艺术的年轻女神。七仙女属于道教系统，在岭南道教有着广泛而深厚的群众基础，七仙女的形象与往昔凝重沉稳的女神们不同，她追求爱情、个性鲜明、胆大直率，行为随心而欲，颇有当今年轻一代风貌，是非常适合移植当代，成为姑娘心中的神级偶像。

现代文化中的偶像要具备多样性，能够被穿越解读，适合动漫等艺术形式表现，七仙女没有在过往担负重要的保护职能，在大家心目中，她不是一个有着明确司职的神仙，她的亲民性和活泼个性可以充分利用，进入艺术领域，不过作为祈福文化的原型崇拜，七仙女的形象活泼有余而沉稳不足，难以发挥神灵赐福保佑的心灵安慰作用。

“七娘”在珠村的乞巧文化中非常虚无，几乎没有原型，完全不像南沙的妈祖、西樵的观音。明确的“七娘”崇拜是在台湾，七夕这一女儿节或者情人节在台湾演变成了孩子节。每年这天，人们到“七娘妈”庙供奉花果、脂粉、牲礼等，祈望“七娘妈”保护孩子。这天，台湾民间还流行一种“成人礼”，即孩子满 15 岁时，父母领着他带着供品到“七娘妈”庙酬谢，答谢“七娘妈”保护孩子度过了幼年、童年和少年时代。

台湾民众认为，小孩在未满 16 岁之前，都是由天上的仙鸟——鸟母照顾长大的，鸟母则是由“七娘妈”所托，因此，“七娘妈”就成了未成年孩子的保护神。婴儿出生满周岁后，母亲或祖母就会抱着孩子，带上丰盛的祭品，另加鸡冠花与千日红，到寺庙祭拜，祈愿“七娘妈”保护孩子平安长大，并用古钱或锁牌串上红包绒线系在颈上，一直戴到 16 岁，才在七夕节那天拿下锁牌，并到寺庙答谢“七娘妈”多年的保佑。所以，七夕节也相当于孩子的成人礼，很多家庭都要因此而宴请亲友，庆贺一番。

如何强化崇拜的原型，是一个非常复杂的问题。珠村本身并没有“七娘”崇拜，大部分珠三角农村，原始信仰是道教，崇拜的神灵是洪圣（祝融）、关公、财神等。当然，在基础设施的对应方面，也可以采用南沙的方式，修建七娘庙，直接复制外来文化，但是外来文化如何落地生根，将是一个无法回避的严峻难题。

（二）青苗工程：明确未来传承人群体

1. 培养“青年文化传承人”

非物质文化遗产和物质文化遗产最大的区别就是，非物质文化遗产必须活态传承，所以一定要有源源不断的传承人，才能让一种生活方式传承下去，焕发活力。天河区实施“青苗工程”的第一步，就是要明确一批又一批青年人作为文化传承人，加以持久培养。

第一类合适的传承人，是珠村乞巧家庭的后代。家庭传承的方式是最有力的，子女是第一传承人，这一项目一定要在珠村的年轻人中展开。年轻人土生土长，是本土文化责无旁贷的延续者，如果他们都不能担负起这一重任，那么珠村将失去乞巧文化。城中村的年轻人已经身处城市之中，无须务农，很快就会彻底忘记过往身份，接受新时代变迁，融入大都市中，因此需要在他们心中种植乞巧文化的青苗。

第二类合适的传承人，是外城区对于乞巧有兴趣的年轻人。这一类人来源广泛，可以是广州户籍的居民，也可以是没有户籍的新客家。挑选他们的标准只有一个，就是对于乞巧文化的兴趣，他们是否有志于从事与乞巧相关的实践、传播等工作。

挑选、培养“青年文化传承人”，是一项长久、艰巨的工作，仅仅依赖资金的支持是远远不够的，青年文化传承人必须热爱非遗文化才能执着与坚守，把这份热爱一代一代地传递下去。正因为有了热爱的火焰，传统非遗文化才可以薪火相传、生生不息。年轻人对于未来的付出，是活化非遗的生命之源。

吸引年轻人加入“青苗工程”，成为“青年文化传承人”的具体做法也是建立“四有”机制：有组织、有平台、有资金、有推动。

有组织是有针对性地成立广州乞巧文化交流协会青少年分会，吸收25岁以下的青年、中小学生参加，依托协会为机构基础进行评选，其中的优秀者，每年一次授予10名“天河区青年文化传承人”的称号。

有平台是专门举办“青春乞巧文化节”，每5年举办一次，那一年不再举办常规的乞巧文化节，替代的便是“青春乞巧文化节”，完全以年轻人的乞巧成果为主，由广州乞巧文化交流协会青少年分会负责筹备承办。

有资金是设立奖励型事业补助，天河区为青少年组队参加“青春乞巧文化节”提供分批资助，成果申报获得立项就可以得到一部分资助，成果进行到中期可以获得第二笔资助，“青年文化传承人”优先具有得到资助的机会。

有推动是给予青少年机会，在更高的平台上展示他们为乞巧文化的付出，表彰他们推进文化发展做出的贡献。例如，出版书籍，举办报告会，组团参加外地的文化活动，将他们的作品在省市博物馆进行展览，等等。

“青苗工程”还需要在天河区营造传统文化氛围，进行岭南非遗文化的系统教学。乞巧的手工技艺不像红木家具制作、宫灯制作或者灰塑，技术并不十分复杂，不需要长期的专业训练，也无法成为一种职业，传承与否都不影响生计，仅仅是一种业余爱好，所以活化乞巧遇到的问题还有文化氛围的淡化。

从表面上看，乞巧是一种岭南民俗文化，它的形成却是中国民间文化的结晶，传递的是中华民族天人合一的哲学理念。在单方面强调活化乞巧活动之前，不妨强化中国传统文化知识的传授，使得年幼的学习者可以得到正统文化的熏陶；也可以促使家长认识乞巧活动的文化价值，推动他们鼓励子女学习乞巧。

任何一个地方的民俗文化都不是孤立存在的，它与环境密不可分。例如，西和悠久的历史形成了西和厚重的文化积淀，使西和积累了一大批丰富的文化艺术遗产，与乞巧相伴的还有山歌、春倌、羊皮扇鼓舞、耍社火等民俗文化活动，其共同特点是乡土气息浓郁、地方特色鲜明，众多民俗相伴传承，历久不衰，正是在这种氛围中，乞巧风俗被完整地保留了下来。

对于珠村乞巧的未来，培育一个良好的非遗氛围非常重要，年轻一代和学龄儿童仅仅学习乞巧是不够的，孤立地学习乞巧技艺很容易感觉乏味，应该将岭南非遗文化技能系统地传授给他们，如剪纸、年画、粤剧、功夫、醒狮等，使得他们明白传统的融合统一，乞巧只是博大精深的中国传统文化中的一种，对于我们今天的精神滋养，仍然可以发挥巨大的教化作用。

珠村乞巧节民俗文化保存得完整与否，与其所在的地域文化系统不无关系。一荣俱荣，一损俱损，天河区在保护乞巧的同时，应注重保护、传承其他岭南非遗文化，对于乞巧的发展，有百利而无一害。

2. 培养“乞巧文化使者”

乡土文化多源自本土、成于本土，古代文化传承人并不需要与外界进行有效沟通，传播高质量的文化信息，今天的情况有所不同，珠村已经不再是乡村，它被城市包围，生产方式、生活方式都已经都市化了，珠村的后代不可逆转地处在都市文化与乡土文化之间的交叉点，他们代表传统乡土文化，与现代都市文化进行沟通。因此，与都市文化的对话，将是文化使者的主要职责之一。

“乞巧文化使者”是民俗文化人才培育工作的一个高级阶段，“乞巧文化使者”包括两种人才：一是非珠村籍的乞巧文化专家、志愿者、形象大使；二是珠村籍的乞巧从业人员，他们不一定是乞巧的官方非遗传承人，在当地长大又受过一定教育，既能活跃在村民中间推动传承，又能对外做有效沟通，既谙熟本土文化底蕴，又了解文化市场的潮流和需求。

“乞巧文化使者”的功能与传承人不同，传承人是传统文化的传递者，他的作用可以仅仅是活化石，用来保存文化的延续、展示文化的样貌。文化使者的作用在于主动地承担文化传播、普及两大职能，推动活化传承。文化使者的技艺不一定是顶尖的，但是善于采用各种方式培育村里村外的年轻群体，促使族人子弟逐步具备文化主人翁观念，以传统文化为骄傲，自觉去保护乞巧等传统文化。

“乞巧文化使者”的授予由地方文化主管部门负责，旨在鼓励珠村人行动起来，主动担负推动文化繁衍的重任。其条件是技能成熟，并积极与政府及社会机构合作，参与、推动各类文化保护活动和项目。

同时，“乞巧文化使者”也将获得天河区给予的奖励型事业补助。与“青年文化传承人”的奖励方式不同，“乞巧文化使者”获得的奖励不是一次性的，而是可以每年都有，每3年复评一次，保留称号者将继续获得奖励。无论是“文化使者”计划，还是“青年传承人”计划，都是把鼓励本地区文化传承行为作为持续性目标和根本宗旨放在首位。

3. 组织机构：成立乡人评委团

珠村乞巧文化发展组织机构建立的原则是本土化、自觉性、自治力，组织形式可以由低级向高级发展，但自我管理的原则不变，政府部门帮助扶持一段时间之后，交给村民自主自治，只进行业务宏观指导。

天河区已经成立乞巧交流协会，以协会为主要形式的民间组织起到沟通政府与百姓的作用，带有半官方半民间的性质，乞巧交流协会可以利用政府资源独立运作，以自我管理、自我服务、自我娱乐为工作形式，是一种非营利、公益性的民间组织。

学会、协会等民间组织机制灵活、功能多样，能以贴近基层的服务形式，满足社区居民多元化、个性化的文化需求；在“小政府、大社会”的管理目标下，承担基层政府剥离的部分服务职能，有助于实现政社分开、政事分工。但是，对于珠村来说，市、区两级的文化协会管理者多为学者、官员，在目前乞巧文化已经具有相当群众基础的情况下，应逐步把文化的操作权下放到民间，在乞巧艺人中建立起组织机构，由他们去推动活化机制的建立，是切实可行的。组织形式可以是本村乞巧传承人组成的“乡人评委会”，由村委会协助开展工作，政府发放补贴但不参与具体事务。“乡人评委会”成员由村民自主讨论决定，选出村里德高望重的乞巧人士担任，不一定是村干部，老中青三结合，他们熟悉本土文化，掌握传统神韵，是真正的乞巧骨干。

遴选乡人评委的具体标准由区文化部门制定，可以根据实际情况逐年进行调整。参考指标首先有技艺水平或参与活动的年限，如老人参与过八届以上乞巧文化节，中年人参与过5届以上乞巧文化节，年轻人参与过3届以上乞巧文化节。其次是获奖情况，无论是老年人还是青年，获得任何一种区级以上奖励，如广州文艺奖、区劳动模范、区优秀教师，都可以成为候选评委。第三是得票多少，采用差额选举的办法，由市或区乞巧文化协会主席团成员投票决定。

乞巧本来就是一种民间文化，民间文化的发展有着独特的草根性，无须受艺术理论的“科学”指导，“乡人评委会”的作用在于鼓励民间艺人大胆创造，发挥他们的想象力，由他们去组织创作、展开讨论、开设培训班，判定村中子女们学习的技能、水平，将文化的解释权、操作权交回给他们。区乞巧文化协会从每年的活动经费中抽出一定数额，用来扶持“乡人评委会”，规定评委会每个季度需要完成的作品数量、讨论会数量等。这样做的价值在于，首先保障了传承与评判的一致性，村民教，村民评，从技术上保持了传统的一致性。其次，激励本村传承人实现自我价值，担负薪火传递的使命。第三，使得社区成为文化传习平台，由村中德高望重人士把文化放在日常生活中进行讨论，男女老少都可以参加，文化传承工作日常化。

目前乞巧交流协会可以摆脱实际指导操作的框限，理事除了专家外，还可以发展投资商加入，工作范畴也可以扩大到组办培训班，出版书籍、音像制品，举行大型活动，甚至招商投资等经营活动，最终目标是在更高的平台上，成为指引乞巧文化事业发展方向的核心机构。

（三）硬件工程：建立乞巧文化地标

文化地标可以根据规模不同，建设体量或大或小的建筑。大型的地标景观甚至可以是山水景观，如坐落于美国南达科他州基斯通附近的总统山。很多城市采用建筑物，例如巴黎凯旋门，广州也曾想过在海珠区新商务中心区设立地标建筑——广州门，以表示该区域位置和功能的重要。规模最小、最简单的地标是城市雕塑，城市雕塑规模小、费用少、主题明确，可以是纪念性的，以雕塑纪念当地著名的人物与事件；也可以是歌颂性的，把城镇的理念、理想、历程等形而上的内容，运用雕塑艺术具象化地表达出来。

无论采用何种方式，文化地标建设的原则都是一样的。首先，成功的地标要切合地方实际，城市文化地标的基本功能决定了它是为特定的地域和环境服务的。其次，成功的地标必然要有鲜明的思想性，能引起人们的共鸣，人们才能把它作为城市的标志。

随着文化的发展、乞巧知名度的提升，天河需要一个文化地标加强人们对其的认知度。天河采用何种方式、在哪里来建立一个乞巧文化地标，可以由市民投票来决定，可以是一组城市雕塑，也可以是一个独特的建筑，只要能表达乞巧的理念，符合天河的实际，获得大部分群众的认可，便是一个好作品。

由于体量较大、位置独特，采用地标建筑扩散知名度，其效果往往轻易超越城市雕塑，另外，地标建筑作为城市文化载体，其功能的多元化，也是城市雕塑难以望其项背的。

天河珠吉街已经正式获得“中国民间文化艺术之乡”称号，可以根据乞巧文化特点，在天河区范围内建立一个乞巧文化地标，具体方案可以由专家提出，公众参与讨论决定。

乞巧文化地标的功用应该是多元化的，不仅可以作为建筑艺术来观赏，还要具备乞巧祈福的实际利用价值。例如，建设中国传统“七宝塔”，以古典风格、现代形式建设一座木结构宝塔，设计方案在世界范围内进行征集，“七宝塔”的作用不仅仅是用来观赏，而是用来祈福，满足乞巧活动“天人感应”

的心灵诉求。

（四）软件工程：打造参与性、愉悦感强的“乞巧嘉年华”

乞巧的活化，除了有政府的推动力之外，还必须有活动本身的吸引力，没有吸引力的活动，群众主动参与的积极性一定不会很高。

1. 乞巧的仪式：竞争性获得

如何设计活动本身的吸引力，需要从操作层面入手，将原本的平等参与环节通过政府手段变为竞争性获得额外资源，改集团式扶持为定点式扶持，还原小台“摆七娘”，借鉴外地的经验加以改造，设立乞巧之家。

西和乞巧有一个坐巧环节，通过选址确定坐巧人家。为了让乞巧节顺利进行，每年都会选定一个坐巧的人家。确定坐巧人家的标准有很多，例如，家中是否有姑娘乞巧，家庭的硬件条件是否合适，院落房屋是否宽敞，交通是否便利，还有很重要的一点是主人是否好客。

西和老百姓认为，能在自己家里坐巧，是一件很有福气的事情，甚至可以让家里不孕的妇女怀胎生子，所以有很多人家申请坐巧。选定坐巧人家后，村里乞巧的姑娘还会推举一个乞巧活动的负责人，当地人称之为“巧头”。

巧家和巧头的选择，带有一定的竞争性，原本是民间自发推举产生的。珠村乞巧并没有这一环节，可以考虑移植过来，通过政府投入资金，进行程序设置，仍旧由村民选出，政府辅助以物质奖励和精神表彰。获得乞巧之家（简称巧家）资格的家庭，需要进行公示，如果村民意见太大，就取消本年度的候选资格，但不影响来年继续竞争巧家。

由于巧家需要拿出自己的家庭空间来展示自己的乞巧作品，每户每年政府补贴一定的费用，每年选出5个乞巧之家，并举行评比，最终获得年度优秀设计奖的巧家还能再获得额外的奖金。竞争性机制的设置，目的在于消除大锅饭，打破“干与不干一个样、干好干坏一个样”的不利局面，鼓励乡村文化骨干脱颖而出，通过个人的努力获得认可。

2. 中国最美女性节日

女性对于美的追求，自古以来没有改变过。真、善、美是人类对于自身道德、情操、风采的根本要求，专属女性的节日在世界范围内有很多，例如，强调男女平等的三八国际妇女节，日本3月3日的“少女节”，中非5月29日的“妈妈节”，泰国8月12日的“母亲节”，德国莱茵地区10月中旬的“妇女狂欢节”……却没有一个节日反映女性对于女性之美的热烈追求。

女性节庆随着时代的进步越来越专业化、个性化、时尚化，值得注意的是

20 世纪 90 年代在中国大学校园自发兴起的“女生节”，由于不愿意被称为妇女，但是也不想放弃女性的节日特权，于是山东大学的女生在 1986 年把 3 月 7 日定为“女生节”，之后这一节日扩散到全国各大高校，逐渐成为高校女生必过的节日。

女生节是一个关爱青年女性、展现知识女性青春风采的节日，它的活动内容、品位、格调较高，人文色彩浓厚，在引导青年女性关注自身思想素质、道德修养、文化内涵、心理健康方面发挥着积极的作用，可以说是当代校园文化追求个性潮流的典型反映。

社会规范对于男性的要求，可以笼统地称为“绅士风度”；对于女性，可以笼统地称为“淑女风采”。乞巧节反映的一方面应该是社会对于女性的要求，另一方面是女性对于自己的要求，两种要求殊途同归形成合力，才是产生节日欢庆的社会基础。

心灵手巧是女性美的一种，追求美不仅是古人的行为，也是当代人的权利；追求美不仅是少女的权利，也是全部女性的权利。良好的定位是节庆长久发展的坚实基础，乞巧节应该把定位从细节化的“心灵手巧”扩大化为广义的“追求美丽”，而这里的“美丽”，既包括“心灵美”，也包括“外在美”。

没有社会承担的节日必然是轻浮的，未来的乞巧节在娱乐化的活动中一定要体现出“中国最美女性节日”定位的道德追求，对于“美丽”的表达一定要有引领作用和示范效应。例如，每年评选最美女性，把奖励给予女环卫工人、女医护人员、女教师、女警察、女科学家等心灵最美的女性。

作为定位的直观反映，乞巧节还需要向社会征集口号，口号能够简洁明白地传达节庆的新价值观，响亮的口号朗朗上口、容易记忆，是节庆不可或缺的重要内容，人们对于节庆的记忆并非来自它背后的价值，而是直接来自口号。

3. “乞巧嘉年华”

如何从活动内容上反映出“中国最美女性节日”的特色？关键在于强化参与性和愉悦感，活动越简单，参与性就越强，就像马拉松，会跑的人都可以参加。愉悦感来自对于生活常理的颠覆，如泼水节和最近流行的“彩色跑（COLOR RUN）”，节日允许做平时不可以做的事情，这样的体验是愉悦的。

“乞巧嘉年华”的内容设想可以交给大家参与策划，“乞巧嘉年华”是视觉、听觉、味觉等感觉得到快乐享受的盛会，简而言之，可以由以下项目组成：首先是视觉盛宴“天上人间化装巡游”。以七夕为主题，社会人士可以自由组队报名，在天河体育中心、宏城广场一带进行巡游。其次是听觉盛宴“七夕广场音乐节”。之前天河也举办过“尚天河”广场音乐会，广场音乐会的目的是制造娱乐，让业余歌手有机会登台亮相。第三是专业色彩较浓的

“巧手”缝纫大赛。缝纫比赛有多种形式，有的采用拼布，有的是手工，有的比速度，有的比创意；相同之处是缝纫比赛基本上都是女性参与，较少男性来参加比赛。作为一种能够体现女性专有技巧的手工比赛，缝纫比赛较好地契合了乞巧的传统主题，建议用来作为娱乐性活动的项目。

（五）产品工程：回归日常生活

1. 以乞巧产品的生活化活化乞巧

一成不变的斋塔、芝麻香、米花等乞巧工艺品并不利于吸引珠村的年轻人参与制作，高科技时代随着3D打印等技术的问世，使得手工艺品难以仅仅依赖耗时和精巧打动人。乞巧品的活化在保持原有的祈福功能的基础上，必然要完成三个转化。首先是回到日常生活中来，具有日常生活的使用价值、审美价值。其次是价值设定从信仰展示回到情感寄托，表达爱、关怀等永恒主题。第三是设计和制作方面有个性特征和时代气息。

实现3个转化的关键是传说人物具象化，将原本停留在书本中遥不可及的神话原型变为可亲、可触、可玩的对象，赋予其鲜明性格和时代感，这是乞巧工艺产品化的第一步。选择七夕鹊桥会的主人公牛郎、织女为原型，制作公仔玩偶，使之成为乞巧文化的吉祥物。牛郎、织女是各地民众都十分熟悉的传说人物，通过向社会广泛征集意念，以现代工艺设计和创作手法，牛郎变身为“七仔”，织女变身为“七妹”，借鉴芭比娃娃的做法，人物性格鲜明，情感性格突出，人物造型系列化，包装变化多端，消费者可以通过自己的创造，完成玩偶的二次审美。

拓展乞巧工艺品的选材范围，是乞巧产品日常化的第二步。除了以牛郎、织女为原型，塑造个性鲜明的公仔之外，乞巧工艺品还可以与中国传统文化系列、岭南传统文化系列嫁接，设定年度主题。例如，以十二生肖为载体，每一年讲述一个故事，主题年年创新，马年的主题是“龙马精神”，鸡年的主题是“金鸡报喜”，龙年的主题是“龙腾万里”，羊年的主题是“三阳开泰”，市民喜闻乐见而且明白其中含义，欣赏与接受自然就没有障碍。

乞巧工艺实现功能多元化，是乞巧产品日常化的第三步，主要延展的方向是智力开发。中国传统玩具中有各种七巧工艺，如七巧板，外国类似的玩具有乐高，都是心灵手巧的体现。天河区可以在世界范围内举办七巧玩具设计大赛，邀请专业的设计公司参加竞赛，设计一种与众不同的玩具，需要一定的手工技术方可组合完成，每两年举办一次，通过高端设计与手工制作的融合，使得七巧产品具有购买价值。

政府的推动作用，一方面在于将资金用于活动的举办，推动乞巧产品向日常化方向发展；另外一方面是开设乞巧形象店，在天河区商业繁华之地开设乞巧文化形象店——“七巧村”，主要的作用在于展示历年参加比赛获得名次的好设计，售卖已经产业化的七巧玩具产品。

2. 乞巧活动劳作化

大量的民间工艺、非遗文化来自劳动之中，劳动作为谋生手段，是文化最肥沃的土壤，只有将文化之根扎入劳动的土壤，才会开出美丽的花朵。

将非遗项目从日常劳作中抽离，并不利于非遗的延续，非物质文化遗产应该尽量回到劳动环境中。劳动不仅创造了文化，还可以承载文化，让文化在劳动中生存发展，才可以血脉相传，繁荣延续下去。

乞巧不是一种手艺，它并不具备作为一种生存手段被保留的条件，就算它是一种劳动技巧，到了今天，很多与非遗有关的技艺都面临式微的困境，如红木家具、盆景、制砚、宫灯等，都面临着技术还是艺术的选择性困境。即便如此，劳动技能式非遗的生命力还是要强于艺术观赏性非遗。

乞巧向技艺型非遗传承有两个步骤。一是筛选传统，很多乞巧工艺品是用食物制作的，如芝麻、大米、金针菇、花生等原料不适合成为可以售卖的工艺品；还有一些乞巧工艺品是利用现成玩具改装，同样没有市场卖点。而珠片、串珠等具有岭南特色，色彩鲜艳，可以根据要求加工为不同形状和大小的原材料，制作工艺品。二是提高艺术性，引进专业设计，使之市场化，珠片、串珠需要手工制作，适合各个年龄层的妇女参与，用来制作衣服、手袋、摆件、玩具、装饰品等，专业化的设计能够使产品脱胎于传统工艺，变得与现代社会更加融合，成为现代生活的组成部分。

有了珠片、串珠这样新型的乞巧工艺原材料，可以引导村民围绕新材料进行创意，或者采用来料加工的方式，将产品发配给村民制作，成品放在乞巧专卖店中出售。

没有新型的、适销对路的乞巧产品面市，没有乞巧的劳作化与乞巧产品的市场化紧密结合，没有市场化的产品，就不可能有劳作化的技艺出现。因此，乞巧整体市场化也是乞巧与乞巧节分离的一个重要步骤。

（六）传播：用现代手段讲好传统故事

1. 借助网络平台：传播全民化、常年化

让每一个广州市民都有可能、有机会成为传播乞巧文化的主力，就必须有一个良好的机制，搭建一个良好的平台，创造机会使得广大市民可以关注乞巧、参与乞巧节。乞巧发展的另外一个障碍是活动时间短暂，影响扩散效果，

改变这一局面可以通过网络，以传播的方法实现乞巧日常化。

科技手段的运用使得这一互动平台成为可能，建立“爱上乞巧”系列网络媒体，包括乞巧文化网站、微信订阅号、官方微博，让大家特别是年轻人有机会投入其中，使得乞巧的传播全年化、年轻化。

利用网络平台举办系列活动，是其中一项主要工作。例如，举办“天上乞巧”小学生征文比赛，让大家发挥想象力，幻想乞巧故事，天马行空地设计各种人物、各种经历，从而接触乞巧文化、了解乞巧文化。

在乞巧节前夕，举办“人间乞巧”春季行动，鼓励年轻人为乞巧节活动出谋划策，征集活动方案，让更多人参与进来，关注活动，策划各种大家喜爱的活动，提出建设性的创意，采用众筹的方式去举办乞巧活动，以最炫方式组织节庆、传播文化。

2. 借助动漫：艺术表现方式的现代化

动漫是下一代广州人讲述乞巧故事、传播乞巧文化的工具，动漫有着不拘一格、充分想象的创作空间，因此，往往能以细致的角色、奇幻的造型、独特的场景，实现超现实的抒情和叙事，最大限度地满足观众的幻想，非常适合与神话等非现实题材结合在一起。

对于乞巧而言，动漫是完成乞巧故事生活化的手段，与专业的动漫公司合作，以“七仔”“七妹”为动漫原型，将它们的故事以幽默的方式传达出来，如创作“七仔、七妹在天河”，使得这两个人物成为年轻一代耳熟能详的角色。

利用动漫传播乞巧故事，可以采用分步骤推进的方式进行。首先是创作简单的四格漫画，设立专门的“七妹”网站连续刊登故事，再为故事原型增加嫦娥、玉帝等外围人物，形成一个丰富的故事组合。到了故事风格基本定型、观众认可度较高的时候，再进行第二步的创作，拍摄相关主题动画片，在全国甚至更广阔的范围内传播天河乞巧的文化理念。

动画创作的另外一个好处是与乞巧工艺品配套，根据每年乞巧工艺品的生肖主题，创作漫画，如“七仔”与龙的故事、“七妹”与羊的故事等，促进文化与产业的融合。

动漫的风格是夸张，它对于故事和人物的加工必然年轻化，这是我们在观念上首先必须接受和认可的。如果选择漫画作为传播工具，就必然允许它的故事与原始的牛郎织女存在差异，对于21世纪出生的年轻一代而言，无法理解男女婚姻是父母之命、媒妁之言，他们也无意去同情神话人物的不幸，与其让下一代忽略传统文化，不如让他们在了解传统文化的基础上，得到一个快乐感更强的新文化故事。

3. 携手黄埔、东莞：打造岭南乞巧文化圈

对于天河区来说，还有一件工作是需要政府主管部门完成的，那就是联合黄埔区、东莞望牛墩，消弭行政区划给文化带来的割裂，联合行动、统一规划，共同培育乞巧节文化。

黄埔的茅岗、横沙、双沙、庙头等地历来也有“摆七姐”“拜七姐”的传统习俗，古时候天河珠村、黄埔横沙、东莞望牛墩之间并没有受到现代城市行政区划的限制，这一带村村相邻、民风相近，乞巧风俗盛行。黄埔区是从2007年开始正式举办乞巧文化节的，大致内容与天河区相似，市民除了可以看到精致的乞巧工艺品外，还能免费品尝波罗粽、观看正宗的广府民俗婚礼表演等。

文化传承必须最大限度社会化，集合更广泛的资源，通过各地政府和媒体的参与，吸引更多人关注，才能赢得成长空间。在这方面，兄弟城市的做法值得借鉴，佛山是南狮故乡，南海、顺德、高明等地都有众多醒狮团队，佛山在西樵山举行了首届“百狮争霸闹元宵”活动，集合了各地醒狮集中展示醒狮风采，吸引了无数游客慕名而来。

改变天河、黄埔“各自乞巧”的局面，携手东莞一起做大乞巧品牌，对于大家来说，有百利而无一弊。具体做法可以建立合作机制，扩大平台，加强交流，共同做大做强乞巧文化。

五、结　语

在恢复传统节庆的过程中，各地政府发挥了极其重要的推动作用。可以说，没有地方政府的参与，很多传统节庆都将随着时间的推移而静静地消亡。不过，“官办”的走向与民俗的发展存在一定的差异，在20世纪80年代末，地方政府借用节庆的目的是“搭台唱戏”，借文化招商引资；到了21世纪，经济发展趋于稳定，文化落后与经济不协调的矛盾更为突出，才使得政府回过头来，着力在文化上投入资源。

“官办”节庆的优势在于启动速度快、活动规模大、社会影响面广，但是弊端在于地方政府过度在规模和投入上花力气，导致民俗节庆的本真特色逐渐淡化，植根于民间草根的节日变为参与度较低的文化活动，客观上使得原本民众的自娱自乐演变为政府主导的传统文化秀。

对于政府来说，一方面，应在做大乞巧影响力之后功成身退，逐渐移交主导权，淡出直接管理者角色，交由民间自然培育。另一方面，为保障尚处于恢复初期的乞巧能够健康成长，政府要制订规划，引导乞巧向正确的方向发展；

提供资金援助，鼓励年轻一代参与乞巧活动；设置间接管理手段，通过非官方组织进行调控。只有多管齐下、多种手段并举，乞巧才能真正在民间土壤中扎根发芽、开花结果，长成参天大树。

（梁凤莲：广州市社会科学院岭南文化研究中心研究员，广州市文艺评论家协会主席）

从乡俗到非遗：佛山“官窑生菜会”的传承、衍变与再生

谢中元

随着城镇化进程中乡村版图的缩减、宗族组织的稀释解体、农村劳动力的离散以及民间观念的更替刷新，自然传承于乡土民间的民俗进入凋零状态或调适阶段。其中部分活态传承至今的民俗在行政主导、学者助力、社会参与的非遗保护运动中，经过申遗、保护和发展等遗产化、资源化程序，转换为兼具遗产和资源属性的“非物质文化遗产”。它们作为原本在民间“无意识传承”的民众生活，进入地方社会的“文化再生产”过程，呈现出动态变迁的复杂样貌。本文以“官窑生菜会”为例，试析其从乡俗到非遗转变过程中的传承、衍化与再生轨迹，从而为“面向特殊性”的非遗保护实践提供个案参照。

一、“官窑生菜会”：活态传承的乡土民俗

“官窑生菜会”因其流传时间长，参与民众多，且寄寓着民众的旺丁求财、祈福纳瑞等愿望，成为佛山较有代表性的民俗文化活动之一。官窑位于佛山南海北部，与三水、花都相邻，是南粤辗转中原的中枢，享有“百粤通衢”之誉，有着近1100年的历史，镇北的珠江支流西南涌直通广州。唐朝末年、五代十国后梁末帝贞明三年（917年），刘龑在广州称帝，建立南汉小王朝，得知官窑一带陶土丰富，民间制陶业相当发达，于是派员到属官窑地界的镇龙圩（即现和顺逢涌）文头岭兴办了一家规模较大的陶窑，并将其列入陶瓷贡品产地。因由官府所办，故名“官窑”，当地圩市被称为官窑圩，该圩名沿用至今。这个珠三角内陆小镇工农业并重，下辖1个城区、6个居委会、17个村民委员会、112个村民小组，本外地人口的比例约为3∶1。作为在乡村文化与城镇文明互动中携带着工商基因的复合型乡镇，官窑沉淀形成了独特的乡土民俗文化活动——“官窑生菜会”。

目前可知最早提及“官窑生菜会”的文献为清同治十一年（1872年）的《南海县志》：“多诸赛神，礼毕，登凤山小饮，啖生菜，名‘生菜会’，是岁

多叶梦熊之喜。"[1] "凤山"为官窑"凤山古庙"代称，其前身为建于唐代并用于佛门子弟隐身的"白莲观"，因宋末元初元兵南下，"白莲观"被火烧后才得以兴建。凤山古庙又名白衣观音庙，当地人称之为"白衣庙"，于1968年批"四旧"期间被拆毁。"多诸赛神"点出了生菜会的生成语境，"越人尚鬼，而佛山为甚"[2]，明清时期跻身"四大聚""四大镇"的佛山商业十分发达，宗教氛围浓厚，滋育了诸多迎神庙会及以庙会为依托的工商行业，"夫乡固市镇也，四方商贾萃于斯，四方之贫民也萃于斯，挟资以贾者什一，徒手而求食者则什九也，凡迎神赛祷类皆商贾之为或市里之饶者耳，纠铢黍以成庆会，未足云损，而肩贩杂肆藉此为生计，则食神惠者不知其几矣。"[3] 官窑民间的"啖生菜""生菜会"习俗与"多诸赛神"的民间信仰密切相关，"多叶梦熊之喜"即是明证。"梦熊"源自《诗·小雅·斯干》："吉梦维何？维熊维罴。""大人占之，维熊维罴，男子之祥。"郑玄笺之为："熊罴在山，阳之祥也，故为生男。"拜观音"求子"是古"官窑生菜会"的重要信仰支撑。

关于"官窑生菜会"的详细记录还见于中国最早的旬刊新闻画报，即创刊于上海、由《申报》附送的《点石斋画报》。该报在清光绪十年（1884年）发表了晚清画家吴友如以"官窑生菜会"为主题的画作，用图文并茂的方式细绘了"官窑生菜会"。画上题字"南海县属之人窑墟有白衣送子观音庙"，画面右上方绘有慈眉善目的观音菩萨安坐台上，神龛上书"送子观音"，两侧悬挂写有"观世音菩萨"字样的帐幔，观音塑像前方供桌上摆着供品，前为上摆香烛台和木鱼的香案，案前置香炉，香炉前的榻上跪有一妇人携小孩正手持占卜竹筒，对观音娘娘顶礼膜拜。母子左侧还有妇人、儿童等候礼拜。其两侧画有香客围坐在桌前做吃生菜包状。参加庙会的人物着清代服饰。而在画面的左上方则以蝇头小楷作题记，全文为：

> 生菜本名莴苣，粤人以其菜可生食，爰以生菜名之。腊尾年头，人家饯送礼物者，必以生菜为胜意，盖取乎生生不息也。南海县属之人窑墟有白衣送子观音庙，求嗣续者，焚香膜拜，奉祀甚虔。正月二十六日为神诞日，好事者为联佛会，名曰生菜会。赶佛会者于庙前安排酒罏茶竈，罗列各种肴蔌，以供游人饮饫，而必以生菜为主。是日，红男绿女结伴偕来，顶礼合十后，即相与领略菜根风味。挑菜佣之肩生菜而往者，络绎于途，无不利市三倍，缘会散后，有购生菜而归，以卜生机之活泼者。然则是会

[1]（清）梁绍献：《南海县志》，《中国方志丛书》（华南地方第50号），台湾成文出版社有限公司1967年版，第120页。

[2]（清）陈炎宗：《佛山忠义乡志》（卷六·乡俗志），乾隆十七年（1752年）刻本。

[3]（清）吴荣光：《佛山忠义乡志》（卷五·乡俗），道光十年（1830年）刻本。

也，当不亚三月三长安水边之盛。”[①]

画面右下角则钤印有作者吴友如的“友如”阳文印章，而“人窑墟”属“官窑墟”之误，注文则明确记录了正月廿六神诞日所办“官窑生菜会”与求嗣、求财诉求的关联性。正月廿六是观音开库日，当日信众在赶往凤山观音庙借库求财，善男信女则进香膜拜白衣观音后，到庙前吃生菜包取其“包生”之意，寓意观音送子、添丁发财。

清宣统二年（1910 年）刻本《南海县志》也清晰描述了“官窑生菜会”的举办时间、场面及其信仰内涵。“金利司官窑乡有白衣观音庙，庙临河后倚冈，俗传正月二十六日为观音之开库之期，故该庙每年以是日开库，庙前雇梨园一部。灯火连宵，笙歌达旦，前后数日，远近到庙祈祷者络绎不绝。士女云集，画舫塞河。祷毕藉藁坐地，蚬肉拼饭，生菜作包食之，云取生子之兆。”[②]活态传承的“官窑生菜会”保留了做大戏、啖生菜、拜观音以及民众狂欢等习俗仪式，其实在广州民间也流行举办生菜会以祈福求子的活动。《民俗》（1929 年）载：“广州俗例以正月二十四日为送子观音诞日。各乡男女集于一处，此会名曰‘生菜会’。‘生菜’与‘生仔’，其音相同。赴会者多购生菜归，以为生子之兆。此会设一小池，预先放下许多蚬与螺，赴会者探手水中，摸得螺者生子，得蚬者生女。”[③]《歌谣》（1937 年）载：“生菜会，郊野各乡都得举行。大家都在郊外席地大吃生菜，非常热闹。唱八音，演戏的亦有。据说，这样做了，年成必好，故盛装的男女也纷纷参加。”[④]广佛地区的生菜会包含拜祀观音、吃生菜包、粤戏展示、醒狮表演、烧炮抢炮等环节，是兼具参神、求子、祈福、娱乐、聚会、买卖等功能的迎神赛社活动，特别以拜观音求子、求财为第一要义。

以生菜为核心符号的“官窑生菜会”历逾百年以上的传承、累积和变迁，演变为维系地方认同、凝聚民众情感的文化纽带，成了当地民众无法抹去的集体记忆。据参编官窑地方志的老官窑人陈炳松（接受访谈时为 67 岁）回忆：“小时候我挤进观音庙（凤山古庙）看过一次，正月廿六乡人先去拜观音，然后在庙旁的空地包生菜；庙会每年都是向社会招标，中标者拥有观音庙的香油钱，同时也要支付关于庙会如舞狮、游园等项目的支出。”[⑤]但随着“文革”的到来，诸多民俗被视作“封建四旧”予以取消，观音庙（凤山古庙）被夷

---

①（清）吴友如：《（十九世纪中国风情画）民俗风情二百图》，庄子湾编，湖南美术出版社 1998 年版。

②（清）郑荣：《南海县志》，载《中国方志丛书》（华南地方第 181 号第 2 册），台湾成文出版社有限公司 1974 年版。

③李圣华：《观世音菩萨之研究》，载《民俗》1929 年第 78 期。

④清水：《旧历新年广州人的风俗》，载《歌谣》1937 年第 2 卷 37 期。

⑤陈训豪：《民俗盛宴　传统文化醉宾客》，载《佛山日报》2011 年 2 月 18 日。

为平地，“官窑生菜会”丧失了赖以依托的物质空间，其传承状态长期中断，后世只能通过口耳相传的零星记忆予以接续、传播和流布。

二、复兴与嬗变：新时期以来“官窑生菜会”的衍化理路

“官窑生菜会”在“文革”时期的中止，并不意味着伴生于民俗的文化认同也被彻底清除。这与英国社会学家安东尼·吉登斯所述的“经验的存封”相类似，即生菜会作为不符合当时社会秩序的经验被滤去，“通过一种人为的方式，从我们生活中分离出去，并对它们进行分门别类，施行特殊的管理和控制。”[①] “文革”结束后的思想解禁带来了乡土民俗经验的“解封”，官窑于1986年正式复办生菜会。新时期语境的转换，带来了缓冲式的文化政策。官窑方沿着批判和解释的惯性，将生菜会神祀信仰中的迷信和神秘成分予以“祛魅”，把生菜会与正月廿六观音开库神诞日相剥离，再同正月十五元宵节联结，通过时间置换启动了生菜会在新时期的复兴。借助民众口耳相传的零星记忆，复办的“官窑生菜会”得以缝合连缀，重新被纳入地方民众生活秩序。2003年联合国教科文组织《保护非物质文化遗产公约》开启了非遗保护的“名录时代”，非遗名录的产生以“选择”为操作范式，传统文化表现形式被“选择”为非遗的过程，是其形态、价值、意义被发掘、彰显并界定为合法化保护依据的过程。随着“申遗”的启动，在佛山狮山镇政府及地方文化精英的联袂操持下，“官窑生菜会”先后被列入第一批南海区级非遗名录（2007年）、第一批佛山市级非遗名录（2007年）以及第三批广东省级非遗名录（2009年），从而成为佛山南海对外传播的“名片”和“文化符号”。当然，“官窑生菜会”在复兴与得到“保护”以来，其形态和肌理也发生了相应的衍化变迁。

一是从民间组织到官方主办。“官窑生菜会”源于凤山古庙庙会，而依照岁时节日或宗教活动日开展的民间庙会是周期性的民俗活动，在年复一年的操演过程中逐渐组织化，形成了社区性的民间庙会组织及其组织者。钟敬文如此定义民间庙会组织及其组织者：“明清以来的民间庙会通常以寺庙为中心，以村落、街道社区为地域单元组成，有会名、会首、会众、会旗与会规……会首在明清时期有时称为香首，会首是庙会组织的主要组织者与领导者，在庙会活

---

①李清聚：《困境与张力——吉登斯后传统社会中的道德之维》，载《当代世界与社会主义》2011年第4期，第132页。

动期间，负责召集会众前往寺庙进香与表演杂艺活动。”[①] 明清时期珠三角民间庙会由乡民自行推选当地有德行、有能力的乡人“会首”“值事”组织操办是基本而普遍的现象，“……农历十二月主会出标注，‘尾牙’贴开投启事投庙，投价高昂，约为三千多两白银一届。”[②] 佛山规模最盛的“北帝诞”庙会就存在由“会首”操持的记录，“自前元以来三月三日恭遇帝诞，本庙奉醮宴贺，其为会首者不惟本乡善士，抑有四远之君子相与，竭力以赞其成。是日也，会中执事者动以千计皆散销金旗花供具酒食……”[③]，古“官窑生菜会”也不排除是由地方民间组织及其“会首”操办的。然而，处于申遗语境中的“官窑生菜会”则由狮山镇政府操持主办，为配合申报省市级非遗项目，镇政府在每年正月十五中午和晚上连办两场千人生菜宴，参加宴席的人选均由其选定邀请，此外生菜会的申遗、宣传、解释以及策划均由镇政府部门全权操持。特别是编撰《“官窑生菜会”大事记》，强化传播“官窑生菜会”的历史源流，其中最引人注意的“大事”是，“官窑生菜会”最鼎盛的是民国二十二年（1933 年），广东省府主席陈济棠的家眷莫秀英到官窑拜观音后摸到螺，后生下一子，使生菜会蜚声海内外。”其意在通过宣介显赫人物的信仰灵验性，彰显“官窑生菜会”的历史叙事的真实性与正统性。

二是从有限禁令到全面管控。古“官窑生菜会”内容杂糅，除了举办生菜宴，“游神和抢炮乃生菜会最为热闹的一举。当日主事者组织村民抬着‘天后’、‘观音’、‘北帝’等等菩萨塑像出游。巡游队伍扛幡持牌，以头锣开道，供人膜拜。”[④] 烧大爆、抢炮的狂欢性曾被屈大均在《广东新语》中细描：“其纸爆，大者径三四尺，高八尺，以锦绮多罗洋绒为饰，又以金缕珠珀堆花叠子及人物。使童子年八九岁者百人，倭衣倭帽牵之，药引长二丈余，人立高架，遥以庙中神火掷之，声如丛雷，震惊远迩。其椰爆，大者径二尺，内以磁罂，外以篾以松脂沥青，又以金银作人物龙鸾饰之，载以香车，亦使彩童推挽。药引长六七丈，人立三百步外放之，拾得爆首，则其人生理饶裕，明岁复以一大爆寿神。计一大爆，纸者费百金，椰者半之。大纸爆多至数十枚，椰爆数百。”[⑤] 其中提到了大爆的刺激玩法，而且强调其耗费不菲，带来了奢靡致贫现象。“佛山爆极宏丽，粤东笔记详言之，次年偿爆不易，故旧有‘佛山烧大

---

①萧放等：《中国民俗史·明清卷》，人民出版社 2008 年版，第 234 页。

②江佐中、吴英姿主编：《佛山民俗文化》，广东人民出版社 2009 年版，第 292 页。

③叶汝兰：《重修佛山经堂碑记》，吴荣光主修、冼沂总纂，引自《佛山忠义乡志》（卷十二），道光十年（1830 年）刻本。

④江佐中、吴英姿主编：《佛山民俗文化》，广东人民出版社 2009 年版，第 292 页。

⑤（清）屈大均：《广东新语》（卷十六·器语·佛山大爆），中华书局 1985 年版。

爆，弹子过虫雷岗’之谚，谓蠹子以偿也，亦可骇矣。”[①] 此外，生菜庙会人头攒动，兼之寺庙宫观之类的佛山宗教建筑又以木制结构为主，烟花大爆存在安全隐患，易引发火灾，屈大均明确批评“此诚南蛮之陋俗，为有识之所笑者也。丧乱之余，痍伤未复，小民蠢蠢无知，动破中人之产，奇技淫巧，自致其戕。良有司者，苟能出令禁止，教以节俭，率以朴纯，使皆省无益之费，以为有用之资，不惟加惠斯民，亦所以善事鬼神焉耳。”[②] 道光年间《梦华锁簿》也提及佛山庙会期间“又每日爆竹烟花，尘埃满天，城市比屋，回禄可虞”，于是“久申历禁，故仅许赴乡村般演”。知识分子对于烧大爆习俗的批评以及城区官方的有限禁令，并未能阻止官窑乡村民俗中的烧大爆、抢炮习俗。只有等到新时期民俗文化复兴之后，“当代文化领域出现了多个主导力量，呈现为多种话语权力的交织和较量，而其中政府的力量最不容忽视，体现为国家对民俗传统的态度转变和实际举措。”[③] 执行国家意志的佛山地方政府对作为生菜会民俗组成部分的烧大爆采取了全面禁止的态度，佛山市公安局每年发布《关于禁止和限制燃放烟花爆竹的通告》要求：“禅城、南海和顺德全区，以及三水中心城区、高明荷城街道行政区域内，未经许可，禁止任何单位和个人燃放烟花爆竹。”烧大爆作为存在安全隐患的环节也就从“官窑生菜会”中长期消失了。

三是从信俗主导到商业盛会。民间文化表达形式要成为非遗，必须首先面临被选择的过程，因为遗产是当代社会希望继承的东西，我们所认为的遗产并非都会受到社会的重视，社会只是按一定的价值原则有选择地保存历史遗产。[④] 选择机制在将民间文化遗产化、等级化的同时，也会使之发生文化意义的转换和重构。“官窑生菜会”在被纳入各级非遗名录之后，政府部门对其所做的解释、改造也就显得意图彰明。与观音信仰相伴的求子诉求是支撑“官窑生菜会”从清传承至民国的主要民间动因，宋兆麟曾将生菜会列为求育巫术之一，“生菜庙会，为拜神求子，以生菜作为一种求子巫术”[⑤]。在将生菜会列为公共的非遗之后，官方的解释必然遮蔽一些话语而彰显另一些话语，即按照主流价值逻辑“处理好民俗与迷信的关系，剔除非物质文化遗产中的迷信

---

①《南海县志》（卷二十六·杂录下），道光十五年（1835年）修，同治十一年（1872年）刊本。
②（清）屈大均：《广东新语》（卷十六·器语·佛山大爆），中华书局1985年版。
③高丙中：《居住在文化的空间里》，中山大学出版社1999年版，第198－200页。
④［英］戴伦·J. 蒂莫西、斯蒂芬·W. 博伊德：《遗产旅游》，程尽能主译，旅游教育出版社2007年版，第2页。
⑤宋兆麟：《生育神与性巫术研究》，文物出版社1990年版，第145页。

色彩等落后的因素"[①]。地方政府部门只能"把传统文化作为素材，在国家容忍的框架里重新塑造出来，进行自己的文化生产"[②]，对于"官窑生菜会"而言，主办方所要凸显的不再是以求子为主旨的信仰内涵，而是按照"文化搭台，经济唱戏"的思路，将其列入狮山文化艺术节，旨在将其打造成"民俗招商"的文化名片，其内容包含了千人生菜宴、游园会、大巡游、时装表演、文艺晚会、烟花会演等各类文娱活动。对于有"包生"之意的生菜包，还将其申报成为"2013年佛山十大名小吃"，在彰显生菜包饮食价值的同时，再次过滤了"求子"意蕴。尤其"将原来具有低于社会价值的东西在升级到更高层次中的时候，仅仅把经过'提炼'的'精髓'部分作为拥有普遍性价值的资源提取出来，而去除那些经过'提炼'后残留下来的非资源的要素……"[③]。从狮山启动申遗之初所举办的"官窑生菜会"可略见端倪，2007年官窑230个村长、旅港官窑同乡会代表、任职于官窑的老领导和在外任职的官窑乡亲、在大狮山地区投资的外国商人、民企老板代表等群体获邀参加了生菜宴，乡村普通民众却难有机会参与共享，成为"观看"这场民俗盛宴的"他者"。

三、非遗保护语境中"官窑生菜会"的文化再生

通过上文对比可见，复兴以来以及纳入非遗之后的"官窑生菜会"在机制、形态方面发生了明显变化。究其根源，官窑民众作为生菜会的传承主体，由于其集体化、无名化的特质，在申遗过程中被当地政府部门和文化工作者所代言，狮山镇文化站不仅直接操办了申遗事项并且被指定为非遗申报书中的"保护单位"。入遗之后的"官窑生菜会"经过遗产化转换，体现了当地政府更强的在场感和渗透力。狮山镇政府在持续不断地采借、阐释、整合"官窑生菜会"过程中，使这个历史上原本属于日常生活的民间文化呈现出文化资源的特性，并以非遗保护为名展示了开发、利用"官窑生菜会"的政治和商业用意，从而成为这场文化再生产盛宴的实际主导者。布迪厄的实践理论指出，文化的不断延续受制于人的实践目的和行为选择，他提出的"再生产"概念指明利益格局对文化现象出现或存续的作用，认为社会或文化的再生产机

①蔡武《要剔除非遗中的迷信色彩等落后的因素》，中国新闻网，2009年11月26日，http：//www.chinanews.com/cul/news/2009/11－26/1985692.shtml。

②高丙中：《民间的仪式与国家的在场》，引自郭于华主编《仪式与社会变迁》，社会科学文献出版社2000年版，第323页。

③[日]樱井龙彦：《应如何思考民间信仰与文化遗产的关系》，陈爱国译，载《文化遗产》2010年第2期。

制的运作服务于社会结构中占支配地位的利益者①。“占支配地位的利益者”通过对“官窑生菜会”的遗产化和资源化，似乎是在将生菜会打造成一个融经济招商、恳亲联谊、文化娱乐于一体的民俗文化盛会。

那么，这是否导致“官窑生菜会”产生了学界一再批评的“伪民俗”现象？据美国民俗学家理查德·道尔森所论，伪民俗“是对已有文献和报道材料不断进行系列的循环反刍的结果，有的甚至纯属虚构”②，他所强调的“伪民俗”具有人为、部分人为或者完全人为制造等特点。这与英国学者 E. 霍布斯鲍姆所提出的“传统的发明”概念有吻合之处，他认为那些表面看来或者声称是古老的“传统”，其起源时间往往是相当晚近的，而且有时是被发明出来的，“‘被发明的’传统之独特性在于它们与过去的这种连续性大多是人为的。总之，它们采取参照旧形势的方式来回应新形势，或是近乎强制性的重复来建立它们自己的过去。”③ 对比来看，经历了中断和复兴、衍化和变迁的“官窑生菜会”，既不是保留原始形态、蕴藏早期文化信息且未经过大变迁的原生态民俗，也不是彻底变迁甚至被其他民俗替换了的、“人为的”（factitious）再生态伪民俗，而是在变迁中与现代生活相结合的复合态民俗。因为“伪民俗还应与民俗的依存（survival）和复兴（revival）两个概念区分开来。依存意味着传统的延续，不管它在形式上怎样缩减或改变，至少作为民俗它还存在着。复兴则是传统有过中断之后，有意识地唤醒并恢复曾经兴起过的一种民俗。”④ 由是而言，“官窑生菜会”又具有不纳入“伪民俗”范畴的理论依据。

其实，围绕申遗以及非遗保护所产生的官民互动以及观念修正，也在现实层面消解了“官窑生菜会”的“伪民俗化”。2010 年 9 月 25 日，佛山南海区政府专门发布《“狮舞岭南·龙腾南海”文化发展行动计划》，明确提出推动作为广东省级非遗的“官窑生菜会”申报国家级非遗项目，这就调动了当地文化群体的集体参与。官窑及其周边的表演团体、学术精英、舆论媒体、民间组织围绕“官窑生菜会”申遗展开的活动尤为活跃，狮山镇组织专人走访“官窑生菜会”历史见证人、知情人，发掘和记录“官窑生菜会”的资料，搜寻和保存散落于民间的凤山古庙文物，择其要编入《官窑镇志》和《“官窑生菜会”的前世今生》特辑。被当地人称为“官窑通”的退休老人谢景礼在“官窑生菜会”申报省级非遗时，提供了内附凤山古庙位置地图和生菜会记述

---

①Pierre Bourdieu：*Outline of A Theory of Practice*，Cambridge University Press，1977，pp. 16—18.

②Richard M. Dorson：“Fakelere”，Zeitschrift fur Volkskunde，1969（65）.

③［英］E. 霍布斯鲍姆、T. 兰格：《传统的发明》，顾杭、庞冠群译，译林出版社 2004 年版，第 1—17 页。

④［美］阿兰·邓迪斯：《伪民俗的制造》，周惠英译，载《民间文化论坛》2004 第 5 期，第 104 页。

文字的《南海县志》，以及他本人整理并手抄于原稿纸上的“官窑历史大事记”；而厚福村村民刘心灵从“文革”时期珍藏至今的凤山古庙构件“云龙瓦脊”、生菜会抬神出游的“都天至富财帛星君”木雕贴金神牌，也为形塑“官窑生菜会”历史提供了文物依据；官窑七甫陈村村民们甚至在七甫“后围园”小河边的大榕树下发掘了凤山古庙的一对遗存石狮，这些都被当地政府所重视并征用。官窑高中还将“官窑生菜会”纳入乡土文化教材，成立了“官窑生菜会”课余研究兴趣小组。越来越多民众的自觉参与以及当地民众对于生菜会的情感偏向，意味着“官窑生菜会”呈现了凝聚地方认同的功能。

此外，还有关键的步骤在于，狮山镇政府组织举办了“官窑生菜会”民俗文化论坛，组织民俗专家、地方学者研讨“官窑生菜会”的历史源流、价值意义以及活化保护策略，结合网络平台采集到了复建观音庙、恢复会期为正月廿六、选定核心环节的代表性传承人、设置传统民俗活动等意见。正因如此，2014 年狮山镇政府首次将生菜会调整至正月廿六举办；恢复民间办庙会的传统，改由官窑商会组织主办；首次对外开放席位并且通过网络招募年轻人参加；2014 年 12 月，集生菜会文物陈列、图文展示、视频传播等功能为一体的“官窑生菜会”会馆正式面向公众开放。2015 年生菜会主办方拿出了近半生菜会宴席座位面向社会认购，同时设置了伸手入“摸仔岩”摸螺摸蚬的活动，寓意摸螺生仔、摸蚬生女。官民的互动以及申遗的动力发挥了倒逼效用，狮山镇文化站负责人在访谈中也确认，已根据专家建议逐年恢复“官窑生菜会”中的游神、抢花炮等传统民俗活动，改变单一吃生菜包的模式。①

笔者 2015 年 3 月 16 日在参加“官窑生菜会”过程中，亲身体会了当地对于恢复该民俗传统的努力。于“官窑生菜会”馆旁举办的生菜会主程序是，参加生菜宴吃生菜包，即用清脆的生菜将酸菜炒蚬肉、炒米饭等包着吃，寓意“生财”又“多子多孙”。生菜会的其他“重头戏”则是“游神”和“抢花炮”。“游神”即组织一支队伍扛幡、持牌头锣开道，抬着“天后”“观音”“北帝”“财神”等菩萨像沿官窑城区主干道穿游。“抢花炮”则变身为“套花炮”，即由组织者在地面连放 6 个花炮（包括头炮、二炮、三炮、闰三炮、五炮、六炮），各队伍边高声吆喝、边争相套炮，其中以套中闰三炮（又名“丁财炮”）为贵。现场民众为了抢个好意头，早已在“套花炮”前排起长龙，义工不得不按人数封住入口分批放入。此外，官窑城区街道上各店铺主已提前将包扎着生菜、葱、红包、一条香烟的“青”悬挂于

①访谈时间：2015 年 3 月 16 日中午，地点：官窑生菜宴现场，访谈人：谢中元，受访人：狮山文化站副站长李华丽。

门口，各路舞狮队打着旗号沿街巡游，每遇设“青”的酒店商铺，必随喧天锣鼓舞狮采青，凡在“采青”高潮处必定人头攒动、鞭炮轰鸣、喝彩声声。由于狮舞最晚在明代已经成为傩仪，用于沿门逐疫，[1] 沿街舞狮是民众祈福求财的古老方式之一，尤为契合“官窑生菜会”的祈福含义。这些复归民俗传统的新气象，显示出了非遗后续保护过程中“官窑生菜会”的文化再生，笔者在现场也听到了参与者对于生菜会“越来越传统”的评价。这些因观念拓展而带来的民俗复归迹象印证着，“观念生态是遗产的生命线，它不仅决定着文化遗产的去留问题，而且决定着未来文化发展的方向，决定了人类的后代将会拥有什么样的文化资源和文化选择。”[2]

透过“官窑生菜会”可见，非遗保护是一个动态的行为过程，杂糅着各方主体的博弈与互动，其中既存在保护主体对于民俗的遗产化和资源化取向，又包孕着民间民众的主动自觉以及官方在非遗保护倒逼机制下所释放的传统化姿态。当然，民俗的遗产化和资源化肯定有其积极意义，如方李莉所言“‘从遗产到资源’的核心观点就是我们对珍贵的非物质文化遗产不仅要保护，还应该在其基础上进行创新，将其变成新的文化的一部分，新的社会肌体的一部分，使其融化在民族的血液中，不断循环和更新。也就是说创新也是一种保护，是一种更深刻的保护”[3]。不能忽视的是，民俗的资源化应存在“度”的界限，过度的“资源化”会对民俗本体带来挤压侵蚀，造成民俗本生态的异变消亡。始终通过持守“吃生菜”基本环节而凝聚地方认同，正是“官窑生菜会”没有沦为“伪民俗”的根本前提。而狮山政府部门、官窑地方精英等作为保护主体，在与民众的良性互动中广集民意，“他们本身就是民间文化的传承者，他们有自己的生活逻辑、文化理想与当下诉求，如果我们能把他们理解为文化传承链中的一个自然环节，那么他们对于传统的‘传承’和‘变异’就是一个硬币的正反面。选择继承传统中的哪一部分，或者扬弃传统中的哪一部分，应该视乎他们自己的需要，而不是学者的理想图景。”[4] 基于此，不论如何衍变再生，“官窑生菜会”对于当地以及周边民众的乡土情感认同所具有的意义始终存在，它所依托的文化群体的活动与生活空间也就成为后续非遗保护的重点。进而言之，民俗自有其传

---

[1]康保成：《傩戏艺术源流》，广东高等教育出版社 1999 年版，第 30 页。

[2]宋俊华：《遗产学时代的遗产生态》，载《文化遗产》2008 年第 2 期，第 127 页。

[3]方李莉：《从“遗产到资源”的理论阐释——非物质文化遗产保护的前沿研究》，载《2010 中国艺术人类学学术会议论文集》，第 17 页。

[4]施爱东：《学术与生活：分道扬镳的合作者——以各类“公祭大典”“文化旅游节”为中心的讨论》，载《民族艺术》2008 年第 1 期，第 121 页。

承、衍化与再生之途，只有“以传承、变化、发展的眼光看待民俗的时候，成为非物质文化遗产的民俗才真正具有生生不息的活力。”①

（谢中元：佛山科学技术学院佛山岭南文化研究院讲师，中山大学非物质文化遗产学专业博士研究生）

①刘晓春：《谁的原生态？为何本真性——非物质文化遗产语境下的原生态现象分析》，载《学术研究》2008 年第 2 期，第 158 页。

波罗诞：从国家祭祀到民间庆典的下移*

徐燕琳

在考察民间文化时，一个突出的现象引起我们的注意，那就是诸多流传至今、绵延不绝的民俗事项，其实源于古代官方甚至专属的祭祀典礼，在漫长的历史中逐步下移至民间，成为社会大众喜闻乐见甚至全面参与的节日欢庆。例如，春节源于殷商时期年头岁尾大型的祭神祭祖活动，发展成为官民同庆的祈祝欢庆；《礼记》记载春秋时的“天子春朝日，秋夕月”（祭月），就是今天全民性的中秋佳节。再如，周代立春时天子亲率三公九卿、诸侯大夫去东郊迎春、祈求丰收，沿袭而成官府和民间普遍参与的节日和迎春、鞭春等诸多仪式和娱乐活动。

在这个转移或下移的过程中，旧有的官方仪式、庆典发生了很大的变化。首先是简化，规范烦琐的仪式逐步剥落铅华、削繁就简，以适应民间的现实情况和具体需要。其次是娱乐化，民间文化和娱乐内容逐步加入，令庄严肃穆的典礼变为轻松愉快的盛典。再就是多样化，旧有的、单一的典礼向多方面发展，宗族、经济、历史等多方面因素愈发繁盛，呈现出复杂多样的面貌。广州黄埔区南岗镇庙头村的波罗诞，也正是这样一个事例。难能可贵的是，目前不仅有大量碑刻文献、文物建筑讲述着当年的辉煌，而且这个民间活动还在继续，生生不息，为我们的研究提供了鲜活的资料。

一、“以时谨祀，鼓舞祀神”：南海神的国家祭祀

波罗诞源于拜祭南海神的国家祭祀。清仇巨川《羊城古钞》谓：“南海神庙在城东南扶胥之口，黄木之湾。庙中有波罗树，又临波罗江，故世称波罗庙，祀南海神……神自唐开元时祭典始盛，册尊为广利王。宋康定中，加号洪圣王。皇祐二年，以侬寇遁，赖神功，加号昭顺。绍兴七年，加号威显。元至元二年，加号广利灵孚。明洪武三年，始封南海之神。国朝屡遣官致祭、重

* 基金项目：广东高校创新强校工程特色创新项目（项目编号：2014WTSCX015）、广州市哲学社会科学“十二五”规划课题（项目编号：15Y22）。

修，封南海昭明龙王之神，每岁二月上壬日致祭。”① 大致描述了南海神庙祭典的情况。

位于南海之滨珠江口的扶胥镇（今庙头村）的南海神庙，是中国古代祭海的场所，东南西北四大海神庙中唯一留存下来的建筑遗物，也是我国古代对外贸易的一处重要史迹。南海神庙的修造始于隋。《隋书·礼仪志二》曰：“开皇十四年闰十月，诏……东海于会稽县界，南海于南海镇南，并近海立祠。”以后历朝南海神祭祀礼制愈加谨严。唐代韩愈《南海神庙碑》云：“海于天地间为物最钜。自三代圣王莫不祀事，考于传记，而南海神次最贵，在北东西三神、河伯为上，号为祝融。天宝中，天子以为古爵莫贵于公侯，故海岳之祝，牺币之数，放而依之，所以致崇极于大神。今王亦爵也，而礼海岳尚循公侯之事，虚王仪而不用，非致崇极之意也。由是册尊南海神为广利王，祝号祭式，与次俱升。因其故庙，易而新之，在今广州治之东南海道八十里，扶胥之口，黄木之湾。”北宋治平四年（1067 年），章望之的《重修南海庙碑》称：“立夏之节，天子前期致祝册文，命郡县官以时谨祀，牺牲器币，务从法式。罔或不恭，典刑其临。”元至正十五年（1355 年），牛继志的《代祀南海庙记》曰：“廷臣陛请：‘岳镇海渎，岁有恒祀，宜遣香如旧礼。’皇帝嘉其奏，手香于额，分授使者，若曰：‘往敬之哉！’”明洪武二年（1369 年）即开始遣使徐九皋祭祀南海，“将事惟谨”，之后多次进行。清代亦“特遣专官，式循旧典”（《波罗外纪》卷六《碑牒》）。裘行简《承祭南海庙礼成述事》谓：“熙朝盛典重祗告，每逢国庆专官遣。春秋二祀礼乃备，陪以六侯与课荐。”（《波罗外纪》卷八）

元至元三十年（1293 年），王献所作《祀南海庙记》记录了一次祭祀的过程：

> 至元癸巳春三月戊寅，中奉大夫御史台侍御史郑制宜、侍仪司承奉班都知扬弥坚奉皇帝命，捧御香、锦幡、银合等物，驰驿至广州，俾有司备仪礼致祭南海广利灵孚王。
>
> 越翼日己卯，乘舟诣祠所。方时雨愆期，甫及半途，云兴雷作，嘉澍遂降。既至，斋宿庙下。庚辰昧爽，乃陈牲币荐醴，齐笾豆，静嘉庭实，旅百乐具。既奏，登降有数，云軿停雨，风驭敛飙，烛光辉映，瑞霭氤氲。而神之格思，福禄来崇，有不可度者。礼成而竣，风潮送舟，雨云逐幔，桨夫和歌，欢声动荡，何和气之熙熙也如此！②

①（清）仇巨川：《羊城古钞》，广东人民出版社 1993 年版，第 156 页。
②冼剑民、陈鸿钧编：《广州碑刻集》，广东高等教育出版社 2006 年版，第 331 页。

从记录情况看，这个祭祀是非常隆重的。乃皇帝遣使、御赐祭器而来，地方官一齐参与。祭祀地虽然僻在南疆，但严谨规范，有条不紊，显示了国家祭祀庄重的特点。

二、“香火万家市，烟花二月时”：民间庆典的波罗诞

南海神的祭祀作为庄严的国家典仪，“历代严奉”（清叶名琛《重修南海神庙碑记》）。与此同时，南海神诞也成为广佛、珠三角一带重要的民俗庆典——波罗诞。

早在南宋时，已有刘克庄《即事》诗描述波罗诞盛况：“香火万家市，烟花二月时。居人空巷出，去赛海神祠。”“东庙小儿队，南风大贾舟。不知今广市，何似古扬州。”[①] 清崔弼《波罗外纪》卷二记载甚详：“波罗庙每岁二月初旬，远近环集如市。楼船花艇，小舟大舸，连泊十余里。有不得就岸者，架长篙、接木板作桥，越数十重船以渡。其船尾必竖进香灯笼，入夜明烛万艘与江波辉映，管弦呕哑嘈杂，竟十余夕。连声爆竹，灯火通宵，登舻而望，真天宫海市不过是矣。”十三日为正诞，拜神者络绎，“庙门填塞不能入”。“庙前作梨园剧一棚。近庙十八乡各奉六侯为卤簿，葳蕤装童男女，作万花舆之戏。自鹿步、墩头、芳园，皆延名优，费数百金以乐神。”庙前广场“搭蓬作铺店。凡省会、佛山之所有日用器物玩好、闺阁之饰、儿童之乐，万货荟萃，陈列炫售，照耀人目”。诸物中尤以波罗鸡为胜。村民“糊纸作鸡，涂以金翠或为青鸾彩凤，大小不一，谓之‘波罗鸡’。凡谒神游剧者必买符及鸡，馈遗邻里，谓鸡比符尤灵，可以辟鸟雀及虫蚁作护花铃云。”丘逢甲《波罗谒南海神庙》亦载：“神寿知几何？云是神诞辰。香烟霭高空，广庭杂羞珍。鱼龙进百戏，曼衍何侁侁？是时庙市集，蛋语争蛮银。泥鸡绘丹彩，妙若能鸣晨。终岁妇孺工，罄售未浃旬。年年荷神庥，近庙民不贫。”[②]

南海神诞的活动，包括海上狂欢、陆上集会和四乡会景。每年农历二月十一、十二、十三日是波罗诞，其中十三日是正诞。是日，广州附近和珠三角各县村民提前划船来到南海神庙附近。船上彩旗飘扬，罗伞缤纷，有的还搭设舞台表演节目。入夜灯烛闪闪，星河璀璨。陆上则有各种游艺杂耍、粤剧演出、摊档买卖。人山人海，游人如鲫。会景当天，四乡百姓以神庙为中心，乡民们

①王云五主编，吴之振、吕留良、吴自牧选编：万有文库第二集七百种《宋诗钞》，商务印书馆1935年版，第2356页。

②丘逢甲著、冯海荣选注：《丘逢甲诗选》，华东师范大学出版社1992年版，第165页。

敲锣打鼓，燃放鞭炮，手持香火，抬着神像四出巡游。每年波罗诞期间，十五个乡的乡民家家蒸糕裹粽，以祀神和赠送亲友。[①]

直到今天，波罗诞的庙会还在继续，成为广州市乃至珠江三角洲地区独具特色的汉族传统民俗节庆活动、最大的民间庙会，也是现今全国唯一对海神进行祭祀的活动。波罗诞期间，珠江三角洲一带村民和善男信女便结伴从四面八方到黄埔的南海神庙，或祈福，或观光，或购物，参观游览人数达数十万。由于波罗诞庙会影响越来越大，近几年来当地政府启动了南海神庙申报国家级文物保护单位及“波罗诞”“波罗鸡”等申报国家非物质文化遗产工作。2011年6月，国务院日前公布了第三批国家级非物质文化遗产名录，黄埔民间信俗波罗诞（民俗）榜上有名。

关于“波罗”得名的来由众说纷纭。一说以树名，又说以江名。清范端昂《粤中见闻》卷十二：“由珠江而东至扶胥之口、黄木之湾，南海神庙前，有波罗树二根，因名其江为波罗江。”[②] 道光三十年庚戌（1850年）谭莹等乡绅《呈请重修南海庙文》云：“南海神庙与府同在城东南八十里扶胥之口，黄木之湾。庙中有波罗树，又临波罗江，故世称波罗庙。”[③] 曾锦初等编撰《龙川文薮》甲编张竹人《游波罗庙赠石云上人》诗注引《通志》谓，南海神庙因在波罗江之上，故称波罗庙。[④] 又说“波罗”是梵文“波罗密多”的音译，意为“到彼岸”，并有“办事成功”之意。古代外国商船经历惊涛骇浪，来到广州，船员遥望神庙时很是兴奋，欢呼“波罗密多”，所以将此庙称为“波罗庙”。[⑤] 民间又有“番鬼望波罗”的传说。宋代许得已作《南海庙达奚司空记》，谓其乃达摩的三弟，随同来穗，并载其神迹。[⑥] 明人汤显祖亦有《有达奚司空立南海王庙门外》一诗。清仇巨川《羊城古钞》“达奚司空”条言：“相传波罗国贾舶泊此，一人携波罗子二枚种之；风帆忽举，众置之以去，其人望且泣，遂立化于山上。后人漆其身，加以衣冠，称达奚司空，祀于庙左。又有谓奚为达磨之弟，入中土死此，为神，其像以真身塑。”[⑦] 檀萃《楚庭稗珠录》卷三《粤囊下》“南海神庙”条载：“中门之左，有达奚司空立像，黧面白眼，跻而前望，若有所招呼。司空外蕃波罗人，随贾舶来，泊黄木湾，携波罗子植于庙。回望舶已举帆去，且望且泣，立化于此。庙人因其身加衣冠而

①刘志文主编：《广东民俗大观》（上），广东旅游出版社1993年版，第574—576页。
②范端昂撰、汤志岳校注：《粤中见闻》，广东高等教育出版社1988年版，第126页。
③广州市地方志办公室编：《南海神庙文献汇辑》，广州出版社2008年版，第199页。
④曾锦初、曾新华、陈国忠编：《龙川文薮》，雅园出版社2002年版，第369页。
⑤何薇编著：《广东旅游文化风情录》，广东经济出版社2006年版，第38页。
⑥广州市地方志办公室编：《南海神庙文献汇辑》，广州出版社2008年版，第173页。
⑦（清）仇巨川：《羊城古钞》，广东人民出版社1993年版，第157页。

像之。至今千年，勃勃如生。树迨今茂，故庙与江且因以易名。”① 该庙原来主要供奉南海神，后配以六侯，第一名便是“助利侯达奚司空”。叶春生认为，扶胥江、南海神庙和神诞“波罗”之名均来源于此。②

三、“第一游波罗，第二娶老婆”：民间话语中的波罗诞

伴随波罗诞由官方深入民间，民间意识中也将它列入社会生活的一部分，“第一游波罗，第二娶老婆”等俗谚进入广州府的话语系统。对于这句话，一般人往往理解为“将‘游波罗’放在娶老婆这样的人生大事前面，显示了对波罗诞的重视”。考张守常所辑《中国近世谣谚》，此说不确。

民国时人邬庆时《南村草堂笔记》刻本（有1920年邬庆时序）卷一第一篇《番禺之风俗》，其中第7页载俗谚曰：“第一游波罗，第二娶老婆，第三绒线柜，第四担纱箩。”张守常认为：“盖谓猎艳也。”他解释说，二月十三日为波罗诞。前后三日，城乡士女皆结队往波罗，谒南海神。游人如鲫，闺秀毕集，故为第一。新郎初至妇家，合乡妇女无少长贫富皆聚观于门外，谚曰：“新女婿，逆面睇”，此之谓也。然所见不过妇家之一乡，不若游波罗之广也，故为第二。中人之家，其妇女不亲到商店买物，有小贩肩负绒线柜，手持碌鼓，上街卖绒线，少女环柜而观者常如堵，然非少长贫富皆出而欢迎也，故为第三。旧日纺织之业，皆女工为之。业纱者，以箩担纱，沿门收放，纺织之女，蚁附其旁。然皆小家碧玉，又不若绒线柜甚矣，故为第四。然此四者，至光宣间已大不如前，盗贼充斥，而波罗之游渐稀；洋纱流行，而纱箩之业竟绝，妇女习染自由，买卖交际毫无畏缩，而绒线柜亦零落以尽。所余惟娶老婆一端，然自有所谓文明结婚，睇新女婿之风亦渐冷淡矣。③

根据全文判断，此谚其实说明波罗诞人流如织、士女杂沓的盛况。黄世仲1906年发表《娼界月令》，描写妓女一年四季生活，其中有言：“仲春之月，桃夭，游波罗。”④ 亦可说明这是当时人普遍热衷参与的活动。

与波罗诞有关的俗语还有不少，对当时的社会情况有所反映。如波罗诞热卖的波罗鸡之所以艳丽可爱，主要是因为粘在坯上的五颜六色的鸡毛。因此，又衍生出歇后语：“波罗鸡——靠黐”，意谓占人便宜。波罗诞期间正是波罗

---

①（清）檀萃：《楚庭稗珠录》，广东人民出版社1982年版，第109页。

②叶春生：《岭南民间文化》，广东高等教育出版社2000年版，第42页。

③张守常辑：《中国近世谣谚》，北京出版社1998年版，第667页。

④颜廷亮：《黄世仲与近代中国文学》，甘肃人民出版社2000年版，第92页；方志强编著：《小说家黄世仲大传（生平·作品·研究集）》，香港夏菲尔国际出版公司1999年版，第81、82页。

庙里的红棉盛开之时，甚为壮丽美观。于是有“波罗诞到红棉开”的谚语，描述诞期盛景。还有“蓝海驾帆来，深情长系波罗庙”[①]，反映波罗庙客商云集的状况，以及广州城中外经济文化交流的悠久历史和友好往来，为我们今天考察广州民间生活、社会状况留下了珍贵的资料。

（徐燕琳：华南农业大学人文学院中文系教授，华南农业大学岭南文化与艺术研究中心主任）

①中国民间文学集成全国编辑委员会、中国民间文学集成广东卷编辑委员会：《中国谚语集成》（广东卷），中国 ISBN 中心 1997 年版，第 393 页。

花都元宵节灯习俗文化初探

郭利群

花都的民俗是解读岭南文化的窗口之一，如一幅幅唯美多姿的画卷，诠释着代代相传的人文脉象。其中，元宵节的灯习俗文化独具特色，具有一定的历史、文化、民俗等研究价值。

一、元宵节灯习俗的来源和传承

（一）元宵节文化渊源

元宵节的灯文化，是元宵节延伸出来庆祝节日的形式。元宵节是我国的传统节日，它的形成有一个较长的过程，早在2000多年前的秦朝就有了。据资料与民俗传说，正月十五在西汉已经受到重视，汉武帝正月上辛夜在甘泉宫祭祀“太一”的活动（太一：主宰宇宙万物的神），被后人视作正月十五祭祀天神的先声。司马迁创建“太初历”时，将正月十五确定为重大节日。元宵在早期节庆形成过程之时，只称正月十五日、正月半或月望，隋以后称元夕或元夜。

另有一说是元宵节习俗起源于道教的“三元说”。上元，含有新的一年第一次月圆之夜的意思。上元节的由来，《岁时杂记》记载说是因循道教的陈规。道教曾把一年中的正月十五称为上元节，七月十五为中元节，十月十五为下元节，合称“三元”。汉末道教的重要派别五斗米道崇奉的神为天官、地官、水官，说天官赐福，地官赦罪，水官解厄，并以三元配三官，说上元天官正月十五日生，中元地官七月十五日生，下元水官十月十五日生。因此，正月十五日就被称为上元节。南宋吴自牧在《梦粱录》中说：“正月十五日元夕节，乃上元天官赐福之辰。”正月是农历的元月，古人称夜为“宵”，因此上元节又称为元宵节。元宵之夜，大街小巷张灯结彩，人们赏灯，猜灯谜，吃元宵，将从除夕开始延续的庆祝活动推向又一个高潮，成为世代相沿的习俗。

（二）元宵节灯习俗的来源

元宵节灯的习俗有多种来源。按道教的说法，天官在上元节这晚才广为播送福气于人间，所以这晚家家户户挂灯笼，好让天官看见自己的家，播福到家中。又说在汉明帝永平年间（公元58—75年），因明帝提倡佛法，适逢蔡愔从印度求得佛法归来，称印度摩揭陀国每逢正月十五，僧众云集瞻仰佛舍利，是参佛的吉日良辰。汉明帝为了弘扬佛法，下令正月十五夜在宫中和寺院“燃灯表佛”。此后，元宵放灯的习俗就由原来只在宫廷中举行而流传到民间。即每到正月十五，无论士族还是庶民都要挂灯，城乡通宵灯火辉煌。

民间的说法是，汉武帝时宫女们终年不得回家见父母，“每逢佳节倍思亲”，过年时只好暗中流泪。宫里有位足智多谋的东方朔，他很同情这些宫女。有一年，他心生一计，散播谣言说今年元月十五，火神要烧长安城（当时的首都，今西安），弄得城里人异常恐慌，惊动了汉武帝，连忙问计于东方朔。东方朔便说：要想免灾，这天晚上可把宫里的人都放出去避难，另外就是下令叫城里人家家户户张灯门口，让火光冲天，火神看见，以为已有人放火烧城，不用再派天兵去烧。这晚果然平安无事。汉武帝非常高兴，便下旨年年如此，这样宫女们以后每年正月十五便得回家团聚，张灯活动也就成了民俗。

（三）元宵节灯的特色及文化发展

最初的张灯只是悬挂简单的红灯笼，到了隋朝，皇宫里的“宫灯”极其讲究，有了“宝莲灯”“金龙灯”等造型。城里有钱人家也请人造“莲花灯”“金鱼灯”等，花样越来越多，称为“花灯”。这样，中国古代的灯饰便形成了“宫灯”和“花灯”两大系列，成为极其美观的工艺品。

元宵张灯的习俗，在唐代盛况空前，无论是京城还是乡镇，处处张挂彩灯，人们还制作巨大的灯轮、灯树、灯柱等，满城的火树银花，十分繁华热闹。到了宋代，元宵除了“妇女出游街巷，自夜达旦，男女混淆”的狂欢外，还有官员派发利是、君王与百姓同赏元宵；甚至有刑狱机构会利用灯饰、图像演绎狱户故事或陈列狱具等，营造恐怖氛围。元宵节在宋代发展成最热闹的世俗狂欢节，灯节更加丰富多彩，元宵赏灯持续5天，灯的样式繁复多样，逛灯市更是一件十分赏心悦目的事情。诗人辛弃疾写道：“东风夜放花千树，更吹落，星如雨”，说的就是宋朝灯节花灯无数，烟花如星雨。那时还兴起了猜灯谜，即将各种灯谜写在纸条上，贴在花灯上，猜中的人还能得到小小的奖励。这种娱乐益智的活动受到人们的喜爱，因而广为流传。

到了元代，大部分假期都被取消，元朝统治者认为生命在于运动，工作就是休息，全年假期只有16天。明朝的灯节持续的时间更长，自正月初八到十七整整10天，以显示歌舞升平。而到了清朝，满族入主中原，宫廷不再办灯会，民间的灯会却仍然壮观。元宵节清朝则只有3天，但是灯火璀璨，灯也更加精致奇幻，依然十分吸引人。至今，元宵赏灯文化得以创新和传承，每逢元宵民众便串街走巷，观看花灯，非常热闹，元宵成了民间文化娱乐之夜，又被称为“花灯节”。

二、花都元宵节灯习俗及文化倾向

（一）广州地区元宵节灯习俗特色

广州地区的元宵张灯活动大约在唐时传入。唐朝规定元宵挂灯要进行3日（正月十四至十六），全国一律，广东也不得例外。广东张灯流行之后，到清朝又添加了游灯活动，主要流行于农村。广州的游灯活动很盛行，花都地区当时作为广州市的一个县城，其隆重程度不亚于城市。《花县县志》有记载：正月十五元宵节又叫“上元节”或“灯节”……晚上各家各户挂灯笼，并以社（里）为单位提灯游行，从灯棚中抬出菩萨开路，醒狮紧随，锣鼓喧天。醒狮后面是一行手持刀、棍、剑、步枪、手枪等武装队伍，再后面是手提灯笼、火把的群众队伍，个别社区还有八音队，沿途吹打。同时各家各户都在巷口摆设香案，称“摆巷头”。年轻妇女，尤其是新婚少妇打扮得整齐漂亮，守候在香案前，并精心制作一些灯笼、粉果及刺绣品摆在香案上，让人品评。醒狮、菩萨经过香案时即放鞭炮欢迎。游行队伍周游该社（里）所辖范围一大圈后才结束，又称“游田部”。游行完毕，人们又回到灯棚投灯笼，放烟花，抢炮圈，闹腾到天将发白才散。

（二）花都地区的投灯习俗

元宵节游灯，是流传于岭南地区的民间传统习俗，而投花灯是花都区特有的民俗，始于清朝初期，至今已有300多年历史。人们投灯祈求光宗耀祖、虔诚孝顺、新年顺利、五谷丰登等新年愿望。每年正月初八到十五期间举办。传统观念有无后为大、养儿防老的思想，总想生个男丁继后香灯。“丁”与“灯”谐音，为求人丁兴旺，以前的花县各处乡村在春节元宵期间会举行投灯、游灯习俗，结婚未育的家庭会积极参与投灯，祈求添丁发财。解放初期，投灯活动曾经中断，近年来花都一些村镇的投灯习俗又活跃起来，且增添了许多现代元素，呈现浓郁的时代色彩和地方特色。其中，炭步镇水口村、塱头古村、藏书院村等村的投灯活动热闹非凡，吸引了众多市民群众参与，特别是水口村的投灯活动最为隆重，现已是广州市非物质文化遗产项目。

1. 水口村投花灯的文化渊源及发展

水口村的投灯活动于正月十四晚在康公庙前进行。康公庙又称主帅庙。据民国《花县志》记载："康公庙在水口乡，由明竺峰寺改建"。据传，竺峰寺又名竺峰庵，原祀观音大士。后当地民众从三水县康公庙请来"皇封道果无流康公元帅"神位，改建为庙。康公，姓康，名保裔，河南洛阳人，宋代爱国将领，治兵有方，屡立战功，官至高阳关都部署，一家三代为国捐躯，宋朝忠烈，人们尊称为康公、康王。该庙距今有300多年的历史，为花都现存最古老的庙宇之一。水口村人在康公庙前进行投灯活动，有请神驱魔降福、求子添丁、求取功名之意。

投花灯，以"灯"喻"丁"，投得"灯"喻得"丁"，多生男孩子。抢头灯，喻为争先得子、多子多福、儿孙满堂。所谓"投灯"，是将花灯集中到灯棚，让群众竞投，价高者得，古时是以稻谷作价添加，当今以现金作价，竞相添加。以前的投灯活动，必须是村中男人才可以参加。水口村于1997年在村中热心人士积极筹办下，正式恢复投灯活动，并成立了由村里名望高的老人和积极上进的年轻人组成的"花灯会"组织，经过10余年的发展，其活动的圈子已经面向社会，不少外县外市的有心人士亦踊跃到来投灯，投灯条件也放宽很多，任何人士，不论居于何地，只要能与水口村人有联系的都可以参加投灯。

2. 水口村投花灯的文化特色及意义

投灯当日，在正对康公庙前搭好类似戏台的灯棚，台上挂着三十几盏花灯，大小、花式不同，由大至小冠有名称，如"主帅正灯""莲花宝灯""观音神灯"等，整个舞台五彩缤纷，灯光耀眼，十分美观。投灯共有以下3个程序。

一是上届灯主交纳投灯款后，与亲戚朋友、村中长者（即"千岁宴"参加者，一桌12人，岁数相加超千岁）在庙前聚餐。

二是饭后进行投灯活动。先由"赞灯先生"赞唱灯笼，随后群众根据自己的愿望需求报价竞投，价高者得，灯价从几千到几万不等。

三是凌晨12点前投灯活动结束，随即进行游灯活动。

千岁宴下午五时开始，灯会主持人在灯棚宣布灯会开始，随即燃放鞭炮，锣鼓齐鸣，村民举杯同贺元宵。晚上7时，宴毕，主持人宣布"投灯"开始，人们便拢向灯棚的戏台。主持人宣读33盏花灯名称，赞灯先生上场大声宣布最受欢迎的第一号"主帅正灯"开投，群众争相竞投。主持人大唱赞词：

主帅正灯最吉利，光照人间好威风。
保佑得主兴家业，新年财运最亨通。

唱毕，继续有人喊价，喊完后主持人继续唱赞词。如此竞投，一波接一波，观众情绪高涨，每逢有人举手，便报以掌声。竞得灯者，欢呼雀跃，锣鼓声起。加上赞灯先生的赞词吉利动听，现场气氛十分活跃喜庆。

深夜12点，所有灯竞投完毕后，村中醒狮队和群众宾客聚集康公庙前，从庙内抬出康宝裔元帅、文昌帝、北帝、关帝、大王爷等5尊菩萨依次排列，鞭炮烟花齐鸣，锣鼓声起，醒狮起舞，进入了游灯环节。壮汉抬着康公主帅菩萨领前，少年举着火把、灯笼，鸣锣开路，醒狮跟进，犹似火龙翻舞。在村内，每到宗亲房点，康公主帅菩萨就地一停，譬作代天巡守，体察民情，村民点烛跪拜，鸣爆竹送行。如此遵照游灯路，巡遍村中每一个角落。逐往村旁田间小路，巡视本村祖先购置的福田产业，宣示其后人所拥有及炫耀祖先之功德，然后再回到康公庙祭拜一番才结束。正月十五上午，灯会又组织狮子队，敲锣打鼓，把投出的花灯逐个送到得主家中。花灯得主则在家中正堂摆上祭品，点上香蜡，燃放鞭炮，迎接送灯上门，悬于堂上，谓之“吉星高照”。

投花灯活动由村中花灯会筹办，灯会成员长期义务工作。投灯款项，不受行政领导干涉，作慈善公益活动，用于村里公益事业，如美化环境、资助困难户、设立奖学金等，这样的投灯已不只是庆贺元宵，还融入了筹款办福利的因素。

花都的投灯活动是花都地区规模较大、较有影响力的民俗活动，在部分行政村编的《村志》上均有，恢复这项活动是改革开放之后，其特色具有历史、文化、民俗等研究价值。

（三）花都地区元宵节的起灯习俗

1. 花都地区元宵节起灯的文化意义

“起灯”是男子出生后在第二年元月的入族仪式。男子出生本叫“喜丁”，意思是喜得男丁，意味着有人传宗接代，家族兴旺，所以要郑重地举行入族仪式。广府话“灯”与“丁”谐音，“喜丁”与“起灯”读音一样，所以把“灯”当作“丁”，“起”即升起的意思，认为“灯”升起就变为“星”，天上每颗“星”代表每个男丁。起灯定于元宵节前后，是因为元宵节又称为“灯节”之故。

旧时起灯相当隆重，选好日子后，做父母的要准备猪、鸡、水果和茶、酒等祭品，抱着幼儿，上午便去祠堂拜祭祖先，祈求祖先保佑孩子快高长大，平平安安，读书聪明，出人头地。拜祭后，族中长者便把准备好的两盏小花灯，一盏悬挂在祠堂内，一盏给做父亲的带回家中厅上悬挂。长者还会将起灯的孩子的姓名、八字写进《族谱》，才算入族。中午便在祠堂大摆宴席，招待同房近亲大吃一餐。有钱人家还会请狮子队舞狮助兴，甚至请戏班在祠堂前演戏庆贺。

2. 花都地区元宵节起灯的文化特色

生了女儿就享受不到这种入族礼仪，只能叫作“添口”（指增加了一口人），顶多做“满月”，宴请一些亲友了事；有些连“满月”也不做，派几只红鸡蛋便拉倒。这是旧社会“重男轻女”的反映，认为女大出嫁就是“泼出去的水”，就不是本族人，没有必要入族，所以《族谱》中是没有写女儿的姓名的。但也有例外，花县官禄布村洪氏宗祠的《洪氏族谱》就记载有“公（指洪镜扬）生三子，长子仁发，次子仁达，又次为辛英，秀全行四名仁坤为第三子，最幼者为宣娇。”这里有辛英和宣娇两名女子入族谱。其中，洪宣娇有史学家认为是洪秀全认的义女。有学者认为洪秀全之姐和妹入族谱，与洪秀全领导的太平天国提倡男女平等有关。随着时代的发展，如今倡导男女平等，越来越多的族谱可以列入新生女儿的名字，但起灯仍然为男儿所独有。

起灯入族之后，这男子才有权分“胙肉”（“胙”作“福”解，旧时扫墓及节庆日，祠堂有按丁分猪肉的习俗，认为吃了这猪肉就会得到祖先的福荫，所以叫“胙肉”），还可以享受到祠堂设立的其他权益，如困难补助、奖学金等（以前宗祠保留有宗族的公田出租，有收入，叫“公偿”，可以无偿地帮助族人），甚至连读书考试也要入了族才有资格。

起灯的族规在新中国成立后曾中断，近几年来随着祠堂文化的恢复，有些村社在元宵节又兴起了起灯的习俗。漂洋过海到外国的花都人，他们在当地成家立业，生男育女，每逢佳节，思乡心切，便携子女回乡寻根问祖；有儿子的，便借起灯寄托对祖宗的思念。因时间、空间的限制，回乡起灯已不限于儿子出生第二年，有过了几年的，也有小孩十多岁才带儿子回乡起灯的，让孩子知道自己故乡的新面貌，培养后辈热爱家乡的感情，但起灯的时间保持在元宵节不变。

三、结束语

综上所述，元宵节作为我国传统重大节日，其文化意义博大精深，灯文化是元宵节的重要组成部分。花都地区作为广府文化区不可或缺的一部分，其丰富多彩的民俗文化随着时代的变迁在传承中发展，具有较大的研究价值。

（郭利群：广州市作协会员，现就职于广州市花都新闻中心）

第三辑

广府语言文学研究

《洪秀全演义》创作意图阐析

纪德君

《洪秀全演义》（以下简称《演义》）是黄世仲有意配合当时资产阶级革命派正在从事的种族革命斗争而创作的一部历史小说。对此，研究者早有认识。早在20世纪30年代，阿英就指出，世仲后期著作“颇富于革命思想，《洪秀全演义》尤为特出之作”①。而后1943年，冯自由首次披露了黄世仲的革命者身份和经历，并指出其“倾心民族主义”②。随着黄世仲生平研究的深入，其作为资产阶级革命鼓吹手和从事者的身份进一步被披露，人们对他鼓吹种族革命与民主革命的创作意旨也有了更清晰的认识。1961年，宋平首次将《演义》归入“革命历史小说”的范畴，说明它不仅有历史演义的特征，更有鼓吹和宣传种族革命和民主革命的自觉追求③。自此，革命历史小说便成为近代小说的一个新类别。而《演义》实为此类小说艺术性与革命性相结合的成功典范。不过，学界虽然对黄世仲借《演义》鼓吹种族革命的创作意图有所申述，但由于缺乏具体的论证而失之于肤泛。笔者认为，要想较准确、深入地把握黄世仲的创作意图，至少须从3个方面入手：第一，为什么黄世仲会有这样的创作意图；第二，此种创作意图在小说的情节内容上有何体现；第三，此种创作意图实现的效果如何。

一、创作意图探因

显然，了解《演义》创作前后的时局背景如何，以及作者在此时局背景下的思想状态和社会活动，对于探明《演义》的创作意图是很有必要的。

黄世仲生于1872年，其时轰轰烈烈的太平天国革命刚过去不到10年，革命对广东地区震动之余波尚在。而世仲恰好出生在番禺，与洪秀全的家乡花县毗邻。其父祖辈对洪秀全的事迹与传闻，自然耳熟能详，世仲即自谓“童时与高曾祖、父老谭论洪朝”，且“每有所闻，辄笔记之”④。这或有夸张、不实

①阿英：《晚清小说史》，商务印书馆1937年版，第126页。

②冯自由：《〈洪秀全演义〉作者黄世仲》，引自《革命逸史》（第二集），中华书局1981年版，第41页。

③宋平：《黄世仲的几种革命历史小说》，载《羊城晚报》1960年11月6日。

④黄世仲：《洪秀全演义》，人民文学出版社1984年版。

之处，然其少年时因反复闻说太平军事，以至于对太平天国将领心向往之，并潜生为其作文立传的欲望，自是顺理成章之事，这对他后来创作《演义》无疑起到了情绪酝酿和心理准备的作用。

1840年鸦片战争以后，西方列强相继侵入中国。广州作为中国沿海极重要的门户，首当其冲，成为帝国主义侵害最惨烈的地区之一；同时广东又历来是清王朝横征暴敛的重要地区，每次战败后的赔款，都以广东摊派最多。在帝国主义与清政府的双重压迫下，广东民众生活之艰难苦痛，较其他省份更剧烈，从而对清廷之失望，较中国其他地区也更为决绝。与之相应，广东地区汉民族民气也在积弱中崛起，成为反帝、反清的旗帜性阵地。如三元里人民抗英运动、洪秀全起义、陈开起义，及后来孙中山领导的资产阶级革命等一系列斗争，或抗侮图存，或反满自立，一时主导了近代中国革命的潮流。与这种历史潮流相呼应，洪秀全在广东民间的形象，绝非恣行邪教的“发逆”或“乱匪”，而是伸张种族大义的汉民族英雄。无疑，这种对洪秀全为首的太平天国领袖的英雄式的认同，是黄世仲以太平天国革命为题材进行创作的重要原因之一。

然大体说来，广东汉民族民气的强悍，仅作为一种熏陶，潜移默化地影响着世仲的成长。至于世仲种族革命思想的逐渐成形与挥发，则并非在广州，而是在南洋和香港。

1893年，世仲21岁，因家境窘困，与兄长黄伯耀同往南洋谋生。他“初至吉隆坡，充某赌馆书记”，靠笔耕为生，并开始与各工界团体往来，“华侨各工界团体以其能文，多礼重之”①，如此者数年。吉隆坡为清廷势力所不及，西人及华人学生较多，言论与思想上较自由，因而对开阔其眼界、开明其思想有较大影响。这一时期的文字锻炼，及其与工界团体的接触，对世仲以后的新闻工作和文学创作等，无疑都起到了未雨绸缪的作用。此外，不可忽视的是，此时的新加坡，正是中国国内革命派与保皇派争夺海外支持的一个重要阵地，这与世仲思想的转变与成熟有着重大关系。

1898年，戊戌变法失败，光绪被幽禁，康有为、梁启超逃亡海外，于美洲、南洋等地致力于“勤王保皇”宣传与筹备活动，得到许多海外爱国商人的支持，时居新加坡的侨商邱菽园便是其中之一。1898年，邱菽园创办《天南新报》，以之为舆论利器，声援康派保皇思想；同时在新加坡成立保皇会，自任会长，捐款资助康氏的“勤王保皇”活动。《天南新报》创办前一年，世仲便已自吉隆坡前来新加坡谋生，作为一个关心时事的知识分子，他对《天南新报》及保皇党的活动，当有所接触。但世仲内心于保皇派实无好感，故

---

①冯自由：《〈洪秀全演义〉作者黄世仲》，引自《革命逸史》（第二集），中华书局1981年版，第41页。

对此报纸及保皇派的活动，并无多少关注。

然而，在1901年后《天南新报》的保皇色彩开始淡化，原因是邱菽园与康有为因起义策略、经费使用等意见相左而渐生嫌隙，加上清政府又以逮捕邱氏家乡族人相要挟，邱氏遂于1901年10月22日在《天南新报》上发表《论康有为》一文，公开与康有为绝交，一个月以后，更辞去报社总理一职。[①] 自此，《天南新报》逐渐走出康氏保皇派的拘囿，世仲正是在此背景下开始关注《天南新报》，并在报上投稿的。

1902年7月18日，世仲在《天南新报》上发表了第一篇政论《作气论》，自此一发而不可收，接连发表政论与时评。其政论所展现的酣畅笔风和淋漓才气，立即引起该报的注意。1902年7月29日，在发表初篇政论短短10日后，世仲即正式进入《天南新报》，担任该报主笔。而其时正是康有为保皇派和孙中山革命派，为争夺海外华人势力支持而展开激烈论争的时期，世仲革命思想的确立，正是在两派论战交锋的过程中完成的。

1898年戊戌变法失败后，康有为、梁启超流亡日本。孙中山闻此消息，极力争取康有为、梁启超，欲借重其影响，共同完成反清革命之大业。1898年10月26日，康、梁抵日本未10日，孙中山便请宫崎寅藏代为致意，向康有为表示欲赴东京亲见慰问，并商榷以后合作问题，"然康得清帝之眷顾，以帝师自居，目革命党为大逆不道，深恐为所牵累"[②]，故托事不见。此后，孙中山等又多次努力，试图说服康有为，然康有为终不愿负光绪帝的知遇之恩，坚持勤王保皇的立场，合作之门由此关闭。两派既不能和衷共济，则必因宗旨之不同，而水火难容。随之而来的是，两派为各自之发展壮大，争夺海内外舆论与财力支持的斗争被提上日程，并在20世纪最初的几年内达到白热化的程度。其时，新加坡作为华裔云集之地，自然成为两派争夺的焦点之一。

世仲在新加坡与革命派的接触，当在入主《天南新报》之前几个月。约在1901年底至1902年上半年间，孙中山密友、革命派的重要领袖尤列便在新加坡等地创立了兴中会的外围组织中和堂，并添设各种革命书报，以"开通民智"，向农工人士"发挥反清复明之宗旨"[③]。其中，兴中会于1900年在香港创办的机关报《中国日报》，亦在发行之列。世仲当在此时接触到中和堂和《中国日报》。未几即与尤列结识，随即于入主《天南新报》之前后，加入中和堂，开始"倾心民族主义，尤喜读香港《中国日报》，恒不去手"[④]，并"益好读欧美新思想论著、稗史小说、《中国日报》，关注中山先生言论、革命

①②冯自由：《中华民国开国前革命史》，台湾世界书局1954年版，第41页。

③中国社会科学院近代史研究所近代史资料组编辑：《华侨与辛亥革命》，中国社会科学出版社1981年版，第56页。

④冯自由：《〈洪秀全演义〉作者黄世仲》，引自《革命逸史》（第二集），中华书局1981年版，第41页。

运动取向……促使其视野为之一变，笔锋脱颖而出，政论旨趣渐弃维新，而与中山思想若诸音符之协耳”[①]。如世仲发表于《天南新报》的一些政论即表现出明显的种族革命思想。他于1902年9月15日发表的《拟清之汉臣张广泗、柴大纪合传说》，评张、柴二人之死，乃因“二子不明满汉之界所分，而欲以功业毅然自立”；1902年9月20日发表的《国债危言》指出，国债过重，首罹其害者是汉人，因还债全凭“剥尽汉人”来实现，“实无伤满人分毫也”。1902年9月23、26日，他在《天南新报》接连发表的《国民说》，则直接呼吁国民“举义旗”以攘大敌：

> 夫满人之于中原，犹外府耳，任取舍死生于其手，今又重之以行抽，益之以外息，则十八省之州县，不为齑粉，四百兆之人类，不为刍狗者几何也。彼波兰、埃及、波亚、菲律宾之近史，岂未之闻耶？夫波兰、埃及、波亚、菲律宾之国民，何尝不举义旗以抗大敌哉？然事卒无济者，直以不能慎图于始，而徒为蹶蹶于终耳。前事不忘，后事可鉴。此亦中国后来之问题，而国民目前之炯镜也。噫，二百余年，昔既被灭于他人，今复强凌于外国，有国民之责者，幸知重焉！

1902年9月30日，他发表的《说群》竟以“若群”之称呼，不点名地对革命派群体提出了期望和建议：

> 吾所以殷殷然为若群告者，独以种族危亡，间不容发，其责望于若群甚非浅鲜耳。安得大英雄大豪杰，起而提倡之、表率之，使若群之精神性质既合，而若群之势力自膨胀而益坚。自兹而往，吾深望若群之百折不磨也。自兹而往，吾又恐若群之一蹶不振也。翘首望之，尤不禁抚膺惜之。

1902年10月24日，他发表的《论平满汉之难》再次指明，满汉不可能平等，汉人欲求解放，唯有推翻清朝政权而取代之：

> 故国计愈亟者，民智愈开，莫不思二百年桎梏之余生，受压制于他族千斤铜闸之下，为之气冲天、足顿地，而翻然悔恨者。夫悔恨之心生，即愤激之心亦由是而生，举从前界限之严，压力之重，必谋有以撼之、摧之以求底于平。

由上述几篇政论可见，从1902年7月入主保皇派报纸《天南新报》始，至同年的9、10月止，短短两三个月内，世仲便已成长为宣扬种族革命的斗士。尢列显然也意识到了这一点，所以于1902年冬迫不及待地推荐世仲出任香港《中国日报》记者。

---

①罗香林：《乙堂劄记》，转引自郭天祥《黄世仲年谱长编》，第43页。

1903 年 4 月，世仲离开新加坡前往香港，正式开始在《中国日报》工作，从此成为资产阶级革命派舆论制造的主力战将。他甫至香港，便与《岭南报》主笔胡衍鹗就 1 月 28 日洪全福起义因走漏消息而失败之事，展开激烈论战。胡衍鹗对起义失败冷嘲热讽，攻击革命排满为大逆不道。世仲著论斥之，持矛刺盾，异常透辟，“双方笔战逾月，粤垣志士纷纷投稿为《中国日报》声援，而革命书报在粤销场为之大增”①，“于民族主义阐发，收效非鲜”②。未几，世仲又在《中国日报》发表长篇政论文《辨康有为政见书》，对康有为此前抛出的“只可立宪，不可行革命”的论断，进行了全面、系统的批驳。该文犀利激越，驳论有力，读者反响强烈，于宣传种族革命道理有很大的鼓动作用，故《中国日报》旋即发行此文之单行本。此单行本之出版，在章炳麟发表《驳康有为论革命书》之前，因此其分量和影响，堪与章炳麟的《驳康有为论革命书》相颉颃。

世仲进入《中国日报》后所发起的这两场气势如虹的论战，标志其资产阶级种族革命与民主革命思想的成熟。

如果说保皇派与革命派的激烈论战，让世仲产生以文字鼓吹革命之使命感的话，那么他创作《演义》的直接机缘，则来自刘成禺的历史著作《太平天国战史》。而《太平天国战史》的撰写，又源自孙中山的授意。孙中山之所以授意撰史，与保皇、革命两派争夺海外阵地的斗争直接相关。

在争夺海外支持者的竞争中，保皇派走的是“勤王”路线，将拯救光绪帝这一万乘之主的崇高感，赋予海内外支持者，故一时支持者甚众。孙中山反击的方式是，强调种族界限，指出保皇派所勤之王为异族夷种，而非汉家正脉，故海内外华人当行之事不在勤王，而在“驱逐鞑虏”“反清复明”、恢复汉家天下。因海外华人多为汉族，故孙中山此论的提出，亦颇合海外华人的内心诉求。两派主张各有千秋，决定胜负的关键，在于海外华人帮会组织的政治思想倾向。

海外华人帮会组织，最初源自清初反清复明的各种帮会组织，如三点会、天地会、三合会、哥老会等，彼此间难以细分，而皆以“反清复明”、恢复“洪武”朱氏汉室为宗旨，故一般统称“洪门”会党组织。后因清政府严酷镇压，在国内无生存、发展的空间，遂有一部分洪门人士流亡海外，吸纳侨众，从而在海外得以发展壮大。1864 年太平天国起义失败后，一部分太平军将士逃往海外，并加入此组织，致使洪门会党进一步壮大，在 19 世纪末 20 世纪初

---

①冯自由：《陈少白时代之〈中国日报〉》，引自《革命逸史》（初集），中华书局 1981 年版，第 68 页。
②中国社会科学院近代史研究所《近代史资料》编译室：《华侨与辛亥革命》，知识产权出版社 2013 年版，第 162 页。

时达到鼎盛。单就北美洲而言，洪门会党组织便有几十个山堂，美洲“华侨列籍堂内者占十之八九”[①]，会众20余万。

正因为北美洲洪门会党组织的庞大规模与势力，使两派都清醒地认识到，能否借重此种力量，足以决定两派的前途。事实上保皇派已先行一步，在洪门领袖中培植了部分亲保皇派分子。迫于情势，孙中山于1903年10月亲赴檀香山，竭力与洪门各山堂领袖接触沟通，以扭转劣势。1903年11月24日，在檀香山洪门山堂“致公堂”领袖钟水养的帮助和主持下，孙中山正式加入洪门，并得以镇封为“洪棍”之职（洪门职位在海外分为三级：元帅称“洪棍”，军师称“白纸扇”，将官称“草鞋”）[②]。保皇派闻讯大惊，急忙作祟刁难，然终无济于事。自此孙中山开始一步步改造洪门的组织与章程，吸纳革命党人入会，使之逐渐褪去保皇的成色，而向种族革命靠拢，而保皇派遂江河日下。

孙中山授意刘成禺撰写《太平天国战史》，便在孙中山加入洪门的前一年，其时孙中山急于接近洪门，于是便采取了一种非常巧妙的方式，即由革命党人来撰写《太平天国战史》，一改清廷为洪秀全等太平军将士所定的“发逆”“乱匪”之罪名，而赋以英雄之光华，以期赢得洪门会党中太平天国遗裔及其他会众的好感与支持。因此，孙中山结识刘成禺不久，即于1902年某月某日，约刘前来商讨撰写《太平天国战史》之事，并郑重嘱托道：

> 太平天国一朝，为吾国民族大革命之辉煌史，只有清廷官书，难征文献。曾根先生所著《满清纪事》，专载太平战事，且多目击。吾欲子搜罗遗闻，撰著成书，以《满清纪事》为基本，再参以欧美人所著史籍，发扬先烈，用昭信史，为今日吾党宣传排满好资料，此亦犬养先生意也。吾子深明汉学，能著此书，吾党目下尚无他人，故以授子。此吾党不朽之盛业。[③]

刘成禺深知此事关系重大，旋即根据孙中山、曾根俊虎及犬养毅提供的书籍，参考英日各书、中国野史及官书等，进行编撰，于1903年写成《太平天国战史》，全书共16卷。其时孙中山刚入洪门，亟须该书统正洪门会众之思想，加强其种族革命之信念，遂迫不及待地在东京祖国出版社印行前六卷，并亲自为之作序，序云：

> 满清窃国二百余年，明逸老之流风遗韵，荡然无存。士大夫又久处异族笼络压抑之下，习与相忘，廉耻道丧，莫此为甚。虽以罗、曾、左、郭

①冯自由：《美洲致公党与大同报》，引自《革命逸史》（初集），第137页。

②任贵祥：《孙中山与华侨》，黑龙江人民出版社1998年版，第73页。

③孙中山：《与刘成禺的谈话》，引自《孙中山全集》（第一卷），中华书局1981年版，第217页。

> 号称学者，终不明春秋大义，日陷于以汉攻汉之策，太平天国遂底于亡。岂天未厌胡运欤？汉子孙不肖应使然欤？抑当时战略失宜有以致之欤？洪朝亡国距今四十年，一代典章伟绩概付焚如，即洪门子弟亦不详其事实，是可忧也。汉公搜辑东西太平遗书，钞译成册，中土秘本考证者不下数十种，虽当年遗老所见所闻异辞，文献足征大备，史料官书可据者录之，题曰《太平天国战史》，洵洪朝十三年一代信史也。太平一朝，与战相终始，其他文艺官制诸典不能蔚然成帙；又近时官书伪本流行，关于太平战绩，每多隐讳。汉公是编，可谓扬皇汉之武功，举从前秽史一澄清其奸，俾读者识太平朝之所以异于朱明，汉家谋恢复者不可谓无人。洪门诸君子手此一编。亦足征高曾矩镬之遗，当世守其志而勿替也。予亦有光荣焉。①

序中所言“洪门诸君子手此一篇，亦足征高曾炬镬之遗，当世守其志而勿替也”，很明白地道出《太平天国战史》撰写之目的在于争取洪门会众的支持。事实上，该书也的确在洪门中起到了积极的宣传效果。孙中山对此书甚为满意，因此他在檀香山加入洪门后不久，即招刘成禺前来，入主《大同日报》笔政。

《大同日报》本为保皇派领袖康有为弟子欧榘甲所创，为檀香山洪门会党——致公党之机关报，其言论带有明显的保皇色彩。孙中山加入洪门后，即着手改组此报。于是，欧榘甲被赶走，刘成禺应命而来，“自是大倡革命排满，放言无忌，美洲华侨革命思潮之激荡，刘之力为多焉。”② 未几，刘成禺亦被封为“洪棍”，可见《太平天国战史》作为宣传种族革命理念的史书，具有为洪门修史的性质，在洪门会党中有笼络人心的重大作用。

了解了海外洪门会党的支持对于孙中山革命派的重要性，及《太平天国战史》对于鼓动和改造洪门会众的意义后，再来看《演义》的创作意图，便有了更准确、清晰的视角。我们完全可以推想，黄世仲于1905年开始创作《演义》，其意也在于对洪门弟子乃至天下汉人进行种族革命理念的宣传，甚或其创作还得到了孙中山的授意。即便未曾授意，世仲出于对满清政治的失望、种族革命的向往，也势必将种族革命的理念融于其创作中。因此，《演义》的发表和出版，不仅相当程度上取材于《太平天国战史》，而且在宣传效果上，与后者异曲同工或更甚之。正如章炳麟在《演义》序言中所指出的，《太平天国战史》虽“文辞骏骤，庶足以发潜德之幽光，然非里巷细人所识”，而《洪秀全演义》则有文辞“适俗”的好处。言下之意，《洪秀全演义》于宣

---

①孙中山：《太平天国战史序》，引自《孙中山全集》（第一卷），中华书局1981年版，第258—259页。
②冯自由：《美洲革命党报述略》，引自《革命逸史》（第四集），商务印书馆1943年版，第130—131页。

传种族革命，在效果上较《太平天国战史》更具有平民的普及性，从而影响更广更深。

颇有意味的是，1905 年 6 月 4 日起，世仲在《有所谓报》上连载《洪秀全演义》后不久，即于是年 10 月中旬，经孙中山批准，加入了刚成立的同盟会香港分会，成为香港第一批会员。孙中山还于乘船赴越南西贡的匆忙行程中，在香港做短暂停留，亲自在轮船上为世仲等主持入会宣誓仪式。未几，世仲便当选为同盟会香港分会之交际员，进入革命派领导层。显然，世仲对孙中山的提携是知恩图报的，甫加入同盟会香港分会，就于 10 下旬陆续发表了《康有为》《明夷》《呆人》《偵人》《北海南海》《为，母猴也》《先生，牛也》《爱亲恶罗》《康庄大道》《长素》《伪革党》《保太子》等一系列谐文，支持孙中山，讽刺和批判康有为。孙、黄之间的这种示好与回报，正好发生于《演义》开始连载之同年，《演义》的连载发表，适逢其时地契合了孙中山种族革命的主张及其以各种形式宣讲种族革命的迫切需要。

《演义》在革命派中的反响，亦证实了上述观点。1906 年，章炳麟在日本与孙中山亲密合作，共举种族革命大旗，并在主持同盟会机关报《民报》之时，欣然为尚未成书的《演义》作序，而《民报》亦刊登了《演义》的广告[①]，由此可见革命派对《演义》的重视。在 1907 年香港同盟会机关报《中国日报》发行《演义》的单行本后，该书于南洋、美洲、港、澳产生了巨大反响。据冯自由回忆，是书“出版后风行海内外，南洋美洲各地华侨几于家喻户晓。且有编作戏剧者，其发挥种族观念之影响，可谓至深且巨”[②]。冯秋雪亦说：“在我个人回忆之，《洪秀全演义》一书发表之后，省港澳门风行一时，几于家喻户晓，在鼓吹民族革命作用上，可与甲辰年间东京出版之《太平天国战史》，后先辉映。”[③] 这都说明《演义》及时顺应了种族革命的时代潮流，对种族革命起到了推波助澜的作用。

以上对 1905 年开始《演义》创作前后，世仲的思想发展状态、社会活动以及当时的社会历史背景等做了简单的梳理。据此，可以肯定，世仲在创作《演义》时，必然会将反清种族革命与资产阶级民主革命的思想蕴含于笔端，糅合于其情节设置与人物塑造之中。而这种创作意图，在作品中也确乎得到了充分体现。

---

①王政：《〈民报〉政论家之太平天国观剖析》，载《近代中国》专题研究丛刊。

②冯自由：《〈洪秀全演义〉作者黄世仲》，引自《革命逸史》（第二集），中华书局 1981 年版，第 46 页。

③冯秋雪：《辛亥前后同盟会在港穗新闻界活动杂忆》，引自《孙中山与辛亥革命史料专辑》，广东人民出版社 1981 年版，第 101 页。

二、创作意图之体现

此处须先对种族革命与民主革命两个概念做一界定。本文所指之种族革命，即汉民族推翻满清政府的革命；本文所指的民主革命，指为平民求得自由、平等权利的革命。因中国的平民，以汉族为绝大多数，因此民主革命，从某种意义上说也是种族革命，故本文以种族革命一以概之，并不将二者截然分开。

种族革命的创作意图，在《演义》中表现为明暗两方面：明的一面，即在小说中，或以叙事人口吻，或借书中人物之口吻，直接阐明其种族革命的主张和道理；暗的一面，则表现在战役选择、情节设置、人物刻画的褒贬、详略诸方面。

关于《演义》的创作意图，世仲在自序及正文中，有多处阐发。如他在《演义》自序中就力批成王败寇之说，为洪秀全正名：

> 昔贬洪王曰“匪”曰“逆”者，皆戕同媚异、忘国颂仇之辈，又狃于成王败寇之说，故颠倒其是非，此皆媚上之文章，而非史笔之传记也。

他指出此书之创作，在于“传汉族之光荣”，使“吾同胞观之，当知虽无老成，尚有典型，祖宗文物，犹未泯也”。在《演义·例言》中，他又一次申述，此书之撰写，“全从种族着想”，故“与《通鉴》不同”；此书之主人公洪秀全，“则实力从国家种族思想下手者”，故与宋江之仅“图作寨主”不同。在书中第一回，他则有意借冯云山之口，说明“种族之界不辨，非丈夫也!”而在叙事过程中，他还直接采用各类史料中所载太平军檄文，来揭批清朝政府的腐朽与罪恶。如在第九回借胡以晃讨清檄文，历数清朝之罪：

> 窃以朝上奸臣，甚于盗贼；衙门酷吏，无异豺狼。皆由利己殃民，剥闾阎以充囊橐；卖官鬻爵，进谄佞以抑贤才。以至上下交征，生民涂炭；富贵者稔恶不究，贫穷者含冤莫伸。言之痛心，殊堪发指！即以钱漕一事而论，近加数倍，三十年之税，免而复征，重财失信。加以官吏如虎之依，衙役凭官作势，罗雀掘鼠，挖肉敲脂，民之财尽矣！强盗四起，嗷鸿走鹿，置若罔闻；外敌交攻，割地赔钱，视为闲事，民之苦亟矣！朝廷恒舞酣歌，粉乱世而作太平之宴；官吏残良害善，讳涂炭而陈人寿之书。萑苻布满江湖，荆棘遍于行路。火热水深，而捐抽不息；天呼地吁，而充耳不闻。

在第十四回所拟石达开讨清檄文中，他再次罗列清廷对汉人的钳制与迫害：

自昔皇汉不幸，胡虏纷张，本夜郎自大之心，东方入寇；窃天子乃文之号，南面称尊。阳借靖乱之名，阴售并吞之计。而乃蛮夷大长，既窃帝号以自娱；种族相仇，复杀民生以示武：扬州十日，飞毒雨而漫天；嘉定三屠，匝腥风于遍地。两王入粤，三将封藩，屠万姓于沟壑之中，屈贰臣于宫阙之下，若宋度欷歔于南浙，故秦泥不封于西函。呜呼！明祚从此亡矣！国民宁不哀乎？逮其守成之世，筹永保之方，牢笼汉人，荣以官爵，伈伣之辈，雍、乾以还，入仕途而锐气消，颂恩泽而仇心泯。罹于万劫，经又百年。然试问张广泗何以见诛？柴大纪何以被杀？非我族类，视为仇雠；稍开嫌隙之端，即召死亡之祸。若夫狱兴文字，以严刑惨杀儒林；法重捐抽，藉虚衔网罗商贾。关税营私以奉上，漕粮变本以欺民。斯为甚矣，尚忍言哉！

在第二十回中，他还通过钱江的《兴王策》，进一步说明满人之倒行逆施，尽毁汉族典制，以致礼仪风俗崩坏：

自汉迄明，天下之变故多矣！分合代兴，原无定局。晋乱于胡，宋亡于元，类皆恃彼强横，赚盟中夏；然种类虽异，好恶相同，亦不数十年，奔还旧部，从未有毁灭礼义之冠裳，削弃父母之毛血。仪制甚匪，官人类畜，中土何辜，久遭涂辱，至如斯之甚者也！帝王自有真，天意果谁属？大任奋兴，能不勖诸！……方今天下以利为治，上下交征，风俗之坏，斯已极矣；亡国为奴，惨受桎梏，人心之愤，亦已久矣；纳贿损民，靦然民上，缙绅之途，亦已污矣。磅礴郁积之气，久而必伸。

其余涉及种族之痛的文字，或多或少，在小说中尚有十数处。于是，在种族创痛的反复阐说中，反清之理不言自明。然世仲深知，在批判清朝的同时，还得证明太平天国革命本身的正义性，所以在小说中他又从多个方面对此进行了阐发。

首先，他在小说中竭力将太平军描绘成仁义之师。洪秀全等因“睹狼枭之满地，作牛马于他人”，“令上国衣冠，沦于夷狄”（第九回），方才祭起义旗，兴义师，以救民于水火。兴师之际则先发檄文以告四方，以安民心：

凡我百姓兄弟，不必惊惶，商贾农工，各安生业。富贵助粮备饷，多寡数目，亲自报明，给回债券，以凭日后清偿。如有勇力智谋，自宜协力同心，共襄义举，俟太平之日，各予荣封。现在各府、州、县官员，顺吾者生，逆吾者死；其余虎狼差役，概行剿灭，以快人心。恐有流贼土匪，

借端滋事，准尔等指名投禀，俾加惩治。倘有愚民助桀为虐，及破坏教堂，滋扰商务，天兵所到，必予诛夷！（第九回）

其军队纪律，则“号令严明，赏罚不苟，若或扰乱商场，破坏法纪，轻置鞭笞之典，重贻斧钺之诛”（第十四回），故“所过秋毫无犯。乡民纷纷助饷，从军声势愈大”（第九回）。太平军攻破城池后，必“安置难民”“发帑赈济”，帮助百姓重建家园。总之，世仲在小说中将太平军塑造成了当之无愧的仁义之师。

其次，世仲在小说中对太平天国的政治制度进行了热情的褒赞和美化，将太平天国政权描绘成一个颇具资产阶级民主色彩的政权。他在该书《例言》中即说：

是书有数大段足见洪朝人物之真为豪杰者：君臣以兄弟相称，则举国皆同胞，而上下皆平等也；奉教传道，有崇拜宗教之感情；开录女科，有男女平权之体段；遣使通商，有中外交通之思想；行政必行会议，有立宪议院之体裁。此等眼光，固非清国诸臣所及，亦不在欧美诸政治家及外交家之下。

在小说第二十一回中，钱江的《兴王策》更全面地从政治、经济、外交、人权、取仕等方面，勾勒出太平天国的西方近代资本主义式的治国蓝图。小说第二十五回，还对南京太平天国政权进行了多方面的描绘。例如，在男女平权方面，“遂设立女官，以洪宣娇、萧三娘皆为指挥使，更立制度”；在民生方面，考虑“江南连年苦于兵役”，而“传旨发帑，赈济人民，并减免两年粮税”，同时“禁绝人民吸食鸦片，订立市政制度……愿者从军，不愿者营业；男女街行，各有一路，不得混杂；百工商贾，凡累重货物，准用车运，不得肩挑背负，以省人力；官兵不得私入民居，违者立斩；工商士庶七日一休息，凡无业游民，俱罚令挑筑营垒；夜行不能过三鼓，惟街上有巡更者，身悬小灯，手执小旗；有事夜出者，须巡更人保其行往”；于议政则“议事时，诸臣皆有坐位，扫去一人独尊的习气。其有请见论事者，一体官民，皆免拜跪”；于外交则遣使美国，共通和好，如此等等。

最后，世仲还写了民众及西人对太平天国政权的态度和反应，以反观太平天国政权之民主与进步。如第三十二回写胡林翼收复武昌城后，“那些居民多年沐洪氏和平政体，一旦又遭如此专制，自多怨言。竟有些人民思念洪家的，相聚数百人，在东门外放起火来，欲乘火往武昌请谭绍洸为外应”。而第二十五回则写洪军于金陵定鼎后改订制度，焕然一新，以至于连美国也深感太平天国政权“深合文明政体”，而“不胜惊异”了。显然，设置这种反馈式的情节，可使读者对太平天国政治文明，有更多的认同。

观世仲在小说中所描绘的太平天国治国策略，其大部分出于他本人理想化的政治设计，具有明显的西方近代资本主义色彩，并非太平天国军队及政体的真实反映。关于这一点，20 世纪 80 年代以来，学者们已屡有论析，此不赘述。需要明了的是，这种带理想色彩的美化，反映了 20 世纪的头几年内，以孙中山为首的资产阶级革命派的种族革命诉求。小说创作的意旨，不在于还原历史，也不单在于文学，而更在于宣传种族革命，统一党众（尤其是洪门会众）之思想。因此《演义》不单是小说，同时是革命宣传的一部分，即欲借小说来化育人心，使民众的心灵滋生反清排满的革命信念。

以上是种族革命之创作意图在小说中直接的、明确的体现。除此之外，如前文所说，这种创作意图在小说中还有间接的、隐含的体现，主要包括战役选择、情节设置、人物刻画等方面的褒贬和详略不同的描写。概言之，世仲创作时，始终抱有“传汉族之光荣”的信念，从而在行文中浸透着褒“洪”贬“清”的爱憎之情，并在战役整体态势与进程得到基本反映的情况下，尽量选取和设置那些壮洪方士气而堕清方军威，显洪方英明仁义而现清方昏怯残暴的战役及情节。如此一来，势必使小说带有很强的倾向性，甚至脱离史实，作纯臆想的虚构，这种虚构在小说中极为多见。

三、创作意图之效果评价

准确地说，这种创作意图之效果包括以下两方面。其一，该创作意图在受众中是否获得了作者所期待的效应。由《演义》在海外热烈传播与改编的状况，可见它已获得预期效果，故此处不再展开阐述。其二，该创作意图植入作品的效果，即创作意图是否成功地与作品情节内容融合在一起，达到良好的艺术效果。笔者认为，世仲以充沛的才情，将创作意图完美地融合在作品情节、结构与人物塑造之中，从而使作品在艺术上呈现出独特的风貌。

首先，在人物塑造上，正因为作者将种族革命的信念植入洪军将领的形象之中，从而使其将领脱离了原有的小农狭隘主义倾向，获得了种族革命志士的崇高感；摆脱了事实上较浓的宗教崇拜的盲动，而蒙上纯粹的救国救民信仰的光辉。尤其洪军将领在个人生死关头，更显示出这种因崇高信仰而滋生的直面死亡的英雄本色。如第十二回写冯云山重伤弥留之际，犹念念不忘种族革命大业：

> 大丈夫提三尺剑，凭三寸舌，纵横天下，事之成败，不必计也！某本欲与诸君共饮胡虏之血，以复国安民。今所志未遂，已是如此，亦复何说。今天幸有了时机，望此后诸君努力前途，共成大事，某死亦瞑目

矣……所志未逮，能不痛哉！但吾死后，切勿举哀，恐向荣以我三军慌乱，乘机图我也！

再如林启荣修德爱民，精勤固守九江军事重镇，数年屡挫清军，力挽危城于即倒。清廷视九江为眼中痛疽，终召集各路精兵良将，令曾国藩、胡林翼率大军围攻之，经数月而不下。在城内军士死伤惨重、粮草即将耗尽之际，曾国藩以攻城艰难，将包围撤开一面，欲启荣将士弃城撤走。然启荣深知九江对于太平军反清事业之战略重要性，将个人生死置之度外，坚持至最后一刻，以待援军解围，终于弹尽粮绝，城破后慨然尽节。而城内军民，则奋起肉搏死战，竟无一愿降服者，以至于清将胡林翼见此情状，“亦不禁下泪，乃谓左右曰：‘不意林先生结得人心一至如此，古所未闻也。’”

凡此种种为反清事业舍生取义之情节内容，在小说中不胜枚举。它所体现的洪军将士慷慨义烈的人格情操和矢志不移的反清信念，每每令人怆然动容。这种将种族革命的使命感赋予小说人物，从而树立起人物崇高形象的方法，乃是以往历史演义小说常采用的“王侯将相，宁有种乎”的个人功利化的图王霸业式人物塑造所不能具备的。

其次，种族革命信念的植入，使作品在结构上获得了赖以凝聚与通贯的精神内核。全书的情节因这个精神内核而拧结融汇为一体，从而气脉顺畅，绝无散漫之感。《演义》既然以洪方将士作为主要反映和讴歌的对象，那么就必须赋予他们一种正义的信念。这种信念，于清方是“忠君尽节”，其于国人之心理，有数千年的积淀。那么，怎样才能为洪方将士树立起足够抗衡和压制这种“忠君尽节”思想的信念呢？在革命思潮兴起的晚清时期，种族革命是唯一可能与“忠君尽节”相抗衡的信念。这种种族革命信念正是《演义》故事情节得以凝聚的精神内核和通贯的经脉。正是这个内核或经脉，才将小说通篇统摄为一个有机的整体。于是我们发现，起义之筹备长达八回而不显冗长，战势连绵反复至数十回而不显芜杂，它将两方拉锯式的攻守鏖战，最终归结为两种信仰的冲突，从而实现了对双方战争的重构和独特解读，为小说赢得了读者的心理认同。

最后，这种以救民众于水火、拯国家于危难的种族革命激情与信仰的植入，在作品整体上酝酿出一种庄严神圣、悲壮激越的氛围，具有激动人心的艺术感染力。读者在阅读过程中，会不由自主地被作品浓重的、庄穆的、纯粹的种族革命氛围所笼罩，从而内心受到震撼和感染，对太平天国革命产生深刻的同情。

综上所述，《演义》是在晚清特定的历史条件下所产生的特定的具鼓吹种族和民主革命意图的作品。其先入为主的创作意图，固然使作品与史实出现较大的出入，然而从艺术角度来看，这种创作意图对于作品的人物塑造、情节构架及整体氛围的营造，却发挥了主导性的正面作用。也就是说，这种创作意图，有弊于史的纪实，却有助于作品艺术上的成功，故从历史小说的本体性来看，是可称许的。

（纪德君：广州大学新闻与传播学院院长、教授，广府文化研究中心主任）

清末粤方言与广府文化

——以《教话指南》为中心*

曾昭聪

语言与文化关系极为密切。语言既是文化的一部分，也是文化的载体。美国语言学家、人类学家萨丕尔曾经指出："语言也不脱离文化而存在，就是说，不脱离社会流传下来的、决定我们生活面貌的风俗和信仰的总体。"[①]我国著名语言学家罗常培先生曾著有《语言与文化》一书，吕叔湘先生撰有《南北朝人名与佛教》一文，都对语言中体现出的文化做过深入的探索。人类社会中有各种类型的文化，当显性的物质文化与隐性的制度文化、精神文化随历史消散之后，我们还能从前人所记录的文献典籍中寻觅其蛛丝马迹。本文拟以《教话指南》为中心，讨论清末粤方言辞书中所记录的清末广府文化。

一、清末粤方言辞书概述

中国古代有编纂方言俗语辞书的优良传统。西汉扬雄的《方言》是最早记录方言词的辞书，受其影响，明清以来编纂方言辞书蔚然成风。这些方言辞书可分两类：一是以某个地点方言或区域方言的方言作为调查考证对象的著作，二是征引古代文献中多地的方言材料以续补扬雄《方言》的著作。第一类辞书对某个地点方言或区域方言进行调查考证，其中虽也有引古书以证方言渊源有自，但主要成绩在于记录了不少当时当地的活的语言。

本文所说的清末民国岭南方言辞书是指清末民国时期编纂的以岭南方言（包括粤、闽、客三大方言）词汇、本字为调查考证对象的辞书。这些辞书数量较多，其中质量较高、影响较大的主要有以下这几种。兹将其书名及其首次刊印年代分别列出：孔仲南《广东方言》七卷，又名《广东俗语考》，广州南方扶轮社，1933 年；尹士嘉（O. F. Wisner）《教话指南》，中国浸信会出版协

---

* 基金项目：2015 年度《广州大典》与广州历史文化研究立项课题"清末民国时期岭南方言辞书研究"（项目编号 2015GZY19）。

①［美］萨丕尔：《语言论》，商务印书馆 1985 年版，第 186 页。

会，1906年初版；翁辉东《潮汕方言》十六卷，1943年；章太炎《岭外三州语》，附于《新方言》卷末，最早光绪年间刊刻，1919年收入《章氏丛书》；杨恭桓《客话本字》一卷（附录一卷），1907年；罗翙云《客方言》十二卷，1932年；詹宪慈《广州语本字》四十二卷，1924年撰，1995年（香港）中文大学出版社出版；黄钊《石窟一徵》，1909年；温仲和《嘉应方言志》一卷（即《嘉应州志》卷七《方言》），1898年。

二、《教话指南》的时代、内容与性质

《教话指南》，英文名为 *Beginning Cantonese*，是清末来华的美国传教士尹士嘉（O. F. Wisner）编写的供外国人学习粤方言的教材。《教话指南》由中国浸信会出版协会（Canton：China Baptist Publications Society）于1906年初版①，全书包括序言、课文、附表。② 其中课文部分一共有七十五课。③

民国五年（1916年）秋，《教话指南》被改名为《粤语全书》再版，出版者与编纂者姓名均与《教话指南》不同，内容上也仅有课文（缩减为70课），序言与附表均被删除。该版封面题“粤语全书”；扉页中部题“粤语”二字，右上题“民国五年秋再版”，左下题“定价大洋五角”；版权页上，题“编辑者江南悟民氏”“印刷者上海印务局”“发行者上海石印书局”“分售处各大书局”。

笔者所读《粤语全书》为中国图书馆出版社《汉语方言文献研究辑刊》2013年影印本，其底本是民国二十二年（1933年）上海印务局石印本。该书封面题“粤语全书”四字；扉页居中题“粤语”二字，右上署“民国二十一年冬月”（笔者按：此为题字时间，非出版时间），左下署“上海书局发行”；背面的版权页上，居中偏上题“版权所有”，右上署“民国二十二年春季出版”，右下署“粤语全书（全一册）”“每本定价大洋三角”，居中偏左下署“编辑者 广东李一民”“印刷者 上海印务局”“发行者 上海图书局”“分售处各省大书局”。扉页所题书名跟版权页、封面都不一致，当依封面、版权页

---

①第四十八课有“先七年个阵时，中国嘅皇帝立意维新”之语，维新变法是在光绪二十四年（1898年），7年之后即光绪三十一年（1905年），这与《教话指南》的初版时间是一致的。丘宝怡：《谈早期粤语选择问句析取连词“嚊”、“嚊系”》，引自《第十届国际粤方言研讨会论文集》，中国社会科学出版社2007年版。引用《粤语全书》，将此书时代标为1933年，丘宝怡论文的注释③又引片冈新先生观点“此书有可能是1906年的作品”。现在依据二书的关系，则1906年的初版时间是确定无疑的。

②详参黄羽：《尹士嘉〈粤语入门〉研究》，中山大学硕士学位论文，2014年。

③《粤语全书》删去了《教话指南》第54课、第55课（两课课文是有关军事战争的），第59课、第60课和第61课（3课课文是有关耶稣信仰的），变成70课。

（版心亦为“粤语全书”四字）。

因此，《粤语全书》的作者，民国五年版所署“江南悟民氏”与民国二十二年所署“广东李一民”，实际上均是尹士嘉，但是不清楚是尹士嘉授权改名出版还是出版者盗版改名出版。猜测后一种情况的可能性较大。此外，《教话指南》还被改名为《广州话指南》，上海复兴书局出版，其删减改动情况与《粤语全书》相同①，疑亦为盗版。

既然《粤语全书》是《教话指南》的缩略本，那么就可以说，现在学界为数不多的研究《粤语全书》的论文如改用《教话指南》作为研究对象就应更为妥当。中国图书馆出版社《汉语方言文献研究辑刊》的影印本以民国二十二年《粤语全书》为底本也有所不妥。理由有二：一是《粤语全书》是《教话指南》的基础上删改而成的；二是《教话指南》包括序言、课文、附表三部分，而《粤语全书》仅收课文，未为完备。因此，当以《教话指南》作为研究的底本。黄羽所撰学位论文《尹士嘉〈粤语入门〉研究》将《教话指南》称为《粤语入门》，不知何故。因为该书封面上很明显地有“教话指南”四个字，当以此为据。

《教话指南》是一部外国人编写的学习粤方言的教材，这是它的基本性质。但是如果只说它的课文部分（即《粤语全书》所录部分）则可称一部方言辞书。兹将《教话指南》第一课全部内容抄录于下：

书 部 呢 个 啲 係 乜 野 我 你 佢 哋 做 字 写 睇

书②部书 啲书 个部书 一部书 呢一部书 呢个 嗰个 个个 一个 呢啲 个啲 呢啲书 个啲书 呢个字 嗰个字 呢啲字 个啲字 个个字 一个字 我呢部 你个部 我呢啲 你个啲 佢个啲 我哋 你哋 佢哋 係咯 我係 你係 佢係 我哋係 乜野 做乜野 睇野 写野 写乜野 睇乜野 我做 你做 佢做 你哋做 写字 睇书 呢啲係乜野呢 个啲係书 嗰啲係乜野呢 个部係书 你做也野呢 我睇书 你睇乜野书呢 我睇佢嗰部书 佢做乜野呢 佢写字 你写乜野呢 我写呢啲字 佢哋睇乜野呢 佢哋睇你写字 我哋做乜野呢 我哋睇书 我写呢部书 呢个係乜野字呢 嗰个係野字 呢部係乜野书 係佢做个部书 做乜你做呢啲野呢 做乜你写个啲字呢 你写个字我睇喇

从以上内容可以看出，《教话指南》兼具方言教材与方言辞书的性质。

作为一部方言教材，《教话指南》课文部分具有教材编写方面的几个特点。其一，有一以贯之的体例。其二，注重实用，按语言运用（交际）题材

①详参黄羽：《尹士嘉〈粤语入门〉研究》，中山大学硕士学位论文，2014年。

②此“书”与上文重复，当是衍文。

分课。其三，比较全面地收录了常用的粤方言词语，并通过句子或短文描写了这些粤方言词的用法（包括词义与语法）。其四，词语复现率高。

《教话指南》课文部分同时也可以认为是一部方言辞书，从以下两个方面可以做出这一论断。其一，如上所述，《教话指南》课文部分有明确的解释对象（粤方言）和一以贯之的编撰体例。其二，从语文辞书编纂的词目、释义、书证三个要素来看，《教话指南》课文部分收录的对象有粤方言单字（单音节词）、词语，这可以视为辞书的词目；在单字与词语之后有短语、句子或短文，这可以视为书证。（下文径以“词目”“书证”称之。）或许有人会认为，《教话指南》课文部分没有释义，故不能称为辞书。这是“释义中心论”的观点。“释义中心论”强调辞书的中心工作是释义。①与之不同的是“原则中心论”。②“原则中心论”强调的是辞书的总体框架、总体设计。辞书无释义，并不是编者不重其义，而是在撰写辞书时不写进辞书，因为那是通俗常言，时人耳熟能详（或见字明义，或稍加解释即可明义）的语言现象，编撰者或许是觉得没必要将其义写进去；编撰者所看重的是不同于通语或雅言的方言俗语，故将其分别收录，成为辞书的“词目”。《教话指南》课文部分以粤方言（包括词、语、句、篇）为收录对象，而无释义，与传统的识字课本《史籀篇》《仓颉篇》等一脉相承，是辞书编纂中的“原则中心论”的体现，故可称为方言辞书。

三、《教话指南》课文部分所记录的清末粤方言词

《教话指南》课文部分所记粤清末方言词具有多方面的学术价值，例如在补正《汉语方言大词典》的方言系属、释义等方面作用就很大。从文化的角度来说，《教话指南》课文部分记录了一批极具特色的方言词（或词义），这些词（词义）只在清末文献中出现，今天的粤方言中不再使用。这些词（词义）可以说是方言发展过程中的匆匆过客，对它们进行整理研究在方言学与

①辞书编纂的“释义中心论”向为外语词典研究者所重视。袁世全先生认为：“强调释义的重要性，未必自外国人始。我国由于辞书同训诂学、小学有着血肉联系，注重释义之风可谓源远流长。而从方法论上来讲，训诂学、小学有明察秋毫之功，往往也有不见舆薪之弊。”见《兹古斯塔、陆宗达与“两论”——六论辞书框架》，引自黄建华、章宜华主编《亚洲辞书论集》，上海辞书出版社 2001 年版，第 56 页。

②陆宗达先生说：“辞书的编纂，成败不在一词一语诠释的得失，而在取舍、编纂、查检方法和处理纷繁的具体问题的原则的科学而得当。”见陆宗达《继续走理论与实践相结合的道路——祝贺〈辞书研究〉创刊三周年》，《辞书研究》1982 年第 5 期。袁世全《兹古斯塔、陆宗达与“两论”——六论辞书框架》（引自黄建华、章宜华主编：《亚洲辞书论集》，上海辞书出版社 2001 年版）将其概括为“原则中心论”。

文化史方面都是有意义的，不但可以了解历史上的粤方言，也可以由此追溯当时的方言文化。以下举几个例子：

【则】【则师】【屋则】【画则】第三十九课词目有“屋则、画则”，书证：“你要先去则师处，请佢画一张屋则。你想点样起，就一一讲哋过佢知，佢就哙画出照依你所讲嘅略。画倒之后，你睇过係啱，就交俾个则师同你打理，至到起好。”“而家咁夜，怕则师唔喺处咯，等我听日得闲至揾佢。”

又，第四十课：“你呢处係画则嘅吗？”“係吖。你想我同你画则，是不是呢？”“係。我想起一间住家屋，所以嚟同你商量下，请你画个屋则，而且交托过你，同我起埋好喇。”“等我画起个则，然后计过至再通知你喇。”

按，“则”指（建筑）图纸，“则师”指建筑师，“屋则”指建屋图纸，“画则”指画图纸、规划建筑。《汉语方言大词典》《广州方言词典》未收以上诸词。

【啵/嗅/被】第十三课：“但係呢个啵嗰个？”第十四课：“个间屋使石起啵使砖起呢？”第十八课：“呢个男仔啵女仔呢？”第二十课：“英国大啵日本国大呢？”第二十一课：“今晚食羊肉啵食鸡好呢？”“佢去看牛啵看牛（引者按：此字误）呢？”第二十二课：“你中意食煎蛋被煲蛋呢？”“呢个火炉烧煤嗅烧柴嘅呢？”第二十五课：“呢个缸装水被装油嘅呢？”第二十六课：“唔知你想油水红啵花红呢？”第三十九课：“唔知你个笪地係实地啵新填嘅呢？”第四十一课：“你想小修啵大修呢？”

按，“啵”“嗅”“被”为同词异写，选择连词，即“或者”之义。丘宝怡《谈早期粤语选择问句析取连词“嗅”、“嗅系”》已有详细讨论。[①] 该词诸词典未收。

【关係】第四十一课：“个瓦面漏得好关係，我叫人执过几回都係漏嘅。”第四十二课：“呢个症好关係嘅呀，医得好吗？”第四十三课：“乜野叫做内伤呀？”“即係个肺烂哓，有时吐血，又有时咳得好关係添，噉就係内伤症咯。”第四十四课：“冇耐晕浪得好关係，总唔食得野。”第四十七课：“中国嘅刑罚係好关係嘅呀。”第六十九课：“我觉得好出奇，因为枝灯挂起咁高，点解哙打烂得咁关係呢？”

---

①丘宝怡：《谈早期粤语选择问句析取连词“嗅”、“嗅系”》，引自《第十届国际粤方言研讨会论文集》，中国社会科学出版社2007年版，第173—190页。

按，“关係”本指对有关事物的作用或影响，宋代已有此用法。《教话指南》第五十三课：“因为打仗嘅事关係好大。”其中“关係”即此义。当这种作用或影响很大时，即为“厉害”，因之清末粤方言中“关係”引申有“厉害”之义。“关係”表“厉害”义时是形容词，《汉语方言大词典》等均未收此义项。

以上所举例子，当是清末短暂出现的粤方言词，未流传至今。

四、《教话指南》课文部分所记录的清末广府文化

《教话指南》是美国传教士编纂的粤方言教材，其中的内容反映出西方人的学术兴趣、政治兴趣与文化兴趣。从文化角度来说，因其中所记录的材料颇多，对我们了解清末的文化很有参考价值。文化既是一种社会现象，是人类长期劳动创造形成的产物；又是一种历史现象，是社会历史发展的积淀物。它主要包括物质文化、制度文化和心理文化3方面。《教话指南》中所记录的内容3方面均有。

（1）物质文化方面，因广东地处岭南，故而植物繁茂，由此产生了园林文化；又因地处沿海，海洋交通与渔业发达，由此产生了海洋文化；百姓日常生活注重饮食，由此带来了多姿多彩的饮食文化；商业经济发达，由此带来了商业文化、旅游文化；修房建屋，百姓日常所必需，由此产生了建筑文化。这些内容在《教话指南》中均有所体现，下面先看两段有关饮食文化的描写：

> 第三十四课：“亚发，叫火头嚟，我有事讲佢知。”“好喇。”“师奶，你叫我咩係（乜事）呀？”“我听晚请餐，我预先讲係知，等你好整定呀。”“係咩，有几多位朋友嚟探你呀？”“有六个。”“咁多？嗷要预备乜野肉食呢？”“你今晚劏个只大天鹅，就挂起佢，至到听日晏昼就煲啲薏米及风栗入落只鹅里头，摵嚟烧烧热，就倒啲汁落去。你听朝去买野个时，要买够面饱呀、汤肉呀、牛油呀、生菜呀，及各样野嚙。”“落啲乜野嘫处呢？”“粉丝剌。”“食乜野菜呢？”“买啲豆角呀、竹笋呀，及焞少少饭添，又开两罐粟米，挤啲盐落去焞熟佢。”“要乜面食呢？”“整啲鸡蛋饼，及煲啲糖菓通心粉，挤啲牛奶落去。”“分几多度呀？”“分五度好落。”“你话咁多野够唔够呢？”“我估都够洛。”

按，上面的内容，细致介绍了请客之前各种食品的准备工作，其中对“鹅”的重视程度，至今民俗相同。所不同者，因为是西方人请客，所以要有面包（《教话指南》中的“面饱”即面包，“饱”是方言加旁俗字）、牛油等，这是西餐的食品，不可误以为是清末广府民俗。再看第三十五课关于用餐过程

的具体描写：

> 第三十五课："亚发，师奶叫你入去，教你企台。""咊，好叮。师奶，请你教我喇。""你今朝先要洗干餐房嘅地及台椅，之后所有啲玻璃杯、啲银器、各样嘅兜碟，都要洗干淨嘥，至摆台时要拣张至白淨嘥台布嚟铺台。台中间挤个蓝色花樽係处，插啲白花落去。今晚有六位朋友嚟，連埋先生共我，擺八個人位。每位摆隻面饱碟係左手便，每隻折条茶巾及一块面饱係处，挤一玻璃杯水在右便，把两把刀在右便，两枝叉在左便，一枝饭羹、两隻茶羹打横挤在正面。預番笪地方嚟擠餐碟，啲人埋嘥位個時，第一度起湯，你就將兜湯同埋啲湯碟擠在先生面前。你要企处等佢拂开一碟一碟，你就派过各人。食完之后，就收番枝啲汤碟。第二度係起鱼，都係照样。先俾过先生分开，你过派俾各人，食完之后，收番啲碟及刀叉。睇过边位有唔够两枝叉两把刀嘅，就即刻要补番落去。度度食完，都係噉样做到。第三度起隻烧鹅，照依前个两度噉做。做完之后，就拧啲菜递过每人，拂啲佢哋食紧过时，有人想饮茶，你就俾杯过佢。第四度食饼及面食共糖果，至收尾个度，係食生菜。""几多点钟起餐呢?""六点起摆台，七点起就啱咯。我所讲嘅，你要依住嚟做嚩。""係咯。"

上面的内容详细介绍了用餐过程当中，如何摆台及整理餐具，如何一道菜一道菜地递送饮食，这也是西餐的用餐习惯，说明当时西方人在广州请客仍以西餐方式为正规、时尚。

下面再看旅游文化的描写：

> 第二十七课：上日我遇着一件事，真係令我欢喜。即係有一日去亲戚处坐，係个处遇着一个朋友，佢係好好心嘅，想请我同游下日本国。我答佢话：我而家唔够银。佢话：唔使怕，我唥出埋你嘅使用。我听见佢噉讲，就十分欢喜，唔知佢点解待我咁好。我问佢几时起行过？佢话三日。我就番去归执定行李，到个日就同埋落船，啱啱顺风顺水，船行得好快，海水好平静，不过坐船六日就到日本国，即时大家就执野上岸，睇见啲街好干净，啲人好安静，都好落力做工夫。我哋就坐车去京城。个处地方十分好睇，真係一笪好嘅城都咯。喺个处佢哓十日咁耐，再坐车去游几个城，有时坐车仔去乡下地方，经过见有好多花园同埋菜园，啲花十分好睇，但冇中国嘅咁香，四处都摵竹篱隔住，令人不能摘得。在个处日日有新野睇，令的日子好快过嘅。

上面这段话是描述日本旅游的经过，展现了西方人对日本的评价，这种情况当然不可避免地会对中国人有所影响。另外第二十八课是香港旅游的描写，不赘录。

再看一段关于商业文化的描写：

> 第三十八课：我有两个朋友係做生意嘅。佢两个起首做生意做时都係有［冇］本钱嘅，佢所有嘅本钱係同人借嘅呮。有一个开洋货铺，呢个人好本事，做生意好哙办货，而且好好心机打理铺中数目及伙计各样事。倘若有人赊佢嘅货，佢有耐就开单，亲自去收，噉几年间就赚得好多银，佢所借嚟做本钱嘅一啲都还番哓过人。呢个係开杂货铺嘅，但个呢冇先时讲个个咁本事。佢唔哙买卖，铺中嘅事唔肯落力打理。所有数目通係交托夥计，而且时时将啲本钱嚟花散，冇几耐就赔哓啲本钱，连间铺都闩埋。不但做［借］嚟做本钱嘅银有［冇］得还，而且到处都欠落人银添。昨日佢嚟探我，佢话呢阵好闭翳，有好多人问佢攞钱，呢回真係要走路至得咯。

这段话中将两位商人进行对比描写，展现了清末广府的商业文化，同时表明作者个人对经商的看法：经商要勤劳，要亲力亲为，才能将生意做好做大。又如：

> 第五十二课：广府嘅地方有好多富厚嘅人，因为个处生意係至大。中国起首同外国通商就係呢处咯。省城近呢几年一自自兴时起嚟，因为有好多外国货物入口，又由呢处办好多本地货出外埠，故此令个啲商家赚好多钱。近日期又喺海边筑一条堤岸，将来一定兴旺啲添，噉应该广东嘅人就好安乐。
>
> 第五十九课：有一日，我跟埋的人去趁墟。先经过一个市头，因我去得早过头，个处都未曾开市，但个的铺头所卖嘅野都係猪肉、牛肉、鱼、菜，与及柴末、杂货、药材、纸料之类，亦都有别样铺头，不过所以做呢几样生意嘅为多呮……远远望见一间大屋，门口搭一个棚，埋到去睇下，原来係织造局。我记起有一个朋友係 处做监工，就揾着佢嚟探下，一齐查察下里头嘅人所做嘅工夫。我朋友就带我入去工厂里便行下，睇见有好机器，的人不歇手咁做工夫，有好多人织布，又有的织笠衫、线袜、毛巾各样野，至埋便就有的人整帽与及顾绣。

上面两段话描写了当时商业的繁荣，包括外贸、市场与工厂多方面的内容。

（2）制度文化方面，《教话指南》有关于教育、司法、政治等方面的制度的描写与评论，可从中看出当时社会百态。先看教育制度方面的描写：

> 第二十九课：我昨日去探一个朋友，佢係教馆嘅。佢个间书馆好开

> 名，好多人读书，我好想知到佢书规矩，我就好详细问佢，佢就一一讲嚟过我听。佢搣乜法子嚟教？佢话有百几学生，分五班，每班一间房，有几个帮教。至细个係六岁至八岁大，读俗话书及学印字，但唔使念书。个时我就拧啲俗话书嚟睇。个部书写出好多教细仗仔要点样行为及有好多问答嘅。说话至紧要嘅係唔好讲大话。我见啲细仗仔好欢喜喺处读书。我就将个部书嘅意思问佢哋，个个都答得好好。我就问啲细仗仔话：你哋朝朝番学，有过时候冇呢？答话：冇，乜谁敢过时候嚤？我話：你哋唔敢过时候，係因怕先生打唔係呢？佢哋答话：係不过想读书呗。

上面这段话，详细介绍了当时书馆（学校）里分班情况、所学知识（俗话书即白话教材而非传统的文言文，印字即描摩写字）、学生好学的态度等。

> 第三十课：我个日一早起身，再去昨日个间书馆。去到个阵，啲学生啱啱读书。我去见个位教至细班嘅先生，想再问下佢重有乜法子教啲细班嘅。佢对我话，每早九点上学，至十一点放学，等佢哋出去顽半点钟咁耐，再坐位读书，至一点放学，下午唔上学。但啲高班就要佢一埋位就读俗话书半点钟，咁耐就叫佢哋起身教身唱歌，唱完之后学印字三个字钟。咁耐就将各样物件俾佢睇，问佢哋呢样对象叫做乜名呢，係点嘅模样呢，有乜用处呢，係乜色水呢，係点叫整嘅呢，令佢一一答出嚟。凡有唔识嘅，我就解明白过佢哋听，嗽叫法子係令细仗仔自己都可以学得到野。但凡教，每叫唔好太过耐，教一阵就要换过第二，叫令啲细仗仔唔好有憎厌嘅心。我听见佢嗽叫讲，就好欢喜。我一自听佢讲，一自睇佢教，至到放晏学。先生请我食晏，我就同佢去。

上面这段话，详细介绍了书馆低年级与高年级教学时间安排的差异，特别注重教学方法，因材施教，务使学生明白，逐一检查，“凡有唔识嘅，我就解明白过佢哋听”；学习中间穿插有玩要的时间，强调不能使学生肝“憎厌嘅心”。这与此前学生在私塾学习四书五经的方法与内容是迥异其趣的，得到了西方人的称赞。

再看政治与司法制度方面的描写：

> 第四十五课：“呢个世界分开妙（好）多国，至多百姓嘅就係中国咯。地方亦好阔大。个京城係在此便，所以叫做北京。皇帝就喺个处住。中国嘅皇帝好少出街，或有时出街，亦唔俾人睇见佢面。我估佢意思係怕人打佢都唔定。因为中国皇帝想揸哓权柄，想唔俾百姓自由。但係照佢自己讲出个啲缘故，就话唔係嗽样。因皇帝好尊贵，百姓唔应睇佢。中国嘅地方係分十八省，百姓至住得密係山东省。每省都有官府管理啲百姓，个

啲官府至高嘅係总督，佢嘅权管理或一省或两省。官府所住嘅地方叫做衙门，有啲好大间，住得千几人咁多嘅。个啲百姓好怕官府，因为官府有好大权，倘若有人做唔好嘅呢，佢就怕官府唅拉佢。有啲好人都好怕，因为有啲唔好嘅官因想钱，就连埋个啲好百姓都唅拉去难为呀。但凡被官府拉住嘅，倘若有钱就好难得放番出嚟，而且要有面子嘅人去讲好说知至得，噉就唔话得百姓怕佢咯。

上面这段话，具体描写了清末百姓与官府的对立情绪，编者站在百姓立场，批评中国皇帝“揸㗎权柄”，批评官府为钱而故意“难为”百姓。下面两段话则更加具体地描写了司法制度的腐败：

第四十七课：皇帝所讲出嘅意思嚟俾过官与及百姓知嘅，就叫做上谕。里头上谕所出嘅命令，一国嘅人都要遵依呀。一有上谕落嚟，官府就出告示，吩咐百姓昭依噉做。啲官府所出嘅告示，用好大张纸，印个的字亦好大个嘅。第一行係写官嘅品级与及姓。凡出告示，先贴在城门，后来各处街都贴，所以一有新告示出，啲百姓就好快知道，因为有好多人企在街边嚟睇新告示呀。啲告示係好紧要，因为官府搣来通知百姓嘅。若有边个唔遵守呢，就算係犯国家嘅律法咯，官府就唅拉佢，定佢好重嘅罪。个啲遵依嘅，就算係良善嘅百姓。中国嘅刑罚係好关係嘅呀，有啲打口，有啲打身，或打手，或打脚，有啲至到打得周身都烂哓咁交关嗰。中国嘅规矩，罚个的罪人坐监，冇话两个礼拜，至少都几个月有多。若係个啲人唔曾定实佢嘅罪，就交通差役看守。差役困佢住係差馆，个处重辛苦过坐监呀。因为官唔肯养个的唔曾定罪嘅人，就交俾差役嚟养佢，个啲差役分开几班嘅，每一班差役养个啲人半个月，但係每回换差役个时就要个啲人俾银过佢，若然冇银俾或俾得少，差役就将佢难为咯。

书中还有关于维新变法的内容：

第四十八课：先七年个阵时，中国嘅皇帝立意维新，好想令中国变为一个新国。因为通世界人都要话中国係老大嘅国呀。皇帝噉就同埋一班维新党人出法子嚟整好个国，改过新国政、新律法，因为中国嘅国政係好旧嘅。至到而家係十分唔合嘅咯。但凡想出身做官，旧时就有两条路，一条係考试，考试嘅意思，文官就作文章，武官就拧大石；一条係捐班，捐班嘅意思係备银过皇帝，就买复官嚟做。故此中国嘅官有好多唔唅打理百姓，亦唔唅待外国嘅人。啲百姓艰难辛苦，佢总唔知到；倘若百姓有大有钱呢，佢就知到咯，点解呢？因为佢好想出法子嚟扭百姓嘅钱呀。你话噉嘅人点做得官呢？噉嘅律法点管理得国呢？所以皇帝立意改过新国政，革

>哓个啲冇用嘅官，唔要人考试，要通国设立学堂，学外国嘅学问，想令百姓得好大嘅安乐，相人人得有新学问。但係皇太后唔肯与及，好多旧党嘅大臣都唔中意。皇太后就出命令，杀哓个啲维新党嘅人，只将皇帝押落监处。后来个国越发艰难，越发软弱，有好多危险嘅事添，所以而家渐渐知到维新党嘅法子係好，已经设立好多学堂，冇哓旧时嗰嘅考试咯，但係皇帝唔放番出嚟，都重係皇太后揸权柄呀。

上面的内容是关于时政的论述，不但细说了当时政府腐败现象的成因，对维新变法的目标、内容与守旧派的行为都有清楚的认识与评论，体现了当时西方人对清末政治的看法。

（3）心理文化方面，《教话指南》中批评赌博、迷信及排佛的观点非常值得重视：

>第五十二课：因为有一样十分唔好嘅风俗，个啲百姓好欢喜赌钱。个啲女子赌钱就係自己屋蹤，倘若有亲戚嚟探佢，就用赌钱嚟馆待人，以为係至合。赌钱嘅法有好多样呀，男人亦有好多赌钱嘅地方，呢啲就係贫穷嘅缘故咯。
>
>第五十六课：个的寺门有的係好大间嘅，因为有人签银嚟俾佢起呀。嗽就个的和尚唔使做工夫就有得食，有得住。点解呢？因为有人签银银过佢……但近年好多人知到和尚係冇用嘅人，官府又要佢拧的银出嚟帮助学堂，亦拆哓的寺门嚟做学堂。呢的真係化无用为有用咯。我估佛教将来唫灭亡添嚩。

上面两段话不但叙述了清末民俗，西方人的观点亦蕴含其中，对于我们了解清末民俗与中西方的文化碰撞很有参考价值。其他方面的内容限于篇幅，就不一一罗列了。

（曾昭聪：暨南大学中文系教授，博士生导师）

启蒙与浪漫：西风东渐对苏曼殊文学创作之影响

金　琼

新文学运动的主将之一钱玄同致陈独秀的书信中云："曼殊上人思想高洁，所为小说，描写人生真处，足为新文学之始基乎。"[①] 苏曼殊生前好友陈独秀与章太炎亦不遗余力地在杂志上撰文赞其小说是批判封建婚姻制度和社会习俗的力作、佳作，陈独秀还把曼殊的作品价值提升到表现"爱与死之哲学问题"的高度加以观照。与此相反，郁达夫、周作人、胡适等人则对苏氏作品颇多微词，郁达夫认为他缺少"独创性""雄伟气"，并很决然地说："我所读过的，只有一篇《碎簪记》，一篇《断鸿零雁记》，读了这两篇东西之后，我再也不想看他的小说了。"[②]；周作人认为"他的思想……实在不大高明，总之逃不出旧道德的藩篱"，只能在"鸳鸯蝴蝶派"里算一名大师。[③] 胡适则干脆说他的《绛纱记》情节拼凑，有"恶俗气"；《焚剑记》"直是一篇胡说"。"其书尚不可比《聊斋志异》之百一，有何价值可言耶？"[④] 两种意见，颇多龃龉。其实，对苏曼殊作品的思想价值与艺术品性的评价，不能脱离他生存的晚清民初特定的社会历史空间，也不能忽略那个时代国人放眼异域、"探求新声于异邦"的文化心理空间。苏曼殊正是处在由晚清向'五四'过渡的节点上，在西方启蒙思想意识的熏染下，被西欧浪漫主义文学的热烈澎湃而又忧郁感伤之风吹拂，进而创作出了一批具有浓厚自我意识和强烈诗化倾向的文学作品。钱先生所谓"足为新文学之始基"，恰如其分。

一、"其哀在心，其艳在骨"

曼殊作品最大的特点便是洋溢着浪漫气质。对此，郁达夫倒是评价得颇为中肯："我所说他在文学史上可以不朽的成绩，是指他的浪漫气质，继承拜伦那一个时代的浪漫气质而言，并非是指他的哪一首诗，或哪一篇小说。"[⑤] 高旭《愿无尽庐诗话》中说："曼殊诗其哀在心，其艳在骨。而笔下尤有奇趣，

---

①②③④⑤钱玄同：《寄陈独秀》，载《新青年》第3卷第1号，1917年3月1日，引自《胡适文存》，华文出版社2013年7月版，第57页。

定庵一流人也。”[①] 阅读苏曼殊的作品，这种无处不在的浪漫气息扑面而来，那是一种浓得化解不开的愁怨离怀、忧郁孤愤，一种感伤浪漫主义的绮丽情致，“其哀在心”，果其然也。

其一，诗文中诸如“契阔生死君莫问，行云流水一孤僧”（《过若松町有感示仲尼》），“欲寄数行相问讯，落花如雨乱愁多”（《寄晦闻》），“日日思卿令人老，孤窗无那正黄昏”（《寄调筝人》），“国民孤愤英雄泪，洒上鲛绡赠故人”（《以诗并画留别汤国顿》）的身世飘零、感慨寄怀、幽情别怨、慷慨悲歌，无不昭示出曼殊的独特际遇和家国忧思。他是以自身的零落飘零比况家国的衰朽无力，既哀怜自身的命运多舛，又痛惜晚清的江河日下、国力衰颓。

其二，曼殊小说作品中的“哀心”还表现在他的主观情感外化于物的客观对应物上，具体说来，就是环境、风物、意象的描写、营造，都打上了凄婉感伤的烙印。一部《断鸿零雁记》，从“夹道枯柯，已无宿叶，悲凉境地，惟见樵夫出没，然彼焉知方外之人，亦有难言之恫？”（第一章），“余既辞海云寺，即驻荒村静室，经行侍师而外，日以泪珠拭面耳。”（第二章），“斯时郁伊无极，即起披衣出庐四瞩，柳瘦于骨，山容萧然矣。”（第三章），“一日薄暮，荒村风雪，萧萧彻骨。”（第四章），“余出门去矣，此时正为余惨戚之发轫也。江村寒食，风雨飘忽，余举目四顾，心怦然动。”（第五章）……直到文末一句“弥天幽恨，正未有艾”止，正所谓，“悲凉之雾，遍披华林”。其余几部小说也是“天气阴晦，风柳飘萧”（《天涯红泪记》），“落叶哀蝉”“黑风暴雨”（《绛纱记》），“零雨连绵”“荒屋鬼村”（《焚剑记》）。更其令人惊异的是，作者不止一次直言主人公“非寿征”。《焚剑记》中“广东书生”听了阿蕙一席抨击西俗的言谈后，喟然叹曰：“此女非寿征也！”[②]《碎簪记》中则预言庄湜将夭亡，“哀哉！恐吾良友，不复永年。”其情哀绝，悚然惊心。

其三，曼殊的“哀心”还表现在诗文小说中随处可见的“泪”“哭”与“涕”。“极目神州余子尽，袈裟和泪伏碑前。”（《过平户延平诞生处》），“玉砌孤行夜有声，美人泪眼尚分明。”（《有怀》），“丈室番茶手自煎，语深香冷涕潸然。”“还卿一钵无情泪，恨不相逢未剃时。”“袈裟点点疑樱瓣，半是脂痕半泪痕。”（《本事诗十章》）“偷尝天女唇中露，几度临风拭泪痕。”（《寄调筝人》），“无端狂笑无端哭，纵有欢畅已似冰。”（《过若松町有感示仲尼》），“相逢莫问人间事，故国伤心只泪流。”“为向芭蕉问消息，朝朝红泪欲成潮。”（《东居杂诗十九首》）……这些 1903 年至 1914 年相继发表在《国民日报》

---

①钱玄同：《寄陈独秀》，载《新青年》第 3 卷第 1 号，1917 年 3 月 1 日，引自《胡适文存》，华文出版社 2013 年 7 月版，第 57 页。

②苏曼殊：《焚剑记》，引自柳亚子编订《苏曼殊全集》，哈尔滨出版社 2011 年版，第 224 页。

《太平洋报》和《民国杂志》上的78首诗作，忠实记录了苏曼殊长期因为身世飘零、情感无寄、故国伤心而抛洒的斑斑泪痕，以及拘囿于禅语佛理、伦理世俗而情伤情憾的丝丝愁怨。其著名的“六记”(《断鸿零雁记》(1912年)、《天涯红泪记》(1914年)、《绛纱记》(1915年)、《焚剑记》(1915年)、《碎簪记》(1916年)、《非梦记》(1917年)) 中也是道不完的悲情事，流不尽的伤心泪。

仅《断鸿零雁记》开篇第一、二章就有五处写到“泪”：

> 后此扫叶焚香，送我流年，亦复何憾！如是思维，不觉堕泪，叹曰人皆谓我无母，我岂真无母耶？否否。
>
> 此时晴波旷邈，光景奇丽。余遂披袈裟，随同戒者三十六人，双手捧香鱼贯而行。升大殿已，鹄立左右。四山长老云集。《香赞》既阕，万籁无声。少选，有尊证阇黎以悲紧之音唱曰：“求戒行人，向天三拜，以报父母养育之恩。”余斯时泪如绠縻，莫能仰视，同戒者亦哽咽不能止。”
>
> 余聆其音，慈悲哀愍，遂顶礼受牒，收泪拜辞诸长老，徐徐下山。
>
> 余既辞海云寺，即驻荒村静室，经行侍师而外，日以泪珠拭面耳。
>
> 余聆小子言，不禁有所感触，泣然泪下。

《绛纱记》开篇即言明所述之事是“哀怨之事”，自然少不得“盈泪于眶”“掩泪别之”“泪随声下”“拉泪启之”之类的书写。

至于未写完的《天涯红泪记》，仅小说名就预示着颠沛流离、红颜薄命之意。因此，丧乱之后的“燕影生”与“天仙女”在世外桃源般的虚设情境中暗生情愫，继而感叹唏嘘。“莺吭一发，生已泪盈其睫。女仰天而唏。”“女郎言已，泪如绠绯。”

总之，苏曼殊的浪漫悲情在题材上脱不了对愁怨悲苦的咏叹，对风物环境的移情，并以“泪”“哭”“涕”之行为情貌具状呈现。

至于“其艳在骨”之“骨”，古之谓“风骨”，即气概、品格。苏曼殊作品的风骨就是清奇幽怨、婉转悲凉。“艳”，艳丽，“绚丽多姿”“哀感顽艳”之意。具体的艺术表现或可从以下几方面来阐析。

首先，自序传的叙事方式和意识形态眼光。

杨连芬高度评价了苏曼殊在叙事方式上的创新和颠覆：“苏曼殊的《断鸿零雁记》最大的价值就是它完全颠覆了传统小说的叙事模式和理念。”她指出《断鸿零雁记》“充当了中国小说叙事方式革命性变迁的先锋角色。”她认为苏曼殊的这一转变无疑是受到了西洋小说的影响的。① 《断鸿零雁记》男主人公

①杨连芬：《晚清至五四——中国文学现代性的发生》，北京大学出版社2003年版，第238－239页。

的身世之感、寻母经历、爱情悲欢，佛理与凡心的拉锯战都是在叙事者“我”的直接讲述、描摹、剖白下完成的，且与作家自身的人生经历、情感纠葛、思想矛盾息息相关。《绛纱记》中苏曼殊似乎也并不避忌指涉自身，主人公梦珠名瑛，和尚；苏曼殊也是名瑛，出家人。梦珠到过印度、缅甸、暹罗、耶婆堤、黑齿诸国，也“逃禅”，有“疯病”——“能食酥糖三十包”，“食糖度日，苏人无不知也。”现实中的苏曼殊就是一个嗜糖如命、不知节制的率性之人。所以，这两部小说中的主人公无疑是具有自传性的。这种由传统的第三人称全知叙事一变而为第一人称限制叙事，而且以情求道、文笔粲然，自然有令人“惊艳”之感。此外，《焚剑记》虽是全知叙事视角，但男主人公为“广东一书生”，“少失覆荫，家渐贫，为宗亲所侮。”[①] 一看便知与曼殊身世无异，实为自怜自况。当然，武侠书生乱世流离的复仇故事倒离现实中的曼殊较远了。

更其特别的是，苏曼殊在《碎簪记》中还运用了第一人称旁观者叙事的视角，间接表达自己难以明言的看法与观点，造成阅读的距离感和立体感，显示作者对传统礼教旧俗既肯定又否定，既反叛又皈依的情感态度与价值判断。这种叙事方式在晚清的诸多作家中可谓独树一帜，迥然卓异。事实上，苏曼殊自己就尝试翻译雨果的《悲惨世界》（译名为《惨世界》，1903年，未完成），并阅读过林纾先生翻译的《巴黎茶花女遗事》（1898年），且认为林译并不尽如人意，许愿要重译此书，此事在当时的文坛小圈子里被炒得沸沸扬扬。

我们不妨考察一下《茶花女》（王振孙译本）的开头：

> 我认为只有在深入地研究了人以后，才能创造人物，就像要讲一种语言就得先认真学习这种语言一样。
>
> 既然我还没到能够创造的年龄，那就只好满足于平铺直叙了。
>
> 因此，我请读者相信这个故事的真实性，故事中所有的人物，除女主人公以外，至今尚在人世。

叙述人显然是“我”——一个勉强算是知道玛格丽特而又“好事”的旁观者，在听取了男主人公阿尔芒的凄美故事后，“产生了把这个故事写下来的念头”。林纾的翻译是忠实这种叙事方式的，不过在小说开头假托是“冷红生”在听了“晓斋主人”讲述仲马所写的茶花女故事后，深感兴趣，遂“涉笔记之。”林纾素以承继马班韩（司马迁、班固、韩愈）之风骨而自居，故不忘将小仲马的第一人称开头改为：

> 小仲马曰：凡成一书，必详审人性情，描画始肖；犹之欲成一国之

①苏曼殊：《焚剑记》，引自柳亚子编订《苏曼殊全集》，哈尔滨出版社2011年版，第223页。

> 书，必先习其国语也。今余所记书中人之事，为时未久，特先以笔墨渲染，使人人均悉事系纪实，虽书中最关系之人，不幸夭死，而余人咸在，可资以证此事。[①]

《绛纱记》的开头则是：

> 昙鸾曰：余友生多哀怨之事，顾其情楚恻、有落叶哀蝉之叹者，则莫若梦珠。吾书近先揭梦珠小传，然后述余遭遇，以眇躬为书中关键，亦流离辛苦，幸免横夭，古人所以畏蜂虿也。[②]

小说开头似对林纾《巴黎茶花女遗事》的翻译技法有某种借鉴。这种猜测一定程度上亦得到了印证。李欧梵在《中国现代作家的浪漫一代》中明确说："苏曼殊虽然只读过林纾的两篇译作，分别是《鲁滨逊漂流记》和哈葛德的《金塔剖尸记》，但对其批评却是吹毛求疵的。"曼殊还认为林纾翻译的《巴黎茶花女遗事》"删节过多，殊非完整"。[③] 这样算起来，苏曼殊看过的林译著作少说也有3本。尽管他对《巴黎茶花女遗事》全书的翻译很不满，但法国浪漫主义小说家小仲马的叙事手段借由林纾的翻译而影响到曼殊，不是没有可能的。

值得一提的是，《碎簪记》中的"余"（第一人称旁观者、见证人）见杜灵芳"仪态万方"却"私约庄湜于逆旅"，以为不合礼数，因而"静坐沉思，久乃耸然曰：'天下女子，皆祸水也！'"[④] 后来，又有一女子莲佩寻找庄湜，"容光靡艳，丰韵娟逸"。于是，"余"沉吟叹曰："前后访庄湜者两人，均丽绝人寰者也……夫天下最难解决之事，唯情耳。""今探问庄湜者，竟有二美，则庄湜之不幸，可想而知。哀哉！恐吾良友，不复永年。故余更曰：'天下女子，皆祸水也！'"[⑤] 再往后，"余"见庄湜在二女之间无法抉择，心属灵芳（真爱为灵芳），但命在莲佩（叔婶之命为莲佩），深不以为然。乃大发宏论云："方今时移俗易，长妇姹女，皆竞侈邪，心醉自由之风，其实假自由之名儿行越货，亦犹男子借爱国主义而谋利禄。自由之女，爱国之士。曾游女市侩之不若，诚不知彼辈性灵果安在也！"[⑥] 小说中的"余"自然不能等同于作者，他只是一个见证者、旁观者，但却是一个具有鲜明个性与态度的见证者、旁观者，时刻在观察、审视、推助、批评，代表着世俗眼光，也多少映射出隐藏作

---

①小仲马：《巴黎茶花女遗事》，林纾译，王寿昌口述，北京联合出版社2014年版，第1页。
②苏曼殊：《绛纱记》，引自柳亚子编订《苏曼殊全集》，哈尔滨出版社2011年版，第213页。
③李欧梵：《中国现代作家的浪漫一代》，新星出版社2010年版，第74－75页。
④苏曼殊：《碎簪记》，引自柳亚子编订《苏曼殊全集》，哈尔滨出版社2011年版，第230页。
⑤同上，第232页。
⑥同上，第237页。

者的思想意识和见解主张。“余”对女子的批评，对所谓西俗的鄙薄，对爱国志士的嘲讽，尽管不无偏执，也都切中时弊，既有其守旧迂腐的一面，亦有其辛辣深刻的一面，未尝不折射出晚清民初新旧时代交替之时人们的复杂心态与革新的举步维艰。

其次，与自序传的叙事方式相偕的内倾化特质。

晚清以前的小说作品多在故事情节、环境渲染和修辞技巧上下工夫，在人物精神心理方面的刻画与挖掘则乏善可陈。即便如《红楼梦》，对主人公的心理有了相当的关注与刻画，但碍于叙事的全知视角，部分使用的限制叙事所能达到的心理深度也是有限的。不像第一人称主人公的自我视角，可以细腻呈现人物的心绪、情感、态度、思想以及心理转变的前因后果，甚而对人物的莫名冲动与瞬间意识亦能驾驭自如。《碎簪记》中的“余”所坚持的礼教态度，实则是社会习俗的要求与束缚，虽不能直接代表苏曼殊的价值选择与立场，至少也借人物之口抒写了对女子的惧怕，并由惧怕而生厌弃，由厌弃而生憎恶之情。苏曼殊游历日本数次，研习翻译西方文学，欣赏、赞叹时髦女子的洋作派，会洋文、懂西俗、作风大胆热烈，但并不希望自己所爱之人是一个时髦女子。此外，童年的心理阴影和母爱情感的缺失造成了这种排斥心理，这又与拜伦式的对女性的怀疑与偏见有一定的类同之处。所以，男性主人公庄湜拒绝与这样的西化女子相亲相爱，作家的创作心理原因亦不容忽视。但庄湜也不能按父母之命、媒妁之言与自己并不爱的传统女子缔结秦晋之好。如此，男性主人公被塑造成内心对情感既渴求又拒斥、性格懦弱、行动犹豫之人，担不起爱的责任与未来。最有意味的是，李欧梵先生认为曼殊小说中二女追一男的三角恋模式，是其“补偿心理”作祟的结果，自恋加自炫，也不排除一定程度的自卑。

再次，不再追求情节的完整性与合理性，更多关注情境的设置与营造，为主观情绪的宣泄，拓展更诗意的审美空间。

苏曼殊的作品情节大开大合，跌宕万端，充满变数与张力，传奇性很强。《焚剑记》的故事情节就如金庸的武侠小说般跌宕起伏，非常具有传奇性。先是“俊迈不群”的武侠书生独孤粲，偶遇“亭亭如月”的阿蕙，阿蕙代祖父延请素未谋面的书生前往一聚。书生得见祖父和阿蕙之姊阿兰，阿兰心属独孤公子。遇战乱流离，祖父死。公子带二人到香港寻亲，途中救一男子周大，进入“鬼村”，采葵为食。至香港，得见二女姨母。生似“有不平事”，不知去向。香港霍乱流行，姨母携二女至边州，催婚阿兰，阿兰逃走。在九龙路遇被继母虐待的眉娘，相偕潜遁。路遇食人军将和咀嚼“五香人心”的老者。夜宿黑店，险被人杀了做人肉馒头。后遇水灾，见难民大批出没，“绝为凄惨”。阿兰暴死路途，死前“三呼独孤公子”。眉娘独行遇商人夫妇收留，后去南雄贩布，突遇蟊贼抢劫，独孤公子及时拔剑相助。相叙知彼此情况，护送眉娘去边州寻找阿蕙与周大，得见亲人。送眉娘返九龙后，“生倏然不知去向”。眉娘沦落烟馆做佣人，突见独孤生“翩然而至”，怒割一客人双耳。原来独孤公子是为朋友之事来找此人报仇的。眉娘得善终，与烟馆主人成婚，“儿女成群”。独孤公子回边州见阿蕙，却见“幽贤贞静、婉顺有加”的阿蕙迫于姨母逼婚，已经嫁给了“木主”（神主牌），亦即嫁给了一个牌位，成了守活寡。故事结尾：

> 周大言讫，生默不一言，出腰间剑令周大焚之，如焚纸焉。自后，粤人亦无复有见生及周大者云。[1]

有人诧异其情节缺乏逻辑和章法，全凭偶遇、巧合敷衍成章。特别是小说结尾，焚剑如纸，公子与周大均无从觅迹，显得怪诞。这令人想起雨果《巴黎圣母院》的奇特结尾：

> 紧紧搂抱这具骷髅的另一具则是男性，只见那具骷髅脊椎骨歪斜，脑袋缩进脖腔里，一条腿短一条腿长；不过，脊梁骨没有断裂的伤痕，显然此人不是绞死的，而是主动来此长眠。有人要把他搂抱的骷髅拉开，他的遗骸也就立时化作尘埃了。[2]

雨果的《巴黎圣母院》《悲惨世界》就充满了巧合、怪诞与夸张。这个著名的结尾也历来为人注目，遗骸化为尘埃的说法曾被质疑缺乏真实性。但浪漫主义作家是从来不把现实的真实性奉为写作之圭臬的，他们只追求情感的真实性。换句话说，只追求艺术真实。这个情节就体现了雨果著名的美学理念“美丑对照原则”：“畸形紧靠着优美，崇高藏在滑稽的背后”，“美与丑”相依相伴、不可分割，至情是不忍分离的。无独有偶，《绛纱记》中亦有这样的魔幻情节：

> 余静立。忽微闻风声，而梦珠肉身忽化为灰，但有绛纱在秋云手中。秋云即以绛纱裹灰少许，藏于衣内。此时风续续而至，将灰吹散，惟余秋云与余二人于寺。

梦珠之肉身定然不能真的化为灰，独孤公子之剑亦断然不能焚烧如纸，但浪漫主义的变形与怪诞处理方式就可以这么运笔成文，表达此时秋云的万念成灰，暗喻梦珠之万事成空，也抒写独孤公子的孤绝心境。可见，《焚剑记》《绛纱记》中的细节刻画虽不能直接说是得益于法国大文豪雨果，亦足见中外

---

①苏曼殊：《焚剑记》，引自柳亚子编订《苏曼殊全集》，哈尔滨出版社2011年版，第229页。

②[法] 雨果：《巴黎圣母院》，李玉民译，河南文艺出版社2013年版，第592页。

浪漫主义文学家在抒情和御笔方面的神思奇巧和波诡云谲。也因此，在世人眼里，“六记”的情节往往不大经得起推敲，不是环境变换过于突兀，就是情节安排过于生硬，抑或人物行为缺乏前后一致性。这就造成了阅读的难度和歧义，也因此产生了不同的反应与批评。喜欢苏曼殊的人，认为他骨子里就是把浪漫主义化为血液的一部分，神奇、崇高、不同凡响就是风格；不喜欢他的人，则认定其文风浮泛、匪夷所思、不忍卒读。

二、价值理性与审美诉求

苏曼殊的文学创作无疑是在中国由晚清走向“五四”新文化运动的过渡阶段这一特定时代氛围的产物，其作品从内容到形式均受到了晚清民初之际西学东渐的强烈震撼与影响。总体来说，就是既打上了西方启蒙思想意识的明显印记，具有鲜明的个性化色彩，又在艺术价值与审美趣味上超越了同时代的众多晚清小说，多少克服了以政治理性诉求见长而文学性欠缺的流弊。

首先，苏曼殊的文学创作无疑受到了西方启蒙思想意识的濡染，具有强烈的价值理性诉求。

所谓“西学”即指“西方学术”，是一个历史概念，正式提出与公开传播是在明末。“或可以意大利传教士高一志《西学》一篇的完成和艾儒略《西学凡》一书的刻行作为标志。”在《西学凡》里，艾儒略以“科”代“学”，将西学学科分为六类：“文科”“理科”“医科”“法科”“教科”“道科”，形成了极具影响力的“学术教育体系”。[①] 明末清初的学习西方，无疑在中国士人的“节取其技能”的工具理性策略下，首先是学习西方的天文、数学、机械等西学知识。苏曼殊生活的晚清，正是欧洲启蒙主义思想意识在中国获得广泛认同与接纳的时期，启蒙教育的价值理性得到空前关注。法国孟德斯鸠的法权理论，英国亚当·斯密、约翰·穆勒、斯宾塞等人的政治学、经济学、社会学著作正因为严复、马君武、张相文等人的大举翻译而风行天下，一时间《天演论》《原富》《群己权界论》《社会通诠》《法意》（均为严复所译），《自由原理》（马君武）、《万法精理》（张相文）等译著大量刊行，掀起了国人客观认识西方社会与文化的热潮，也令达尔文主义与西方法权理念深入人心。而在西方文学翻译方面，则有林纾的异军突起，与严复形成梁启超所谓的“译才并世数严林”的局面。林纾前后与16人合作译出了184部外国小说，以英国、法国、美国、俄国小说为主，涉及的名家有英国的狄更斯、莎士比亚、笛福、司各特、哈葛德，法国的雨果、大小仲马，美国的斯托夫人，俄国的托尔斯

①黄兴涛、王国荣编：《明清之际西学文本》，中华书局2013年版，第4—5页。

泰，西班牙的塞万提斯，等等。在这样的西学大背景下，梁启超举起“小说界革命”大旗，直接将“小说治国”奉为圭臬，为“政治小说”的崛起摇旗呐喊，以救国图存、富国强民为己任。苏曼殊无疑受到这个时代的感召，他不仅亲自参加了进步人士在日本、广东等地的一些秘密活动，且在小说中对“反袁称帝”有一定程度的揭示，还在《绛纱记》中描写了革命人士私运手枪、子弹、药包被抓入狱的情节。从这一实际生活经历亦可发现他崇敬拜伦的根由：以自身革命行动践行反专制主张。他的诗歌中就有“词客飘蓬君与我，可能异域为招魂”（《题拜伦集》）的诗句。曼殊翻译的雨果名著《惨世界》（原名《悲惨世界》），就借翻译之名，行自主创作之实。除了故事开头主人公因为偷窃获罪，释放后无家可归被主教收留，男子反而再行偷窃等情节外，增加的人物与故事情节与原作对照已是面目全非。人名也全是自创，从金华贱（华人卑贱）、明白（字男德）、范桶（饭桶）、葛土虫（割土虫）、满周苟（满洲狗）等一干人名，可以看到作家对华人自轻自贱的沉痛，对满清政府割地赔款的郁愤，对满洲政府走狗的不屑，对国人愚昧无知的鄙薄。另外，所涉及的地点也是在法国与中国自由穿梭，法地巴黎、土伦、无赖村、色利栈、死脉路、忌利炉街，中国的“尚海”（暗指上海）等，均充满寓意与暗示。明男德解救金华贱而反被劫杀的事件暗示的就是革命不被民众理解的苦衷与沉痛。《惨世界》名为译著，实为自创，非驴非马，但警世意味一看便知。由此可见，苏曼殊的文学创作与时代精神的启蒙感召关联甚密，他是一个入世极深的作家，逃禅苦修只是一种暂时隐遁的方式。

事实上，自1900年以来的报刊杂志，特别是1902年的《新小说》创刊号发表梁启超的《论小说与群治之关系》以来，小说逐渐取得了较高的文学地位。后因其标举“小说为文学之最上乘”，小说益发得到了公众的瞩目。一时间，小说家在报章杂志上发表小说蔚然成风。梁启超、黄小配、吴趼人的政治小说，林纾的译著，周氏兄弟《域外小说集》，苏曼殊的译介与小说创作，都是晚清到民初以小说开启民智、唤醒国民的实绩。苏曼殊的文学创作与译介工作也就成了这场新文化运动开场中的一个独特的存在。

其次，苏曼殊文学创作最明显的西方影响来自19世纪初期的英伦诗人拜伦和雪莱，浪漫精神既体现在日常生活的迎迓酬酢，更飘洒在文学耕耘的字里行间。

苏曼殊曾在自己的《拜伦诗选自序》中表达了对拜伦的崇奉有加：“比自秣陵遄归将母，病起匈膈，擩笔译拜伦《去国行》、《大海》、《哀希腊》三篇。善哉，拜伦以诗人去国之忧，寄之吟咏，谋人家国，功成不居，虽与日月争光，可也！尝谓诗歌之美，在乎气体；然其情思幼眇，抑亦十方同感，如衲旧译《炯炯赤墙靡》、《去燕》、《冬日》，《答美人赠束发带诗》数章，可为证记。”[①] 在其英文的《潮音自序》中又对拜伦、雪莱两位诗人的诗歌风格与精神品性由衷赞赏：“拜伦和雪莱是英国最伟大的诗人中的两位……拜伦创造性地将崇高的爱情当做诗意表达的主题……拜伦的诗像一种烈性的酒，喝得越多，越感到醇美醉人。他的诗充满魅力、美丽和真实。在情感、热忱和措辞坦率方面，无人能及。”“作为爱情的信徒，雪莱则是审慎而忧郁的。他的爱情热忱从未以任何激烈的言辞加以表现。他是一位爱情哲学家……他的诗如月光一般，温柔又美丽，睡眠般恬静，映照在寂寞沉思的水面上。”[②] 就苏曼殊诗歌的多情和激越来看，更多地得益于拜伦的影响，特别是拜伦出身贵族而又具有强烈反叛意识，积极参加意大利烧炭党人的革命活动并为希腊的民族独立解放事业牺牲生命的做法，就尤其激荡着苏曼殊的生命激情与政治激情。苏曼殊也与当时的维新进步人士过从甚密，还曾是刘师培、章太炎旗下的得力干将，与孙中山、蒋介石、冯自由、柳亚子等人均有交集。而他小说中爱情的悲婉缠绵、人物的典雅诗意、情境的凄美脱尘又似与雪莱有某种神似。可见，与19世纪初期英国这两位浪漫诗人的神交，成为苏曼殊文学创作受到西学浸染的一个重要渊源。他甚至不吝在小说中直接揭示这种浸染：

> 斯时风日晴美，余徘徊于舵楼之上，茫茫天海，渺渺余怀。即检罗弼大家所贻书籍，中有莎士比尔，拜轮及室梨全集。余尝谓拜轮犹中土李白，天才也；莎士比尔犹中土杜甫，仙才也；室梨犹中土李贺，鬼才也。乃先展拜轮诗，诵《哈咯尔游草》，至末篇，有《大海》六章，遂叹曰：“雄浑奇伟，今古诗人，无其匹矣。[③]

有意思的是，苏曼殊把李白、杜甫、李贺拿来与拜伦、莎士比亚、雪莱进行比附，认为他们两两风格类似、可堪媲美，倒也颇具眼光。只不过，李贺的鬼气、孤寒恐怕不是具有世界情怀和浪漫气质的雪莱能够拥有的吧？但从这个比附可见苏曼殊对这几位英国诗人的推崇与景仰。前文所述其为人的真率放诞，为文的挥洒自由，作品中情感之真挚热烈、情境之清幽奇幻、人物之俊拔脱尘、情节之跌宕多姿，都昭示了苏曼殊的浪漫情怀。

再次，谈到苏曼殊文学创作的西方影响，不能不提及日本“私小说”之风的盛行。

国人认识西方、学习西方的一个非常重要的途径是借鉴日本经验，以日本

---

①苏曼殊：《文学姻缘自序》，引自柳亚子编订《苏曼殊全集》，哈尔滨出版社2011年版，第41页。

②苏曼殊：《潮音自序》（英文），引自柳亚子编订《苏曼殊全集》，哈尔滨出版社2011年版，第43—44页。

③苏曼殊：《断鸿零雁记》，引自柳亚子编订《苏曼殊全集》，哈尔滨出版社2011年版，第184页。

为中介。日本明治维新后敞开国门学习西方的思想文化与先进技术，取得显著成效。因此，中日甲午战争后，大量的中国有识之士涌入日本学习先进经验，康有为、梁启超、周氏兄弟、苏曼殊等人均曾留学日本。当时日本文学改良所走的路子就是大量翻译西方社会学著作与西方小说，如卢梭《民约论》、孟德斯鸠《论法的精神》，加上易卜生、陀思妥耶夫斯基、莫泊桑、左拉等人的小说作品，继而大量创作“政治小说”。“据高市庆雄编《明治文献目录》记载，从1880年政治小说第一作问世，到1890年对自由民权运动打上句号为止的10年间共发表了250部政治小说。”① 梁启超为首的“新小说派”无疑完全接受了这一改良路子，一时间各种类型的小说类型纷纷涌现：“政治小说”“社会小说”“历史小说”“教育小说”“科幻小说”“侦探小说”，不一而足，琳琅满目。梁启超的政治小说《新中国未来记》，萧然郁生的“理想小说”《乌托邦游记》、陈士谔的《新中国》，吴趼人的科幻小说《新石头记》、徐念慈的《新法螺先生谭》等均在当时轰动一时。苏曼殊的文学创作没有淹没在这一众喧腾的政治、理想、科幻小说的汪洋大海里，在题材与主题选择上另辟蹊径，以“自我”的私生活作为创作的直接素材来源，并以个人的精神苦闷与倾诉作为主要内容，除了上文提及的西方启蒙意识与浪漫思潮的影响而外，或许还应追溯其留日的生活与创作背景。

在20世纪初期的日本文坛，以岛崎藤村、田山花袋、正宗白鸟、德田秋声、岩野泡鸣等人为代表，描写个人内心苦闷、压抑和悲哀意识的“私小说”派兴起，笔下充斥着“幻灭的悲哀”“时代窒息的现状”，表达对日本社会制度、政治体制的不满和遭遇边缘化的无奈心态，一时蔚为壮观。苏曼殊创作中的内倾性与忧郁感伤情调以及诗化风格与此颇有契合，但目前尚没有确凿证据证明其直接受到了“私小说”的影响。笔者目前搜集到确凿史料可以证明明确受到日本“私小说”影响的著名作家有鲁迅、郭沫若、郁达夫和张资平。鲁迅、张资平主要借鉴其表现形式与技法，郭沫若汲取了写实与抒情的手法，留日10年的郁达夫对日本作家作品颇有研习，在心理描写深度上直接取鉴“私小说”。石在中先生《试论日本私小说对苏曼殊的影响》一文在列举了诸多日本“私小说”的题材内容与创作特征后，将“私小说”与苏曼殊的小说创作进行平行比较，得出结论：“这应是与日本私小说的有益影响分不开的。”“不管怎么说，日本私小说对苏曼殊的影响却是不能否定的。”② 尽管论断本身合乎情理，但检视其全文的论证材料、论证方法以及论证过程，笔者以为，这个结论完全是推测性的，缺乏必要的实证支撑。因为比较文学中的影响研究是

①叶渭渠：《日本文学思潮史》，北京大学出版社2009年版，第219页。

②石在中：《试论日本私小说对苏曼殊的影响》，载《外国文学研究》1998年第2期，第20、22页。

指处理不同民族文学间存在的事实联系的研究，注重历史实证主义与经验主义。没有确凿材料证明的“影响”是难以令人信服的。鲁迅先生在《我怎么做起小说来》中就曾谈到自己的创作所受外来文学的影响：“大约仰仗的全是在先前看过的百来篇外国作品和一点医学上的知识，此外的准备，一点也没有。”因此，他作品中的果戈理、尼采、安特莱夫等人的影响是非常明显的，也得益于他自己的亲自翻译，果戈理的《死魂灵》就曾出自他的译笔。郁达夫的外国作家影响也是证据确凿，单是一篇《沉沦》中就已经谈及或引用爱默生、华兹华斯、果戈理、吉辛、海涅等人的作品，不由人不关注他的西学背景。总之，这些都是外来影响之实据。

不过，从曼殊前后 9 次赴日本求学、生活、工作，并于 1913—1915 年长时间待在日本的经历，我们似可推断出他是接触到了日本近代文坛的各派文学创作的。特别是岛崎藤村的《破戒》（1906 年）、田山花袋的《棉被》（1907 年）、岩野泡鸣的《耽溺》（1909 年）、正宗白鸟的《微光》（1910 年）、德田秋声的《足迹》（1910 年）都密集地在他 1913—1915 年寓居日本之前不久轰动日本文坛。而曼殊本人精通英文、法文、日文、梵文，阅读日文作品并非难事，也就不难推断出他接受“私小说”的叙事手段和内倾化特性的可能性。即便没有直接接触这些日本作家的创作，他于 1907 年与刘师培夫妇一起在日本创办《天义报》，与杂志社的同仁们集结交流中，也多少会对当时的日本文坛有一定的了解，或者“道听途说”了一些“私小说”也未可知。无论如何，在政治启蒙意识占主导地位的一众晚清小说创作中，苏曼殊的小说具有强烈的主情性、内倾性和诗意色彩，与西方浪漫主义一脉相承，与日本“私小说”颇多契合是不争的事实。这也是其作品具有独特审美蕴含的重要原因。至于进一步的佐证材料，则尚待深度发掘。

此外，苏曼殊文学创作中的国外影响还有很重要的一维，即印度梵语文化的影响。曼殊曾随乔悉磨长老究习梵章两年，还亲自编著《梵文典》八卷，并对梵语文学甚是钦仰：“印度为哲学文物渊源，俯视希腊，诚后进耳。其《摩诃婆罗多》、《罗摩衍那》二章，衲谓中土名著，虽《孔雀东南飞》、《北征》、南山诸什，亦逊彼闳美。”① 此项内容并非本文考察的重点，其为人为文与佛理禅语的内在关联，须有专文深加考究，此不赘述。

话说回来，郁达夫在《杂评苏曼殊的作品》中不客气地论道：“他有时也用 suspense（悬念）的手法，来挑动读者的好奇期待之心，然而这手法的用出，只不像曾经读过西洋近代小说的才人之所用，仍旧是一个某生体的中国滥小说匠的用法……”，并认为苏曼殊在《碎簪记》里“抄袭《茶花女》太抄得

①苏曼殊：《文学姻缘自序》，引自柳亚子编订《苏曼殊全集》，哈尔滨出版社 2011 年版，第 41 页。

不高明，我真不解绝世聪明的曼殊大师何以会做出这样的文章来。”① 这段评论传达了两个信息：其一，郁达夫的口气颇不敬不恭。倒不是郁达夫的见解不正确，而是立论的有欠辩证和公允，缺乏一些大气包容。这与他不承认自己的创作受到了苏曼殊的影响很是一致，因为内心对苏氏的不敬不恭，倒不愿意承认受惠于苏氏了。殊不知郁达夫不承认苏曼殊影响的事实，至少是苏曼殊造成的一种明显的“影响的焦虑”之实证。于此，我们亦只能莞尔一笑，笑郁达夫的真诚，也笑他的偏执。其二，苏曼殊的确受到了法国浪漫主义文学之影响，尽管郁达夫先生认为是画虎不成反类犬，完全照搬照抄了《茶花女》的故事情节。

比较客观公道的还是钱玄同先生在再答胡适之的信中所陈述的意见：“无论世界到了三十世纪，四十世纪……一百世纪，而《金瓶梅》自是十六世纪中叶有价值之文学，《碎簪记》、《双枰记》、《绛纱记》自是二十世纪初年有价值之文学。正如周秦诸子、希腊诸贤，释迦牟尼诸人，无论其立说如何如何不合科学，如何如何不合伦理学，如何如何悖于进化真理，而其为公元前四世纪至六世纪之哲人之价值，终不贬丝毫也。”② 这种文学价值的历史评判眼光，可谓切中肯綮、值得称道。我们有理由认为，就其鲜明的启蒙思想意识和饱满的浪漫情怀观之，苏曼殊的文学创作在20世纪初的中国文坛，不失为一道独特的风景。

（金琼：广州大学广府文化研究中心研究员）

①郁达夫：《杂评苏曼殊的作品》，引自柳亚子编订《苏曼殊全集》，哈尔滨出版社2011年版，第393页。
②《钱玄同致胡适》，载《新青年》第4卷第1号，1918年1月15日，引自《胡适文存》，华文出版社2013年版，第42页。

第四辑

广府音乐与教育研究

沙湾“私伙局”粤乐演奏的美学解读

——以翠园乐社为例*

刘　瑾

一、沙湾古镇与粤乐“私伙局”

广东音乐源自沙湾这座质朴典雅又充满文化气息的千年古镇。沙湾古镇始建于南宋，是一个有着800多年历史的岭南文化古镇，历史文化资源丰富，民间艺术饮誉南国，先后获授中国民间艺术之乡、中国历史文化名镇、中国兰花名镇、全国文明镇的称号。享誉海内外的广东音乐便诞生于此。

“私伙局”指的是普遍存在于珠江三角洲地区的、以演唱粤曲与演奏粤乐为主、以自娱自乐为主要目的的民间乐社，因器具自备，故名“私伙”。[①]有些“私伙局”以演唱粤曲为主，但大多数“私伙局”则是粤曲、粤乐兼有之。[②]粤乐也称“广东音乐”，是流行于以广州为中心的珠江三角洲等粤方言区域的一个民间器乐乐种。[③]需要说明的是，本文的研究对象仅涉及“私伙局”中的粤乐演奏，并不涉及粤曲演唱的问题。

在沙湾，翠园乐社是一个十分著名的“私伙局”。该乐社的创建者韩继基先生对筹建中位于翠园新村的家居做了别出心裁的设计，特意留出一层专供音

---

* 基金项目：2015年度广府文化研究中心人文社会科学研究项目《广州地区的粤乐“私伙局”研究》（项目批准号：15gfwh10）。

①王钊宇总撰、岭南文化百科全书编纂委员会编：《岭南文化百科全书》，中国大百科全书出版社2006年版，第630页。

②粤曲是用粤方言演唱的重要曲种，在形成与发展的过程中，它吸收了木鱼歌、龙舟歌、南音、粤讴、粤剧等曲艺与戏曲中的声腔（参见黎田：《黎田集》，花城出版社2013年版，第83页）。粤曲与粤乐之间有着千丝万缕的联系。首先，二者均与粤剧有着深厚的渊源，粤曲中的梆子、二黄腔系来源于粤剧，而粤乐中则有一些音乐材料来自粤剧中的过场曲。其次，粤曲与粤乐之间的关系也十分密切，演奏粤乐的玩家们同时也会给粤曲演唱者伴奏，因此二者使用的乐器是相通的。再次，一些粤乐的曲调可以直接填词变为粤曲的形式进行演唱。基于这样的实际情况，“私伙局”中的粤曲演唱与粤乐演奏常常是并存的。

③《中国民族民间器乐曲集成》全国编辑委员会编：《中国民族民间器乐曲集成·广东卷》（上），中国ISBN中心出版2006年版，第35页。

乐活动使用，整个布局均围绕粤乐与粤曲的主题而设置。每逢周一、三、六，广东音乐曲艺“发烧友”们相聚于此。该乐社曾获广州市第七届羊城群众粤剧大联展优秀演出团队、广州市社会化管理退休人员庆祝建党90周年文艺汇演二等奖、区戏剧新作优胜奖等。由于该乐社为粤乐粤曲传承所做出的突出贡献，以及在“私伙局”大赛中的不菲成绩，《番禺日报》还对其进行了专访。[①]

目前，专门针对“私伙局”而展开的研究并不多，[②] 但是涉及粤乐的诸多文献中对“私伙局”却多有提及。大家普遍认识到，“私伙局”为粤乐提供了丰厚的土壤，对于粤乐的产生与发展起到了决定性的作用。据不完全统计，2012年时广州“私伙局”就已多达1300多个，[③] 为粤乐的繁荣与发展打下了坚实的群众基础。有学者指出“民间乐社（私伙局）星罗棋布，粤乐有着深厚的群众基础才能促成粤乐涌现出大批著名演奏家兼作曲家”[④]。虽然“私伙局”对于粤乐发展而言的重要意义得到了一致的认可，但是对于“私伙局”粤乐演奏的其他一些问题，却出现了不同的看法。比如：不同玩家[⑤]的粤乐演奏完全不同，难道就没有一个固定的标准吗?[⑥] 作为民族音乐的种类，却大量使用西洋乐器进行演奏，其民族性特征如何得以保证?[⑦] “私伙局”几乎都是演奏经典的粤乐作品，如此缺乏创新如何能够发展?[⑧] 对以上诸多问题进行美学层面的解读有着积极的意义。毕竟对美感与意义的剖析是美学不可推卸的责任，而粤乐所遭受的质疑也期待来自美学角度的澄清。

---

①远观近看沙湾翠园乐社，《番禺日报》2015年7月21日，A3版。

②以“私伙局”为题名的论文共计7篇，包括：万钟如撰写的硕士论文《佛山地区民间曲艺社团“私伙局”研究——以高明区为中心的民间音乐文化调查与分析》（中国艺术研究院，2005年），以及《佛山地区民间曲艺社团“私伙局”文化研究》（载《中国音乐学》2005年第4期）、《“私伙局”名称由来考辩》（载《星海音乐学院学报》2010年第3期）。另外，还有王文然撰写的硕士论文《珠江三角洲民间乐社“私伙局”研究》（华南师范大学，2012年），叶志坚撰写的《浅论群众文化视野下“私伙局”的传承与发展》（载《文艺生活》2014年第8期），包瑞杨撰写的《论广东省中山市小榄镇粤曲私伙局》（载《大众文艺》2012年第24期），以及笔者与学生合撰的《私伙局与专业团体的粤乐演奏审美差异分析》（载《大众文艺》2015年第6期）。

③李栋：《“广州私伙局多达1300”》，《广州日报》2012年12月6日。

④黎田：《东莞学人文集·黎田集》，花城出版社2013年版，第228页。

⑤玩家，即“私伙局”中热衷于粤乐或粤曲的人。

⑥黄日进：《论广东音乐的曲名、意境和韵味》，载《星海音乐学院学报》2003年第1期，第27－30页。

⑦2012年广州大学主办的“岭南传统音乐研究与传承学术研讨会”期间，国内百余位学者集聚广州，在听了“私伙局”玩家演奏的粤乐之后，一些来自北方的学者发出了这样的疑问：“他们为什么要用大提琴？风格不对啊！”。

⑧关于粤乐的发展问题，人们普遍认为“创新是发展的不竭动力”，然而，目前“私伙局”多演奏传统曲目，而鲜见创新作品，此种状态的确值得我们深入思索。

二、自由与规范的悖论
——“私伙局”粤乐加花的审美取向

加花是粤乐典型的演奏手法之一，也是自粤乐诞生之初：便具有的一种审美特质。这种自由加花的演奏形式甚至导致了一些人的不解“你们（粤乐）就是爱加花、滑音，各人不一样，同一个人前后演奏也不一样，不知道是说什么的。”①

的确，在粤乐演奏，尤其在“私伙局”的粤乐演奏中，加花可谓比比皆是。经常采用的加花方法有“冒头”“迭尾”“滑指抹音”等。这诸多的加花方式并不会一一明确呈现在乐谱之上，而是由演奏者在演奏的过程即兴加入。因此，不同的演奏者的演奏效果必定不同，甚至相同的演奏者，每次的演奏也会有所不同。从某种程度而言，粤乐正是因加花方式的自由随意而成就了独特的风格特征。在下例的《雨打芭蕉》中，无加花的原谱音符多为四分与八分音符，在3个半小节的长度中共有18个音符，在简单加花的版本中，部分四分音符被扩展为两个八分音符，音符的总数变为24个；而在较多加花的版本中，由于十六分音符的大量使用，音符的总数达到42个之多。不仅如此，除了乐谱可以一一记录的加花音符之外，演奏者还可以依据旋律的走向，并根据个人的爱好加入滑音、揉音等不同的技法，于是，加花后的旋律呈现出婀娜多变、华丽婉转的独特效果。

然而，在一些非“私伙局”性质的乐团中，却会采用相对固定的演奏模式。国内的许多专业民族乐团都会演奏一些经典的粤乐名作，他们普遍采用乐队总谱与分谱的明确记谱方式，将粤乐的加花效果固定于某种规范统一的样态，并追求多声部的和声效果。虽然这种固定加花方法的管弦化演奏形式代表了粤乐发展中的重要一支，但笔者认为，其审美取向已经悖离了粤乐原有的自由即兴的审美特质。值得庆幸的是，在“私伙局”，即兴加花的做法始终得到比较充分的体现。

海珠民族乐团的指挥梁成志在谈及“私伙局”与较大型的民族乐团之间的区别时说道：“私伙局他们跟我们就不一样了，他们的演奏……基本上是在同一旋律的行进过程中各乐器的演奏者可以根据自己的审美意识进行“加花”“滑指抹音”等技巧，以加强乐曲的娱乐性和自我满足感。有人说私伙局他们在演奏时“加花”似乎很随意，其实是根据个人的爱好和演奏中的自我感觉

①黄日进：《论广东音乐的曲名、意境和韵味》，载《星海音乐学院学报》2003年第1期，第27－30页。

最重要。”① 有位“私伙局”成员谈及即兴演奏能力较弱的演奏者时这样说：“那些人‘拍和’很死板，‘玩起来’没劲……如果我换一种方式，加多一些变化就拍和不来。”② 此处的“拍和”，意即加花之后的配合。可见，加花与配合是衡量“私伙局”演奏之技术的重要标准之一，同时这也是使演奏者得到更多审美满足感的重要途径。

综上可见，在粤乐演奏中，如若将乐谱固定下来进行规范统一的演奏，实则是对粤乐之审美特质的悖离，而自由与随意恰恰是对粤乐风格与神韵的坚守。

三、兼容并蓄抑或文化弱势？——“私伙局”中对西洋乐器的使用

作为民族民间音乐的一种，粤乐演奏中大量使用西洋乐器的做法可谓独树一帜。从西洋的经典乐器小提琴，到具有流行风格的萨克斯，从音色轻盈独特的木琴……对此种海纳百川的姿态，不同的人有不同的看法。肯定者认为“正是在‘海纳百川，兼容并蓄’中造就了中西并存、中外合璧、艺术交融、风格独特的广东音乐（即粤乐，笔者注）艺术”③。否定者则认为西洋乐器的使用只是文化弱势群体对强势文化的被动迎合。④ 由此看来，厘清“私伙局”使用西洋乐器的意义与价值，对于“私伙局”的评价及今后的发展方向等问题都是至关重要的。

1. 消解与重构：“私伙局”对西洋乐器的自由吸纳

粤乐在19世纪末20世纪初处于诞生初期的“硬弓组合”时期，常使用的乐器有二弦、唢呐、篌管、三弦、竹提胡等，自20世纪20—30年代进入“软弓组合”时期，形成了较有代表性的由高胡、扬琴、秦琴组成的“三架头”，以及加上洞箫、椰胡而形成的“五架头”⑤ 等。但是，目前的“私伙局”中，

---

①孙学庆：《参加2014年海珠民乐团举办广东音乐名家联谊音乐雅聚偶拾》，载《广东音乐研究》2015年上半年刊，第40—42页。

②万钟如：《佛山地区民间曲艺社团“私伙局”研究——以高明区为中心的民间音乐文化调查与分析》，中国艺术研究院硕士论文，2005年，第38页。

③唐孝祥、袁忠、温朝霞：《万紫千红：广东人的艺术精神》，广东人民出版社2005年版，第103页。

④目前，对于民族音乐中融入西方音乐风格的现象颇多争议，“新民乐”遭受的非议也不在少数。加之广东曾被认为是“文化沙漠”，偏重于经济利益的追求却缺失了本土文化的塑造，因此广东对西方文化的高度接受也便难免遭致诟病。

⑤“五架头”即由五件乐器形成的粤乐演奏组合。这种以高胡、扬琴、秦琴、洞箫、椰胡所组成的“五架头”往往被看作最具有粤乐特色的合奏形式。

玩家们的演奏几乎完全不拘泥于“五架头”之类的器乐组合形式，而是自由地使用小提琴、大提琴、低音提琴、萨克斯、单簧管、爵士鼓、吉他、木琴等西洋乐器。乐队的编制也无固定的模式。表 1 呈现的是广东、广西、上海以及澳门的几个私伙局西洋乐器的使用情况。

表 1　翠园乐社的西洋乐器使用情况表

私伙局	所属省市	西洋乐器								
		小提琴	大提琴	低音提琴	萨克斯	单簧管	爵士鼓	吉他	手风琴	木琴
沙湾翠园乐社	广东广州	√	√		√					√

说明：该表格中的信息由笔者根据实地录像及部分网络视频统计整理。

由表 1 可见，翠园乐社在粤乐演奏中使用了不少西洋乐器。据笔者了解，“私伙局”对西洋乐器的选用主要有三种情况。一是出于对新音色的追求。较为典型的便是小提琴，因为该乐器不仅被作为合奏中的参与成员之一，还会被作为“头架”（相当于管弦乐队中的首席）使用。另外，木琴的使用也是出于对新音色的追求。广东音乐联谊会的副会长邝国如先生在介绍用木琴演奏的粤乐时不无自豪地说：“大家都没有想到可以用木琴演奏广东音乐（粤乐）吧?木琴演奏得非常好听呢!”① 第二种情况是对低音声部的需求。笔者不止一次听到“私伙局”玩家对大提琴的看法，比如：“我们原有的乐器缺少低音乐器，需要大提琴来演奏低音。”如果说对新音色及低音乐器的需求是一种有目的性的选择，那么另外一种情况则是较为随意地添加乐器。也就是说，“私伙局”成员会演奏什么乐器，便可将乐器带到“私伙局”中一起玩音乐，如夏威夷吉他、小号等。当然，这种做法从某种程度而言也为粤乐演奏增添了新鲜的音色，但由于其出发点并非对新音色的追求，而更多地是为了满足各个玩家自身演奏乐趣的需求，因此可归为随意添加的类型。

无论是出于何种需求，西洋乐器在粤乐中使用时，其原本具有的音乐文化属性均被消解，其意义得以重构。由于小提琴不仅仅是在粤乐中得以运用，更可占据最为重要的核心位置，其使用尤具代表性，因此本文特以小提琴为例，来说明其文化特质的消解与重构过程。

从 20 世纪 20—30 年代，尹自重便开始用小提琴演奏粤乐。20 世纪 60 年代，由指挥家杨桦将粤乐名曲《凯旋》改编成小提琴协奏曲，并由杨桦指挥，

---

①2012 年 11 月笔者所在的广州大学音乐舞蹈学院与广东省广东音乐联谊会联合举办“广东音乐研讨会”，此处引用的是副会长邝国如先生对作品进行的介绍。

骆津演奏小提琴，曾名噪一时，受到广泛好评。时至今日，小提琴作为粤乐演奏组合中的头架（相当于乐队首席）已经得到了普遍的认可。然而，小提琴一旦离开了西方音乐文化的语境，成为粤乐演奏的一个重要载体，其文化属性便发生了根本的变化。

首先，从客观角度来看，小提琴原有的音色遭致解构。小提琴为维奥尔家族中的高音乐器，其音色明亮炫丽，十分擅长演奏高音。而在粤乐中，小提琴的定弦不再遵循西方的传统做法，而是采用低大二度定弦，4 条琴弦的音高有原来的 GDAE 变为 FCGD。采用此种定弦方法的小提琴音色由亮丽绚烂变得婉约柔美。其次，粤乐中小提琴的演奏技法与西方音乐中的技法相比发生了巨大的变化。原本典型的器乐化语言、炫技性演奏方式均被置换为粤乐风格的语汇。另外，小提琴作为维奥尔乐器家族成员之一的身份也被隔离，不再与维奥尔家族其他乐器一起使用，而是与粤乐原有的民族乐器一起使用。

就主观角度而言，“私伙局”的演奏者们始终采取了开放的姿态，使这种原本便具有明确的创作性而非民间自生状态的乐种体现出海纳百川的胸襟，具有极强的兼容性。这或许是因为粤乐不像某些地方乐种那样相对固定地从属于某种仪式或活动，而仅仅是市民阶层茶余饭后、消遣娱乐的一种休闲方式。其实，就像作为书写工具的文字并不能决定文学作品的种类与属性一样，小提琴作为西方乐器的身份并不能决定其演奏音乐的文化属性。因为，乐器仅仅是音乐的载体，它并不会始终如一地承载其原初的文化属性。当其存在语境、音色、演奏技巧、音乐语言一一被解构、置换，其原有的文化属性便消匿无踪，新的文化属性得以重构。小提琴之外的其他西洋乐器在粤乐中的使用亦是同理。

总的看来，小提琴、大提琴、萨克斯在“私伙局”中的使用较为普遍，而低音提琴、木琴、单簧管、爵士鼓等乐器虽有使用，但数量较少。之所以“私伙局”粤乐演奏中西洋乐器的使用会有这样的多寡差异，主要是与“私伙局”玩家使用这些乐器的目的有关。他们演奏粤乐最根本的目的便是娱乐休闲，而非按照某种既定规则的传承与表演，无需固守原有的章法。因此，“私伙局”中对西洋乐器的使用体现出较为自由的“拿来主义”色彩：缺少低音乐器，便将大提琴“拿来”；为了增添声音色彩、吸纳更多玩家参与，小提琴、萨克斯等便于携带的乐器便被“拿来”。而木琴、爵士鼓等较大型的乐器，由于携带、使用以及普及程度等方面的限制，则使用较少。可以说，“私伙局”中很多西洋乐器的选择并非按理循章、精心安排的结果，更多是顺势而为。

2. 对于“私伙局”之“兼容并蓄”的评价与思考

由于“私伙局”中的粤乐演奏对各种西洋乐器的自由使用，为粤乐本已具有的“兼容并蓄”[①] 品格又添加了浓郁的一笔。“私伙局”与粤乐诞生并发展于岭南一隅，属于岭南文化的范畴。对于岭南文化的主要特征，有学者将其归纳为“重商性、开放性、兼容性、多元性、享乐性、直观性、远儒性”[②]。与此同时，还有学者在明确了岭南文化的积极特征的同时，也指出了其问题所在：①开放通达而兼有闭锁凝滞；②兼容并蓄而拙于自我创造；③务实趋利而缺乏价值理性；④求新求变而排斥正统正规；⑤自主自立而忽略正式组织。[③]

以上每条特征的归纳均指出岭南文化倍受质疑的核心问题所在。尤其谈到“兼容并蓄”与“拙于自我创造”，更是触到了岭南文化常常遭到质疑的痛处。此学者认为“与中原人的文化优越感和文化主导意识比较，岭南人有着很重的文化弱势心态和文化依附倾向。”[④] 换言之，岭南文化所具备的“兼容并蓄”特征恰恰就是岭南文化弱势的一种自然表现。因此，“岭南人可以敞开胸襟，大胆吸纳来自中原或异域的文化，却不长于自主创新；过于务实趋利而淡化了价值理性的束缚；勇于自主自立却忽略规则体系化的正式组织。”[⑤] 的确，岭南曾被认为是偏远的“荒蛮之地”，广东甚至被评价为“文化沙漠”。这很大程度上是因为岭南人善于吸纳中原及西方的文化成分，并为己所用，却缺少属于个性化的原发性创造所致。广东的文化性格也被一些人认为是岭南文化的代表，较为充分地体现了岭南文化那种近商远儒、趋利实际、兼容并蓄的特征，同时也存在着拙于自我创新、缺少正统正规等问题。

回顾往昔，广东省作为岭南的腹地所在，古代远离政治文化中心，近现代的广东开始有了较频繁的对外交流，而当代广东已然成为改革开放的前沿阵地，经济得到飞速的发展。因此，实际上如今广东已经凭借经济的飞速发展与文化上的兼容并蓄，促成了广东文化的大裂变，广东独特的文化性格也得以形成。1993 年，《羊城晚报》记者颜长江在其《广东大裂变》一书中使用了“观念大北伐”的说法。而广东人陈哲在为该书撰写的序言中，则直接使用了“文化北伐”的描述方式。他说：“穷乡僻壤已变为‘一枝独秀’，小后门变成了南大门，垂头丧气的追随者变成了意气风发的领头雁。这个转换的实质，是现代文明视角的转移，即内陆文明向海洋文明的转换。海洋时代已经来临，正

---

①粤乐吸收了北方的民间音乐、戏曲音乐、越地的原有音乐得以形成，之后又吸纳了西方音乐的材料与创作技法，呈现出“兼容并蓄”的风格特征。

②李权时主编：《岭南文化》，广东人民出版社 1993 年版，第 22－28 页。

③④⑤聂正安：《岭南文化嵌入性对珠三角本土企业组织学习的影响》，载《广东商学院学报》2008 年第 2 期，第 47—54 页。

是由于它的到来，引起了广东的巨大裂变。”①

对于广东乃至岭南文化品格的剖析看似与粤乐及“私伙局”使用西洋乐器的事实没有直接的关联，但笔者认为，“私伙局”之所以会自由无束地使用各式各样的西洋乐器，并消解西洋乐器原有的文化属性，重构具有岭南本土特征的文化品质，这正体现出了广东乃至岭南文化的精神特质——开放通达、兼容并蓄。

对外来乐器的自由使用并不是处于文化弱势的被动接受与服从，更不是对西洋乐器的崇尚与膜拜，而是出于对演奏效果以及自娱自乐的追求而采用的实用性手段，是基于充分的文化自信之上的吸纳与意义重构。

四、何去何从——“私伙局”的意义及发展方向解读

关于“私伙局”的意义究竟何在的问题，目前在学界并没有引起足够的重视，由专门针对“私伙局”进行研究的文论只有寥寥数篇便可见一斑。其主要原因有二：一是对于粤乐的发展而言，“私伙局”并非唯一的载体，专业团体、高校、中小学以及民间大型乐队都在粤乐演奏的整体格局中均占有重要一席。二或许是更为重要的——大家普遍认为“没有突破就没有创新，没有创新就没有发展。”② 然而，“私伙局”多演奏传统经典粤乐，而较少涉及创新曲目，因此即使学界重视粤乐的创新发展问题，“私伙局”也难以成为被关注的焦点。

出于对新创作品的需求，“广东音乐创作大赛”必然受到关注。此项大赛旨在推出粤乐新作，为粤乐的创新搭建了平台。在目前已经举办的五届赛事中，都不乏获奖新作。然而，就目前的状况来看，这些新作品多为大型管弦化的合奏类作品，对乐队编制、乐手演奏水准均有较高的要求，“私伙局”玩家们难以驾驭，因此在“私伙局”层面的推广度很低。于是，一方面，粤乐创新大赛不断出新，演绎着一派繁华景象；另一方面，新创作品却鲜有适合粤乐最大载体——“私伙局”演奏的曲目，导致粤乐新作几乎仅仅由专业团体及一些大型的民间乐团演奏，且听众群体并不广泛。

这类管弦化的新创粤乐作品难以在“私伙局”流传的原因也是显而易见的：由于此类作品的乐队编制较为大型，必然受到演出场地的限制，无法在较

---

①陈哲：《广东的意义（代序）》，引自《广东大裂变》，暨南大学出版社1993年版，第4页。

②陈先达：《处在夹缝中的哲学：走向21世纪的马克思主义哲学》，北京师范大学出版社2004年版，第480页。

小的场所表演，而是需要较为专业的音乐厅或演奏厅，因此必须有足够的场地与经费的支持才能得以演出。为了能有一定数量的观众，还需要相应的宣传与组织工作，方能满足大型作品表演的需求。有的学者提倡粤乐发展要走产业化的道路，并勾勒出这样的一幅图景："走以市场化、产业化为主的道路，在实现利润最大化的同时，兼而考虑音乐文化的精神价值。"① 该观点主张将粤乐推入市场运作的体制，争取利润获取的最大化。然而，"私伙局"以玩家的自娱自乐为目的，属于非盈利的性质，因此该观点所勾勒出的粤乐发展蓝图显然与"私伙局"无关。试想，"私伙局"为粤乐的传承与发展提供了最为广大与坚实的群众基础，然而此种市场化与产业化的粤乐发展途径却与"私伙局"无缘，那么，这种无法较大范围地惠及粤乐爱好者的"蓝图"，真的算是为粤乐的创新发展开辟了一条行之有效的道路吗？

难怪有学者会如此犀利地批评某些大型管弦化的粤乐新作："以广东音乐而论，近些年来许多团体从创作到演出都普遍追求专业化、大型化、交响化、剧场化，最后还要加上商品化……作品动不动就是大型组曲、交响化的音诗，乐队动辄上百人，唬人得很，老百姓也根本玩不上手，传不开，连广东味都找不到了。演出者花了上百万元白花花的银子……只不过是制造了一场'假繁荣'。这样下去，广东音乐怎么兴旺得起来？"②

笔者并不反对走大型化、管弦化的粤乐创新之路，因为面对传统时我们不可能仅仅一味地原样传承（当然，即使我们力求保持原样，也不会有完全一成不变的传承），而没有我们这一代人所创作的、具有时代特征的粤乐新作。此时，大型管弦化的粤乐作品不失为一种有益的尝试。毕竟，创新是发展过程中不可缺少的途径。但我们也必须认识到，传承与创新的关系绝不是一个简单的问题。首先，任何的创新在探索与实践的道路上都难免沙石俱下、良莠不齐，并非创新的就一定是好的。对待创新，我们要持有审慎的态度。另外，艺术的风格需要积淀与升华，需要保持与传承，而不能全然推倒重来。

因此，笔者认为，"私伙局"绝不能盲目地去追求大型化、管弦化的风格趋势，而是应当保持目前这种温馨小型的演奏方式，继续在玩家们的你来我往中展现粤乐的精致与美妙。因为其意义应当是保持粤乐原有的演奏样态，包括乐器的组合形式和自由即兴的演奏方法。粤乐自由无束的乐器组合以及具有即兴性的加花演奏方法是其艺术风格的核心要素，而"私伙局"恰恰可以凭借玩家们的自由组合与细腻的配合交流实现粤乐的核心特质。

---

①王少明：《后现代主义与广东音乐的创新与发展》，载《音乐艺术》（上海音乐学院学报）2004 年第 3 期，第 82—87 页。

②叶林：《广东音乐的生命力在于民间》，载《人民音乐》2009 年第 5 期，第 93 页。

当然，这并不意味着“私伙局”可以满足于演奏原有的经典曲目，而无需创新与发展。毕竟，无源之水终将失去其生命的活力，失去创新意识的艺术或许终会淡出历史舞台。因此，“私伙局”的粤乐演奏应当一方面保持传统演奏样态：小型自由的乐器组合、自由的加花润色、即兴的配合方式；另一方面要具有曲目创新意识，创作出一批既保留传统粤乐的韵味，又不囿于“风花雪月”的题材，而是展现时代精神的新作品。这就要求“私伙局”玩家们转变观念，不仅将目光投向过去，亦将视线转到当下，积极创作并演奏创新曲目。其实“私伙局”玩家中也不乏作曲者，但他们的作品在各个“私伙局”中被接受度并不高。另外，笔者也期待在广东音乐创作大赛中不再限于大型管弦化作品获奖，而是加大对小型粤乐作品的支持力度。虽然对大型作品的把握能力是衡量作曲技术高下的标准之一，但对于粤乐的发展而言，地道韵味的展现才是保持粤乐之生命力的核心所在。

综上，通过对以翠园乐社为例的“私伙局”粤乐演奏之感性认知的分析，其特征与意义得以呈现：“私伙局”的粤乐演奏并不追求宏大的叙事与夸张的表达，而是在你来我往中追求加花韵味之细致精巧的变化与呈现；不拘泥于某种模式化的组合，而是自由使用外来乐器，却奏响完全属于自己的声音。在实用价值层面，“私伙局”满足了玩家自娱精神的需求；在粤乐传承价值层面，通过对加花及西洋乐器的自由使用等途径保持了传统粤乐的韵味与演奏形式；在粤乐传播价值层面，由于众多玩家的倾情参与，为粤乐提供了坚实的群众基础，为粤乐在新时期的发展做出了重要的贡献。因此，笔者认为“私伙局”今后完全不必追求大型化、管弦化的粤乐演奏形式，而是应当保持自由小型的演奏风格，同时我们期待能有更多合适的小型粤乐新作诞生，为“私伙局”的粤乐演奏注入新鲜的活力。

（刘瑾：广州大学音乐舞蹈学院教授、副院长、硕士研究生导师）

略论陈白沙的思想新变

陈詠红

以往有的学者认为，岭南文化具有“远儒性”。此观点值得再商榷。作为岭南文化主体文化之一的广府文化中的文人思想，是唐宋以来成熟的文人思想在同源（汉文化）的广府文化区域中的又一新发展，其创新点是对传统经学、子学（儒学为主）与沿海城市经济两者的相融方式所做的思想探索；其主要思想目标是探索可以体现文人主体性的广府沿海经济社会的文人生活方式。本文拟以陈白沙学说为中心，考察广府沿海经济社会的文人生活方式的新变。

陈献章，广东新会白沙里人，生于明宣德三年（1428 年），卒于弘治十三年（1500 年），字公甫，号石斋，别号白沙子、石翁等，世称白沙先生。明代的社会思潮重视自我本真的生命感受，如李梦阳、徐祯卿等前后七子的成员就特别重视“自然”和“真情”。从源头上看，陈白沙乃此种观点的始作俑者。其心学重视个体的主体性。陈白沙《题跋次王半山韵跋》云：“作诗须将道理就自己性情上发出来，不可作议论说去，离了诗之本体，便是宋头巾也”。陈白沙主张从生命的轻松、乐趣处生发出道理来。

其实，在陈白沙之时，以文人主体性实现的需求为动力，文人思想发展过程根据社会经济的发展情况，已经发展到了第二阶段。第一阶段是文人田园生活方式阶段（汉末魏晋至唐中叶安史之乱前）；第二阶段是文人城市生活方式阶段（唐中叶至明中叶明武宗朱厚照正德末）。当然，这些新的生活方式与其他旧有的文人生活方式并存。而陈白沙的思想正发展成熟于第二阶段，其核心价值是“自得”。陈白沙言此“自得”之境为“不累于外物，不累于耳目，不累于造次颠沛，鸢飞鱼跃，其机在我”。[①]

陈白沙的“自得”之境缘于现实的发展状况。安史之乱（755—762 年）后的唐中叶至明中叶明武宗朱厚照正德末（1521 年），是城市经济高度发展、资本主义因素萌生的时期。这一时期，城市经济高度发达，市民阶层空前壮大，如开封、杭州、成都、南京、广州的人口都在百万左右。变化起自唐中叶以后。唐中叶以后，唐朝的经济和社会格局均发生重大变化——商业成为唐政府经济的重要支撑力量。其标志之一，为解决安史之乱后的财政困境，唐政府改变唐前期不实行专卖的政策，借助商人力量逐渐对盐、酒等日用商品实行不

---

①陈白沙：《陈白沙集》，上海古籍出版社 1991 年版。

完全性禁榷（榷意为专卖）；标志之二，将商税从农业税中剥离。于是，单一的农业型社会被农商混合型社会所取代，由传统教化力量主导到传统教化力量和经济力量双元主导的社会转型，使市民（含文人）心态发生改变，即文化权威的世俗化消解开始出现。因为在买卖关系中买者和卖者都是权利主体（个体）。为了生存，人们会按自己本能需要去购买，而人的本能的需要是由他在社会中基本生活的来源、遭遇、向往等来决定的。故市民的自主选择本然地具有反教化和反权威胁迫的离心趋势。于是，沿海的广府文人面临从传统农业经济向着城市经济转型的社会。社会转型就是社会经济结构、文化形态、价值观念等发生深刻变化。

广府文人的思想变化是：在纵情中获得某种“情”与“趣”，以寻求精神解脱。这表现了文人对情感官能的精微感受替代了建功立业豪情的变化。广府文人城市生活方式的社会价值实现方式是文学商品化的初步尝试和学术独立的倾向。文学的商品化表现是：在文学运作模式上，以批量制作和追求外在包装为特征；在创作方法上，追求“好看”的效果，呈现类型化的倾向；在内容上，以世俗生活的闲适性吸引读者。学术独立的倾向指向理学心学研究。正是因为人们贞淫观较为宽泛，才使理学家要求恢复儒家所提倡的修身制欲的人生意义。宋理宗时期，理学确立了正统地位。由此，宋代成为封建社会贞淫观从宽泛开始向严格发展的过渡时期。但只要商业社会存在，人们对平等、自由、快乐的追求不会停止，而只会改变策略。到元、明、清时期，在封建主义贞淫观逐渐得到强化的同时，人们对平等、自由、快乐的追求就在戏剧、小品文等之中表现出来。个性自由与理学约束双元对峙的格局，成为整个宋、元、明、清时期社会公共制度的主要模型。这段时期，沿海的广府文人经学、子学研究颇有创新。例如，陈白沙是心学的发端，其哲学上追求的重自我适意、重自然真实的倾向与中晚明士人取径一致。

在本质上，陈白沙的生活方式新变的原理与陶渊明的新变原理是一致的，就是将生活艺术化，将艺术生活化。其区别在于，陶渊明将田园生活艺术化，将艺术田园生活化；陈白沙则将田园、城市生活艺术化，将艺术田园生活化、城市生活化。杨慎《升庵诗话》卷十二《陈白沙诗》云：“白沙之诗，五言冲澹，有陶靖节遗意。徒见其七言近体，效简斋、康节之渣滓。”杨慎谈及陶渊明对白沙先生的影响。俞宪《盛明百家诗·陈白沙集》卷首云：“白沙诗从击壤中来，当另作一家看。”意谓白沙诗的哲理内涵来自邵雍《击壤集》。

由于陈白沙将艺术生活化，因此，其诗文带有“浅易”特点。邹守益《东廓邹先生文集》卷二《训蒙诗要序》：“乃取诗经之关于伦理而易者，及晋靖节，宋周、程、张、宋及我朝文清、康斋、白沙、一峰、北泉、阳明诸君子之诗，切于身心而易晓者，属王生仰编而刻之，稗童子讽咏焉。”《四库全书总目》卷一七〇《白沙集》九卷（江西巡抚采进本）云：“……史称献章之学以静为主。其教学者但令端坐澄心，于静中养出端倪，颇近于禅，至今毁誉参半。其诗文偶然有合，或高妙不可思议；偶然率意，或粗野不可向迩，至今毁誉亦参半。《王世贞集》中有《书白沙集后》曰：‘公甫诗不入法，文不入体，又皆不入题，而其妙处有超出法与体与题之外者。’可谓兼尽其短长。盖以高明绝异之姿，而又加以静悟之力，如宗门老衲，空诸障翁，心境虚明，随处圆通。辨才无碍，有时俚词鄙语，冲口而谈；有时妙义微言，应机而发。其见于文章者亦仍如其学问而已。虽未可谓之正宗，要未可谓非豪杰之士也。”《四库全书总目》认为，白沙诗文“妙义微言”与“俚词鄙语”共存。

综上来看，中国古代文人的思想发展史是一个充满反思、批判和建构意义的过程。因此，我们应结合研究对象的独特的人生体验、个性气质和知识结构等进行深入探索。

（陈詠红：广州大学人文学院副教授，广府文化研究中心研究员）

明代广府学宫图碑记考

陈鸿钧

广州博物馆碑廊有一方明代广府学宫图碑（见图1拓本），高2.2米、宽1.2米，刻制于明天顺七年（1463年），原置于广府学宫贯道门，1963年移置广州博物馆。[①] 该碑上半段绘刻广府学宫平面示意图，为广州现存年代最早、规模最大的石刻建筑图。

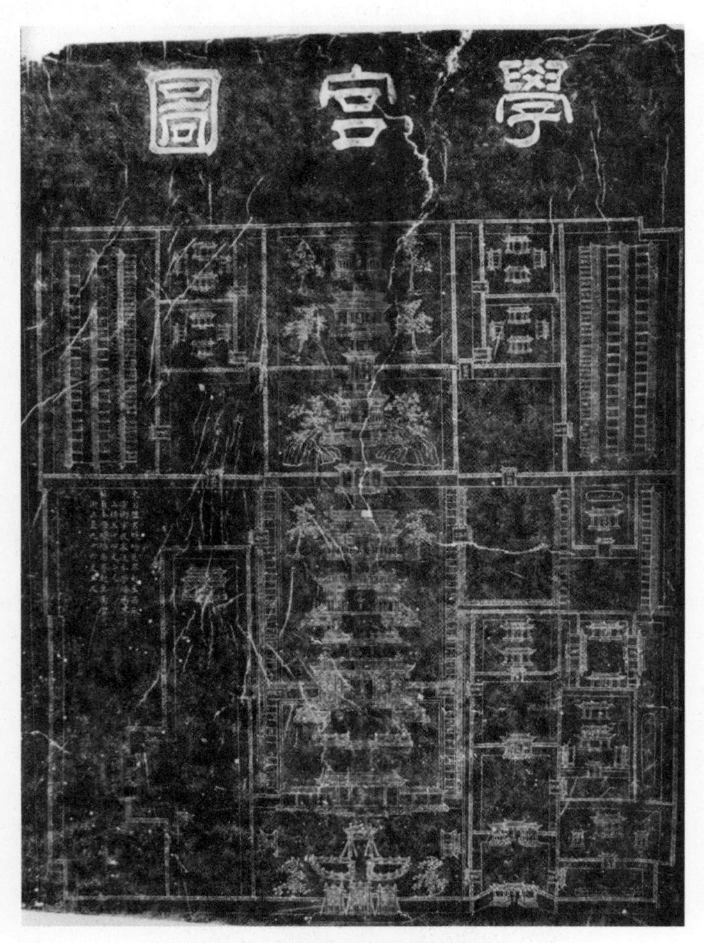

图1　广府学宫平面图碑拓本

①《广州市文物志》编委会编著：《广州市文物志》，岭南美术出版社1990年版。

图下附刻《广州儒学修造工费述》一文云：

广州儒学修造工费述

天顺癸未冬十有二月，拱辰承巡抚都宪叶公牒暨提学胡君率有司官属耆民工匠，重修广州儒学，而公视会计，学舍之孰创孰葺，财用之或予或夺，则予二人实定其议。既禀命于公以经始，复参决于巡按监察御史涂公而成终焉。凡宫墙横序，昔有而欲坏者，修葺之；昔无而不可缺者，创造之。礼殿东南隅楹柱斗拱，上覆陶瓦云章□；西北隅一柱二樑四楹节棁、两阶甃石，则易置而修葺者也。夹杏坛直东西旁隙地，廨宇四所，号舍六连，周回蚝壳垣墉，则攻位而创建者也。盖为新屋百四十有八间，门十有五座，牌匾七十有四，周垣蚝壳甃者，高可寻丈许，衡百三十一丈，纵倍于横。土筑者，横、纵半之。斧工五十九人，锯工六十二人，圬者二十有八，而居肆之日，仅十旬。役夫之受佣于公者，五万三千工有奇，而义助者不与焉。竹之以竿计者，二万一千一百五十。木之以根计者，三千六百。板之以片计者，九百一十。砖出于陶者，四万一千三十五；出于抟埴者，减半。瓦之圆筒者，六十一万三千二百余；方片者，少圆筒三之一。蚝壳高广方五尺者，三百六十五。灰之以石计者，二千一百三十七。钉之以枚计者多。陶砖一万有千。油漆之以斤计者，千二百七十焉。计佣工市才之费，凡用钱一百一十三万七千五百五十文，而工毕矣。外储钱三千，为绘事用。或曰："三千钱于绘事足乎?"曰："质既其美，文或不足，奚病？夫子尝云：'礼与其奢也，宁俭。'亦此意也。"

初，经理甫定，有司召巨贾询之云："所用材木，非七十余万不可，而他费称是。"虑其用侈，或伤财厉民也。乃令自购木于都市，从其市贾，止一万七十钱而用足。他如陶砖灰，皆自购于其作出。而工役之佣，亦计劳给之。于是罔利者，无所售其奸；怠事者，莫不作其力。诸承委官属，若知事李和，知县陆澄、吴鉴，典史周文郁、秦翔，督工耆民若梁琼、梁平、叶茂森、梁景聚、颜来誉、钱森、麦华、罗瑞、高盛、谭盛、季贯全、崔成聚，悉协心殚力，乐于率劝。故役虽大，而民不费；民虽劳，而不怨。是又可见圣人之神，化千万世而长存，不特绥徕动和于当时也。人心，理义之天，无间乎贵贱贤否，不特誉髦多士所独有也，顾感之者何如耳。遂因纪述工费，并著之如此。淳安胡拱辰书。

清人翁方纲《粤东金石略》辑录有该碑，跋曰：

广州府学宫图碑，在宣圣兖公小影碑阴，隶额。下有记述修造工费一段。天顺癸未淳安胡拱辰书，其书亦可观，而文特委曲详悉，昔人称店账铺券，皆可叙为文者也。虽未免近于延君说书之诮，然亦见昔人办事不苟处。①

案：翁氏言学宫碑在宣圣兖公碑阴，实误。天顺八年（1464年），《广州府重修儒学记》云“效劳官属名衔与凡工费有述、位置有图，则具刻于记事碑石之阴”，可知该碑乃《广州府重修儒学记》之碑阴。另同治《广州府志》、宣统《番禺县续志》俱辑有该碑。

据阮元《广东通志·职官表》载，胡拱辰“天顺九年由进士任布政使左参政”。

广州府学，即广州府儒学。宋代创建，初在西城番市之孔庙，后徙于番山下。据北宋绍圣三年（1096年）广州知府章楶《广州府移学记》称：“城东南隅，有驻泊都监官廨，值番山之前，而风水且顺，建学聚徒，此其吉地也。② 明初，太祖朱元璋诏天下立府、州、县学，故在元庙学故址上重修府学，以后相续增建，以天顺七年（1463年）重修规模最大，是役竣工后，时广东巡抚叶盛撰《广州府重修儒学记》（天顺八年，1464年）记载这次修建曰：

礼殿、明伦、两庑、燕居、杏坛、棂星、戟门、泮池、库廪、庖湢各更衣之室，前之摧圮者易，漫漶者饰。别作周垣，高厚坚好。番山有亭旧名九思，后以名山，以旧名于学有警也，复之。若仰高祠为故八贤十贤堂，若廉吏祠，若云章阁皆润泽焉。校官廨宇，学徒号舍，又以其规模偏陋，且溷于明伦堂之下，则拓盐仓废地改为之，而学之基始正以完。乃以崇德、广业、居仁、由义更著斋额。以朱子诗：“圣人司教化，黉序育英才。因心有明训，善端得深培”，字列为东号；“童蒙贵养正，逊弟乃其方。十五志于学，及时起高翔”，字列为西号。以明德、新民、正心、诚意、致知、格物、率性、修道、博文、约礼、忠信、笃敬匾其十有二门。而贯道一门，则直燕居之前。高扃严固，素如焕然。③

文字所述，度诸学宫图碑，分毫不差。

成化年间的拓展使其规制更臻完备，即“成化三年，参政张瓒复辟前街，直抵南门，几二百馀丈。”④

我国古代学宫（文庙）建筑规制至明代而大备，集学校、宣讲、祭典于

①（清）翁方纲《粤东金石志》，光绪十七年（1891年）广州石经堂据乾隆三十六年（1771年）刊本影印。

②（清）《广东通志》卷一三七《建置略十三》，台湾：广东方志集成本。

③（清）《番禺县志》卷三十《金石略三》，台湾：广东方志集成本。

④（清）《广东通志》卷三十六《礼乐志》，台湾：广东方志集成本。

一体，祭祀列入官方祀典，规格高，规模大，往往为一方文化教育的“圣域”。其建筑布局均仿曲阜孔庙而为之，中贯轴线，左右对称，布局严谨，气势宏伟，题名镌词，营造出浓郁的儒家文化氛围。

广府学宫的平面布局与现存的番禺学宫基本相同，且规模更大，都是按照我国殿堂庙宇的传统设计样式而建造，即沿中轴线对称排列，与错落有致的门、亭、殿、堂、碑、树木构成一大院落。从今文明路市一宫向北一直延伸到广州市第13中学一带，皆在明清广州府学宫之范围内。

广府学宫坐北朝南，以文明门与番山连成一条中轴线，中轴线上的建筑物由南至北分别是学宫大门（戟门）、二门（棂星门，两门均在今市一宫门口），门后有半月形的泮池，池上有石桥，过桥不远是大成门（今市一宫大楼），穿过大成门再走一段便是雄伟的大成殿（约在今榕泉剧场），殿前有月台，崇台高阶，四周围以石栏，殿中供奉孔子牌位及塑像。这是学宫的主要建筑物，位于整个学宫的中心地带，大成殿后不远处是崇圣殿（在今文德路小学一带），殿内供奉孔子祖先及亚圣孟子、颜回、子思、曾子诸贤。殿后不远处是番山，山有亭。番山后面有贯道门。横排对称的主要建筑物有：戟门的东西两边分别建有“贤关”“圣域”两个石牌坊。泮池旁建有假山叠石，曲径小亭。大成门东边有文昌宫（约在今广东省教育活动中心），西边有乐器库。大成殿前两边建有东西二庑，放置历代先儒哲人牌位。西庑的西边有郡学西斋，东庑之东有郡学东斋。东西二斋是生员肄业之地。大成殿西边有御碑亭，殿东边有仰高祠。与崇圣殿并列的建筑物共四座，殿西边有乡贤祠（在今文德路小学内），殿东边有明伦堂（在今文德路小学东边），明伦堂是讲学聚会之地。明伦堂东边有明贤祠（约在今广东省作家协会一带）。番山东边有孝悌祠（在今广州市13中学内），祠的周边空地是射圃。翰墨池在孝悌祠南边（在今中山文献馆内）。1919年，广州修筑马路，把府学东街开辟成文德北路，紧靠街边的名宦祠、仰高祠等均被拆掉。

岁月流迁，成住坏空，如今广府学宫建筑物已荡然无存，唯余今中山文献馆内的番山亭、翰墨池和十余株古树名木，以及存于广州市第13中学内的数对形状不一的祠堂建筑石柱础梁架（原孝悌祠在广州市第13中学，是否为孝悌祠的构件尚待考证）。昔日古香古色的庙貌和规模只能通过阅读史志资料知其梗概（表1为修建广州府学碑记一览表）。

碑中工费述一文，详细记述了当时修建学宫及维修房舍的间数、围墙、门窗及所用建材，诸如砖、瓦、竹、木、石灰以至铁钉的具体数量，是研究明代广州地区建筑工程工料费很好的经济史料。值得注意的是，文中提到初拟招建筑商承包这项修建工程，但建筑商索价奇昂，仅木材一项就需70万钱。当事者精打细算，为了节约开支，决定采取自购建材、自行雇工施工的办法，结果木材费仅用去17万余钱，比承包商的估价节约7成左右。其他建材则直接在制作处购置（省去中间环节）。工匠则记工给值。虽未明言总共花费多少，但应远低于承包商之索价钱目。这段记载，却也反映了明代建筑商业惊人的暴利。

表1 修建广州府学碑记一览表

名称	立碑时间	资料出处	基本内容	备注
广州府移学记	宋绍圣三年（1096年）	嘉靖《广东通志》	始将设于西城番市之州学迁徙于番山下	
广州重修学记	元至元十八年（1281年）	同治《广州府志》	广州路宣慰使完颜公正主修。至元十七年兴工，十八年竣工，重修明伦堂，塑宣圣、四公、十哲之像	碑今无存
至圣加号诏	元大德十一年（1307年）	宣统《南海县志》	至圣加号诏于大德十一年七月颁行天下，各路、州、县皆曾镌碑立于庙学	碑存置今广州博物馆
重刻夫子庙堂记	元皇庆二年（1313年）	同治《广州府志》	该碑上半段刻画宣圣兖公像。下半端为重刻颜真卿庙堂记	碑今无存
重修广州府儒学记略	元延祐五年（1318年）	同治《广州府志》		碑今无存
杏坛碑	元泰定年间（1324—1328年）	翁方纲《粤东金石略》	翁氏言“杏坛”二字篆书，字大各二尺许。下段为跋文，大略谓广州府学明伦堂大殿后，有巨石刻“杏坛”二字，元泰定间，教授吕宏道立	碑今无存
圣宣遗像记	元至正五年（1345年）	同治《广州府志》	该碑为广东道宣慰使都元帅僧家奴得诸曲阜孔庙，督粤时，嘱广州路属吏摹勒上石，立于庙学	碑存置今广州博物馆
明太祖御碑	明洪武二年（1369年）	同治《番禺县志》	洪武二年（1369年），太祖诏谕天下“郡县皆立学校，延儒师，授生徒，讲论圣道，使人日渐月化，以复先王之旧。”	碑今无存

续表

名称	立碑时间	资料出处	基本内容	备注
明太祖卧碑	明洪武十五年（1382 年）	同治《番禺县志》		碑今无存
重修广州府儒学记	明宣德元年（1426 年）	同治《番禺县志》		碑今无存
广州府乡贡题名	明景泰四年（1453 年）	宣统《南海县志》		碑今无存
广州府学仰高祠记	明天顺五年（1461 年）	同治《番禺县志》		碑今无存
进士题名记	明天顺六年（1462 年）	宣统《南海县志》		碑今置广州博物馆
广州儒学修造工费述	明天顺七年（1463 年）	同治《番禺县志》		碑今置广州博物馆
广州府重修儒学记	明天顺八年（1464 年）	同治《番禺县志》		碑今无存
重修南海学记	明成化八年（1472 年）	宣统《南海县志》		碑今无存
重修广州儒学记	明嘉靖二十一年（1542 年）	同治《番禺县志》		碑今无存
大成乐记	明嘉靖三十八年（1559 年）	同治《番禺县志》		碑今无存
世宗御书程子四箴	明嘉靖年间（1522—1566 年）	翁方纲《粤东金石志》		碑今置广州博物馆
世祖御制训饬士子卧碑	清顺治九年（1652 年）	同治《广州府志》		碑今无存
重修广州府学碑记略	清顺治十三年（1656 年）	同治《广州府志》		碑今无存
广州黎侯重修文庙碑记	清顺治十五年（1658 年）	同治《广州府志》		碑今置广州博物馆

续表

名称	立碑时间	资料出处	基本内容	备注
中宪大夫署粮盐守巡道广州府知府黎公去思碑	清康熙元年（1662 年）	该碑方志无载，笔者亲自抄录		碑今置广州博物馆
重修广州郡学碑记	清康熙十年（1671 年）	宣统《番禺县续志》		碑今置广州博物馆
圣祖御制训饬士子碑	清康熙四十一年（1702 年）	同治《广州府志》		碑今无存
圣祖御制为考释叹	清康熙四十二年（1703 年）	同治《广州府志》		碑今无存
圣祖御制平定朔漠告成太学碑	清康熙四十三年（1704 年）	同治《广州府志》		碑今置广州博物馆
重修广州府学碑记	清雍正七年（1729 年）	宣统《番禺县续志》		碑今无存
高宗御制平定金川告成太学碑	清乾隆十四年（1749 年）	同治《广州府志》		碑今无存
高宗御制平定准葛尔告成太学碑	清乾隆二十年（1755 年）	同治《广州府志》		碑今无存
高宗御制平定回部告成太学碑	清乾隆二十四年（1759 年）	同治《广州府志》		碑今无存
高宗御制平定两金川告成太学碑	清乾隆四十一年（1776 年）	同治《广州府志》		碑今无存

（陈鸿钧：广州博物馆研究员）

早期粤语教材所见清末民初广州社会风貌浅论

陈俞君　谢晓文

一、引　言

随着海上丝绸之路的发展，清代以来，广州成为全国最主要的通商口岸，越来越多的西方人来到广州经商、交流、传教。为了交流方便，不少来穗的西方人士有了学习粤语的需求，以外国人为教学对象的粤语教材应运而生。早期的粤语教材多由已精通粤语的外国传教士或与外国人有交流的广州本土知识分子编撰，教材内容涵盖常用词汇、简单会话，并以日常基本交流为目标。

早期粤语教材内容设置主要反映当时的广州社会生活，话题较为丰富，涉及政治、文化、天文地理、生活常识等。当时西装、西餐（咖啡、牛奶、面包）、西式建筑（教堂、福音堂）以及新式交通工具（火车、火船）已逐渐融入人们的日常生活。粤语教材不仅供语言学习，同时也是广州社会生活面貌的真实记录，集中反映了当时的民俗风情、社会现状，具有方志学、民俗学和社会学等方面的研究价值。

本文以尹士嘉《教话指南》（以下简称《教话》，1906 年）、许雪航《新编广东省城白话》（以下简称《白话》，1930 年）两种教材为基础，并参考苏天畴《法粤语言对照读本》（以下简称《读本》，1936 年）、谭季强《分类通行广州话》（以下简称《分类》，1946 年）等教材，以窥探当时广州的社会民情。

《教话》由美国传教士尹士嘉编写，是早期较有代表性的对外粤语教材，不仅编著年代较早，而且内容包罗万象，全书近 3 万字，共分 75 课，内容涉及社会、风俗、生活等各个方面，形式上有陈述、对话，保证了各种情况下的语言形式都有可能出现。《白话》由许雪航编著，全书共 200 课，规模更大，内容更全面，话题更丰富，能提供比较完整的语料，具有较强的参考价值。《白话》对《教话》题材内容上有因袭，如《白话》63 课、79 课、80 课、81 课、84 课、88 课、94 课等与《教话》34 课、56 课、57 课、58 课、65 课、68 课、74 课内容基本相同。

二、粤韵浓郁

广州作为两广的中心城市，又长期作为通商口岸，对外商贸活动频繁，清末民初时期，经济繁荣，社会稳定。当时广州经商人士甚多，亦多富庶人家。“省城在广州府地方，两广嘅总督府喺个处住，广府嘅地方，有好多富厚嘅人。因为个处生意係至大，中国起首同外国通商，就係呢处咯。省城近呢几年，一自自兴旺起嚟，因为好多外国货物入口，又由呢处办好多本地货出外埠。”（《教话》52 课）

广州地理位置优越，河流、港口众多，水运发达；独特的地理位置和气候环境影响了广州居民饮食习惯、生活方式、建筑风格、耕种劳作等方面的日常生活。教材中对当时的衣食住行有较多的描述。

广州居民的饮食文化独具岭南特色，比如小吃有“汤圆、云吞、煎堆、油炸鬼”（《分类》6 章），“烧卖、及第粥、鱼生粥、糖莲子、糖莲藕、萝卜糕、芋头糕、饮茶”（《白话》15 课），品种多样，琳琅满目，反映了悠久的饮茶传统。当时广州居民的饮食习惯也较具特色，“广州人一日食两餐饭，另外朝早食粥，晏昼食点心，晚黑一餐宵夜”（《分类》6 章）。除了饮茶习惯，广州人平日里还习惯趁墟市。“有一日跟埋的人去趁圩，先是经过一个市头，因我去得早过头，个处都未曾开市，但个处的铺头所卖嘅野，都係猪肉牛肉鱼菜，与及柴米杂货药材纸料之类”（《白话》84 课）。茶楼饮茶、吃点心，趁墟市是当时广州居民生活的真实写照，也是广府文化的重要组成部分。

教材还记录了广州人的制衣习惯，当时较多人去裁缝铺制衣，“我今朝去裁缝铺想做一件衫。我去到裁缝铺，见到好多人喺处揸针联紧衣服、有啲揸住铰剪裁衫。个个事头就拧啲丝法呀、麻布呀、棉布呀出嚟俾我睇，但我唔係做呢几样。係想做绒嘅呮。佢就拧过啲绒出嚟俾我睇”（《教话》30 课）。制衣主要用传统的棉麻布料“棉布，土布，丝绸，香云纱”（《分类》7 章），其中，“黑胶绸”（香云纱）最具岭南特色，黑胶绸是由薯莨汁液对桑蚕丝浸染而成，轻薄、凉爽的质地十分适合终年气温相对较高的广州。

广州位于中国南方，地理环境适合水稻生长。“中国南便嘅地方，的耕种家多係种禾，冇乜人种麦嘅”“广东嘅地方多係一年种两造禾嘅。夏天收割完之后，又种第二次，等到年尾至收割嘅”（《教话》62 课）。广州地区属南亚热带海洋性季风气候，具有充沛的季风降水，日照时数充足；位置和气候的独特性为农业的发展提供有利的条件。

由于气候原因，广州也形成颇具岭南特色的建筑风格，以骑楼最具代表性。“啲窗门架，及玻璃窗门，拍叶窗所有要用杂木，楼板及墙角板就用大条杉介开嚟做骑楼”“一起好就要盖瓦”（《教话》40课）。20世纪初，广州开辟马路，西方古典建筑中的券廊等形式与广州传统形式相结合，演变成广州特有的骑楼建筑，体现了中西方建筑风格的交融。骑楼是跨人行道而建的，建筑之间相互连接形成有遮蔽的人行道长廊。[①] 这种建筑风格适应岭南的亚热带气候，方便行人，一时成了广州街景的主格调。如今看到的广州北京路、上下九等商业区，“骑楼”集中。

有关出行的交通工具，教材所见，主要是轿子和马车一类人力交通工具，“街上有好多轿与及马车车仔”（《教话》27课），“一路上都有遇着的游山啲人，或坐轿，或坐兜，或骑马”（《教话》67课）。虽然陆上交通仍比较落后，但是水路航运却相当发达。《教话》有专门列举水运的词语：“火船、有船、整船、落船、船上、新船、大船、搭船、搭艇”，“坐船去好过行路去呀”（《教话》11课），“咁大只火船唔易整嘅”（《教话》13课），“呢阵时啲大火船係俾铁做嘅”“去叫只沙艇嚟喇”（《教话》14课）。

广州航运的发达得益于得天独厚的地理优势，珠江三角洲水网交错，有大小河道300多条，与广州直接联系的干支流近600多条，通航里程13000多千米，加上岭南地区雨季长，降雨量大，因而水运发达。[②] 当时，乘船外出随处可见外国人士，《教话》有如下对话：“你係边国嘅人呢，我係本国嘅人。佢係外国人唔係呢，唔係，佢係中国人呗”，“喺美国嚟呢处行几耐船呢”（20课）。由于航运发达，中外交流日渐频繁，各国之间来往也变得更加方便，所以当时来华的外国人越来越多。

教材展示了20世纪初广州市民生活的场景。广州人的衣着打扮、饮食习惯、出行方式等独具岭南特色，这些传统的事物，有的至今还保留着，如早茶、骑楼；有的已开始式微，如趁圩市现多集中于农村地区；有的已彻底消亡，如轿子、马车、人力车等交通工具。这是社会发展变迁的必然趋势。今天已经不再存在的粤风粤俗，借助这些粤语教材得以记录下来，对我们更好地了解广州旧日的社会文化具有重要价值。

三、西风浸渐

早期粤语教材中有不少西式生活的内容和场景，西式服装、西餐、西式建筑、先进的交通工具已进入人们的日常生活，成为不可缺少的一部分。

当时“有好多唐人穿西装衣服嘅”（《教话》25课），教材中列举了大量

①龚伯洪：《广府文化源流》，广东省教育出版社1999年版，第285页。

②刘爱华：《民国初期广州民营轮运业的发展》，华南师范大学硕士学位论文，2007年。

洋布洋装，如“人造绸、暹罗绸、洋缎、弗兰绒、波罗绢、波罗麻”（《分类》7章），“西装裤、反领西装、马裤、皮鞋”（《白话》12课）。

西餐也成为上流社会身份的象征，《教话》34课展示了一场准备西式餐宴的会话，主人对仆人说“你今晚杀那只大天鹅，就挂起它到明天中午，就煲点薏米及风栗入到鹅里头。烧熟就倒点汁进去。你明早去买够面包呀、汤肉呀、牛油呀、生果呀、及各样东西啵。”西式食物及饮品已经开始盛行，这在多本教材中均有记载：“荷兰水、汽水、梳打水、沙示水、咖啡”（《白话》17课），“牛奶、咖啡、火腿、面包、些少牛油”（《读本》2篇14课）。对话中又有：“先生饮咖啡吗”，“我哋饮啤酒”（《读本》1篇5课）。

19世纪20年代，外国商船将碳酸饮料带进广东等沿海省市①。1930年，输入广州的人造丝织品与混纺纺织品数量比上年增长了6倍多，对广州的棉货市场冲击甚大②。清代末年，外国进口的食品、服饰日渐受到广州人欢迎，同时西方传教士日渐活跃，通过传教，其服饰和饮食习惯逐渐融入广州，当时的广州存在一种宴客不用西餐，不足以示诚敬的观念，西餐已经成为当时社会上一种尊贵的饮食象征。自此，西式服装和西式餐饮便流行起来。

广州出现了许多西式建筑，以教堂最多，这些建筑主要是基督教为传教所建。比如“福音堂，礼拜堂”，“在这里讲道理的屋子叫福音堂，或叫做礼拜堂，打理教会的人叫做牧师，礼拜那天信耶稣的人就在礼拜堂聚集，有牧师，或是传道牧师在这讲书”（《教话》，60课）。这些建筑物主要是西方传教士为传教所建，多建于城市居民聚集地，为方便在群众中开展宣传教义以及传播福音。

传教活动对促进人们思想观念的转变产生深远影响，尤其是促进了近代中国妇女的解放，中国封建社会中的妇女地位极其低下，封建社会的大环境对妇女限制也较多，如“缠脚”（《分类》4章），基督教主张男女平等，反对性别歧视，西方宗教在传播教义的过程中，宣扬自由民主的思想观念，当时广州社会风气已悄然发生变化。“当时的广州女性除大家闺秀之外，大多不缠足，原因是妇女在当时不仅要生儿育女，同时要操持家务，负责承担养家糊口的责任。”③ 由“缠脚”到“放脚”这一观念的转换除了是为维持生计必须做出的改变外，更多可能是由于基督教对当时的思想风气开化影响的结果。

清代末期，广州的电能设施也开始发生变化，几本教材中均有所反映。《教话》37课中列举了“电灯、电钟”，《白话》14课和《分类》7章也有

①广东省地方史志编撰委员会编：《广东省志·一轻工业志》，广东人民出版社2006年版，第496页。
②龚伯洪：《广府文化源流》，广东高等教育出版社1999年版，第62页。
③杨秋：《从竹枝词看清末民初广州的社会风尚》，载《民族文化研究》2004年第3期。

“电灯、煤气灯、大光灯”等。早在光绪十四年（1888年），广州便开始使用电能，是国内最早使用电能的城市之一。光绪十六年（1890年），旅美华侨黄秉常等开办广州电灯公司，为国内民族资本最早经营的电灯公司。① 广东自有电力供应后，照明灯泡初时靠进口，1917年广东市场开始出现有国产灯泡销售，主要是上海出产的灯泡。而汽灯俗称煤气灯、大光灯，汽灯原产欧洲，1918年传到广州，市场上便出现出租汽灯的商店。1933年，广州市的迪记和昌德两家商店开始有少量生产。② 因此，几本粤语教材中能看到电灯、煤气灯、大光灯的记载就不足为奇。电灯在很早以前就在广州得到应用，电灯的逐渐普及也极大地带动商业的发展，尤其是对于城市夜生活的发达起到决定性作用。

广州城市发展越来越迅速，但当时的街道狭窄，急需扩道修路。“我们中国的地方，街道又窄，铺户又密，间间都有簷棚的”（《分类》3章）。1918年，广州市政公所拆城筑路，使当时的市内交通得到改善，路况的好转也使得交通工具有了变化。人们出行已经由传统的轿子变为汽车、电车、火车、火船（轮船）等交通工具。“火车朝早六点开身”“火船几点钟埋头”（《读本》1篇6课），“除咽电车之外中有乜野公共嘅车去堤岸嘅咧？重有大电车停喺街市侧边嘅”（《读本》2篇7课）。

随着西方新式交通工具，如火车、轮船等逐渐走进人们的生活中，大大促进广州与日本、香港等地的对外交流。“火船行驶好快，海水好平静，不过坐船六日就到日本国”“（香港）个海口好阔大，湾船好稳阵”（《教话》27课），“从前未有铁路嘅时候，坐轿坐兜……近来各处筑成汽车路，交通越发便咯”（《分类》3章）。

两次鸦片战争不仅改变了广州的商业地位，对社会生活也产生了极大影响。鸦片战争之前，乾隆二十二年（1757年）至道光二十二年（1842年），只留设广州的粤海关。当时广州成为全国唯一的通商口岸，享有“一口通商”的特权，经营全国的进出口商品贸易。当时西方的器物、文化、制度等大量涌入广州。在这种形势下，广州居民生活的方方面面逐渐开始发生变化，主要表现为衣食住行的西化过程。

此外，西方的思想文化也影响了传统祭拜祈福的形式，比如丧葬习俗和传统节日祈福的变化。传统丧葬仪式包括“入殓，大殓，小殓，灵神，阴灵，坟墓，山坟，省坟，埋葬，落葬，验尸”（《教话》72课）。但当时已有不少西式的丧葬仪式：“入殓个时，有个牧师喺处祷告讲话（话这位兄弟唔係死，

①广东省立中山图书馆编著：《老广州》，岭南美术出版社2009年版，第134页。

②广东省地方史志编纂委员会编：《广东省志·一轻工业志》，广东人民出版社2006年版，第676、677页。

係佢嘅灵魂离开佢嘅身体呎）。殓埋之后，个的抬棺材嘅人，就俾绳绑好副棺材，一直抬上山。我哋就一路送到去坟墓，睇住佢落葬”（《教话》72 课）。

总之，广州作为当时重要的通商口岸，衣食住行和传统的风俗习惯等各个方面均受西方文化影响。西方文化的涌入在一定程度上为广州文化注入新鲜的血液，使广州走进现代文明，但西方文化并不能完全取代本地传统文化。同时，文化具有双向性，西方文化影响广州的同时，广府文化也相应地带着它的精华走进西方社会生活。

四、积弊犹存

在外来文化的影响下，人们生活方式、思想观念发生了改变，但仍然存在许多遗风陋习，主要表现在迷信、赌博、旧思想观念和官民关系这几个方面。

当时社会迷信风气盛行。广州人历来看重风水，尤其是住宅风水。在《分类》第五章人事类、《白话》第五十课中均有提及：“风水、看相、算命、占卦”。而当时的广州人迷信鬼神的表现更为突出，信奉神明，过年过节必定要祭拜以示虔诚。《分类》7 章说，“省城（广州）嘅风俗习惯，一年分三个节，即係五月节，八月节同埋冬节。”而在八月节即中秋节当日，广东部分地区有“烧番塔”的风俗（“番塔”又名“番火塔”）。中秋当日，小孩子们都喜欢聚在一起砌番塔，小孩会家家户户去串门，比比谁家砌的番塔高大、威猛。月上中天时，妇女们设祭拜月娘，男人开始烧瓦塔，先有一位长者在塔门点上火，一会儿塔顶就能窜出火舌[①]。对迷信想象，有关教材有所批判：“有停迷信嘅女人，样样都非常悭俭，但係提起拜神食斋菜念经，就舍得任荷包喇，一年净係元宝蜡烛香，金银衣纸溪钱，个的和尚道士，三姑六婆，就诡得她的钱倒嘞”（《分类》5 章）。

广州商业文化发达，同时赌风也盛行，不少民众沉迷于赌博。当时广州“满街都係赌馆，重多过米铺，的人碰埋头，就讲赌钱论输赢，真累死人呀”（《白话》64 课）。“但是係都有贫穷嘅人，因为有一样十分不好嘅风俗，个啲百姓好欢喜赌钱。个啲女人赌钱就喺自己屋企啊，倘若有亲戚嚟探佢，就用赌钱来款待人”（《教话》52 课）。从清代光绪年间（1875—1909 年）到民国时期，官府公开烟赌以筹款饷，广州的烟赌风，也以此时为最盛。1929 年起广州公开烟赌，广府地区的赌博形式有买大小，番摊牌九，麻将，骰子，围姓等。[②] 晚清以来，广州赌博成风，与其特殊的文化环境有关，广州商贸繁荣，

①叶春生、黄晓茵：《岭南民间墟市节庆》，广东人民出版社 2010 年版，第 90 页。

②广东省立中山图书馆编著：《老广州》，岭南美术出版社 2009 年版，第 330 页。

商业气息浓厚，容易造成功利心理以及享乐主义思想的滋长。同时，鸦片战争后，政府出现了统治危机，便利用官府公开烟赌筹集款饷的方式以填补国库空缺。在享乐主义心理和政治时局的双重影响下，赌博风气在社会各阶层中迅速蔓延。

当时的广州贫富差距大，不仅赌博盛行，盗贼也多，由此也引发了官民之间关系的变化，进一步加剧晚清官场的腐败与黑暗，主要表现在监狱情况以及捐官现象。官府在审案过程中，常常以刑逼供。“但凡係做贼，或係凶手，官府一知道，就出票使差去拉佢。倘拉晓番嚟，个官就审问佢，倘若佢唔认，就打佢令佢认罪”（《教话》46课）。监狱的环境亦十分恶劣，坐监之人还常常受到监管之人的为难，“个监里便十分污糟，管监的人亦时时难为坐监的人，令佢好辛苦，而且唔佢食饱。个处夏天就好热，冬天就好冷，啲坐监嘅人所有嘅衣服都被个管监嘅人要晓。噉就佢哋时时要抵冷要抵肚饿咯。”因此，当时的百姓都畏惧官府，尤其是无法偿付赎金给差役的普通百姓。“个的百姓好怕官府，因为官府有好大权。倘若有人做唔好嘅呢，佢就怕官府会拉佢。有啲好人都好怕，因为有啲唔好嘅官，因想钱就连埋个啲好百姓都会拉去难为咯。但凡被官府拉住嘅，倘若没钱就好难得放番出嚟，而且要有面子的人去讲好说话至得”“若然冇银俾，或俾得少差役就将佢难为咯”（《教话》46课）。

清政府腐败黑暗还表现在捐官、捐班盛行，买官现象已成为常态，甚至是一种合法的入官方式。“但凡想出身做官，旧时就有两条路，一条係考试，考试嘅意思，文官就作文章，武官就拧大石。一条係捐班，捐班嘅意思係俾银过皇帝，就买得官嚟做”（《教话》48课）。当时官府的官大都是捐官所得，这些为官之人大多不懂为官之道，很难改善百姓的生活，反而加深当时官场的腐败。清末民初的广州官场风气仍然腐败黑暗，让百姓处于水深火热之中。

《分类》5章和《白话》7课、46课均有关于“老举寨，老举，咸水妹，琵琶仔”的记载。“老举寨”即是当时广州的妓院，当时广东人称妓女为“老举”，居于艇上的妓女则称“咸水妹”，妓院中未成年歌女则称为“琵琶仔”。教材的有关记录，反映了当时广州的娼妓实际情况。旧时广州娼妓所在的地方有妓寨、妓艇、妓庵三类。清末民初，广州娼妓最盛，公私娼妓遍及全市。公娼向税务、警察部门缴纳“花捐”，以合法身份公开营业。私娼则多凭借地方势力、黑社会组织或与不法军警相勾结获得生存。社会有识之士多次呼吁废娼，并举行过请愿游行，但娼妓始终不绝。据1948年不完全统计，广州当时以卖淫为生的妇女有8000—9000人。①

清末民国时期的广州虽已受到一些西方先进思想文化的影响，但当时陋习

①广东省立中山图书馆编著：《老广州》，岭南美术出版社2009年版，第324页。

成风，一方面是由于自身封建思想根深蒂固；一方面则是西方列强入侵后，时局动荡，社会仍未稳定所造成的。多种粤语教材中，著者均对迷信、赌博等现象持有明确的态度，或表示怀疑，或加以批判，代表了当时绝大部分知识分子对社会陋习的不满以及改变社会现状的希望。早期的粤语教材带有明确的著者立场，与一般教材相比，更能真实地反映当时社会生活，显示了教材文献资料的历史价值，真实可靠。

五、结　语

鸦片战争后，在半殖民地性质下的对外开放环境中，广州受到西方文化的影响，必然导致社会各方面的变化。以广州为核心的广府文化在与西方文化融汇过程中变得更具开放性、兼容性、多元性、创新性。早期的粤语教材除了是粤语学习的教科书，还是传播粤文化的载体，同时早期的粤语教材也是清末民初时期广州社会生活变迁的缩影，可以作为历史文物、文献资料的有力佐证。早期粤语教材中真实的语料为后人还原了一段逝去的时代，这正是早期粤语教材的价值所在。

（陈俞君、谢晓文：广州大学人文学院汉语国际教育专业2014级硕士研究生，导师禤健聪副教授）